신 성적을 쑥쑥~ 올리는!!

내공의 힘

중등역사 1·2

STRUCTURE 구성과 특징

내공 1 단계 | 차근차근 내용 짚기

핵심 개념만 뽑아 단기간에 공략! 꼭 알아 두어야 할 교과 내용을 표와 시각 자료로 이해하기 쉽게 정리하였습니다.

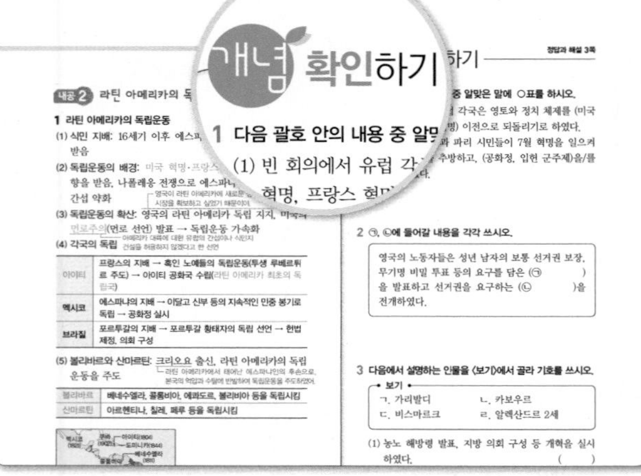

내공 2 단계 | 개념 확인하기

핵심 개념을 잘 이해하였는지 확인하는 단계! 학습한 내용을 바로바로 확인할 수 있도록 단답형 문제로 구성하였습니다.

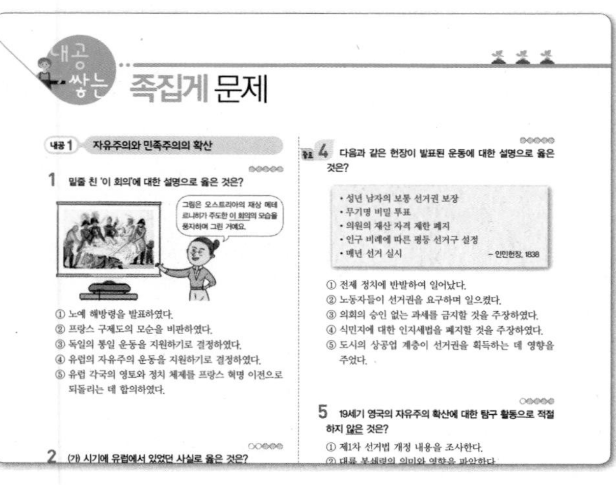

내공 3 단계 | 내공 쌓는 족집게 문제

내신에 강해지는 길은 기출 문제를 많이 풀어 보는 것! 학교 기출 문제를 철저히 분석하여 출제 가능성이 높은 유형의 문제들로 구성하였습니다.

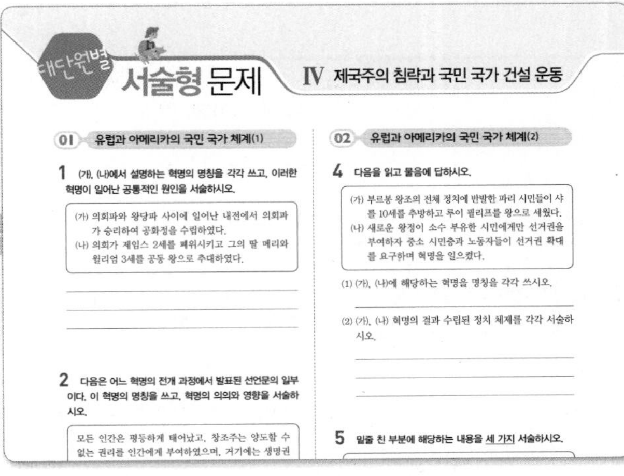

내공 점검 | 내공 5 단계

마지막 최종 점검 단계! 지금까지 쌓은 내공을 모아모아 실력을 최종 점검할 수 있도록 대단원별로 실전 문제를 구성하였습니다. 단원 통합형 문제와 서술형 문제로 내신 만점을 확실하게 준비할 수 있습니다.

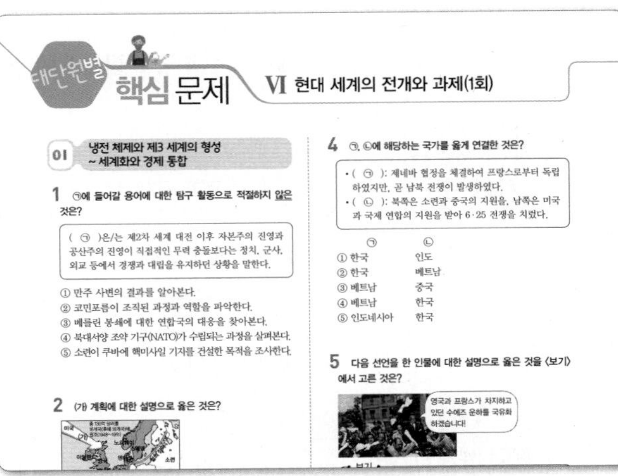

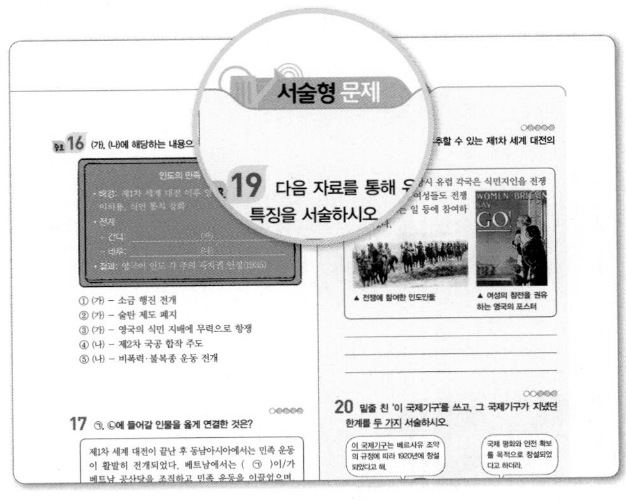

서술형 문제 | 내공 4 단계

교과서 핵심 주제와 자료를 선별하여 학교 시험에 자주 출제되는 유형의 서술형 문제로 구성하였습니다.

내공과 내 교과서

단원 비교

		내공	비상교육	금성
IV 제국주의 침략과 국민 국가 건설 운동	01 유럽과 아메리카의 국민 국가 체제(1)	8 ~ 13	133 ~ 139	132 ~ 139, 144
	02 유럽과 아메리카의 국민 국가 체제(2)	14 ~ 17	140 ~ 145	140 ~ 143, 145
	03 유럽의 산업화와 제국주의	18 ~ 23	147 ~ 157	146 ~ 153, 160 ~ 161
	04 서아시아와 인도의 국민 국가 건설 운동	24 ~ 29	159 ~ 163	154 ~ 161
	05 동아시아의 국민 국가 건설 운동	30 ~ 35	165 ~ 173	162 ~ 173
V 세계 대전과 사회 변동	01 세계 대전과 국제 질서의 변화(1)	36 ~ 41	179 ~ 184	180 ~ 187
	02 세계 대전과 국제 질서의 변화(2)	42 ~ 45	185 ~ 189	188 ~ 193
	03 민주주의의 확산 ~ 인권 회복과 평화 확산을 위한 노력	46 ~ 49	191 ~ 203	194 ~ 203
VI 현대 세계의 전개와 과제	01 냉전 체제와 제3 세계의 형성 ~ 세계화와 경제 통합	50 ~ 55	209 ~ 221	210 ~ 217
	02 탈권위주의 운동과 대중문화 발달	56 ~ 59	223 ~ 227	218 ~ 221
	03 현대 세계의 문제 해결을 위한 노력	60 ~ 62	229 ~ 233	222 ~ 227

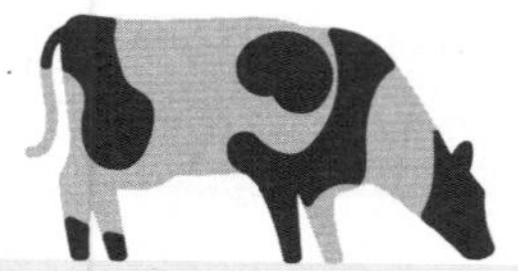

동아출판	미래엔	지학사	천재교육
126 ~ 130, 135	138 ~ 145, 150 ~ 151	130 ~ 134, 138	136 ~ 140, 146
130 ~ 135	146 ~ 149, 152 ~ 153	135 ~ 138	140 ~ 145, 147
138 ~ 143, 150 ~ 151	154 ~ 163, 168, 171	140 ~ 148, 159	148 ~ 155
146 ~ 151	164 ~ 171	150 ~ 159	158 ~ 163
154 ~ 161	172 ~ 181	162 ~ 170	164 ~ 175
168 ~ 175	188 ~ 196	152, 157 ~ 158, 169 ~ 170, 178 ~ 184	180 ~ 191
178 ~ 181	197 ~ 201	186 ~ 193	192 ~ 199
184 ~ 187	202 ~ 211	196 ~ 206	200 ~ 209
194 ~ 203	218 ~ 229	214 ~ 230	214 ~ 231
206 ~ 209	230 ~ 235	232 ~ 238	232 ~ 239
212 ~ 217	236 ~ 239	240 ~ 243	240 ~ 247

Textbook

CONTENTS 차례

IV 제국주의 침략과 국민 국가 건설 운동

세계 대전과 사회 변동

현대 세계의 전개와 과제

내공 점검

CONTENTS

01 유럽과 아메리카의 국민 국가 체제(1)

내공 1 영국 혁명

1 청교도 혁명

영국의 칼뱅파 신교도로, 청렴하고 금욕적인 생활을 중시해.

(1) 청교도 혁명(1642~1649)

배경	• 17세기 전후 젠트리와 시민 계급 성장 → 의회에서 다수를 차지함 • 제임스 1세와 찰스 1세의 전제 정치(의회의 권리 무시), 청교도 탄압
전개	찰스 1세가 의회의 승인 없이 세금 부과 → 의회의 권리 청원 제출(1628), 찰스 1세의 승인 → 찰스 1세가 의회 해산 후 전쟁 비용 마련을 위해 의회 재소집 → 의회가 국왕 실정 비판, 세금 부과 반대 → 왕의 의회 탄압 → 의회파와 왕당파 사이의 내전 발생(청교도 혁명, 1642) → 크롬웰이 이끄는 의회파 승리
결과	찰스 1세 처형, 공화정 수립(1649)

'의회의 승인 없이 세금을 징수할 수 없다.'라는 내용이 담겨 있어.

(2) 크롬웰의 정치

크롬웰은 국민에게 음주, 도박을 금지하는 등 엄격한 금욕 생활을 강조하였어.

대내	의회 해산, 엄격한 청교도 윤리를 앞세운 독재 정치 실시 → 국민의 불만 고조
대외	왕당파의 거점인 아일랜드 정복, 항해법 제정으로 대외 무역 확대

영국과 교역하는 나라에서는 영국과 영국 식민지의 배를 이용해야 한다는 법률

(3) 왕정 부활: 크롬웰 사후 찰스 2세 즉위

2 명예혁명

혁명 과정에서 피를 흘리지 않고 정치 형태가 바뀌었기 때문에 붙여진 이름이야.

(1) 배경: 찰스 2세와 제임스 2세의 전제 정치 강화

(2) 전개: 의회가 제임스 2세 폐위 → 제임스 2세의 딸 메리와 그녀의 남편 윌리엄 3세를 공동 왕으로 추대(명예혁명, 1688) → 의회가 권리 장전 제출, 왕이 권리 장전 승인(1689)

(3) 결과: 절대 왕정 붕괴, 의회를 중심으로 한 입헌 군주제의 토대 마련

헌법에 의해 군주의 권력이 제한되는 정치 형태

권리 장전의 주요 내용

제1조 국왕은 의회의 동의 없이 법의 효력을 정지하거나 법의 집행을 막을 수 없다.

제4조 국왕이 의회의 승인 없이 세금을 징수하는 것은 위법이다.

제6조 의회의 동의 없이 왕국 내에서 군대를 징집, 유지하는 것은 위법이다.

▲ 영국 의회는 메리 여왕과 윌리엄 3세로부터 권리 장전을 승인받았다. 권리 장전은 의회에서 제정한 법이 국왕의 권력보다 앞선다는 것을 강조하였으며, 미국 독립 선언문과 프랑스의 인권 선언에도 영향을 주었다.

3 의회 정치의 발전

앤 여왕이 잉글랜드와 스코틀랜드를 병합하여 대영 제국 수립 → 앤 여왕 사후 독일의 하노버 공 조지 1세 즉위(1714), '왕은 군림하나 통치하지 않는다.'라는 영국식 전통 형성, 내각 책임제 시작

독일에서 성장하여 영어를 못하고 영국 사정에 어두워 정치에 관여할 수 없었어.

의회의 다수당이 내각을 구성하여 정치를 주도하는 형태

내공 2 미국 혁명

1 미국 혁명의 배경

(1) 영국의 북아메리카 이주: 17세기부터 영국인들이 종교적·경제적 이유로 북아메리카로 이주 → 북아메리카 동부에 13개의 식민지 건설 → 독자적인 의회를 구성하여 본국의 간섭 없이 자치를 누림

청교도들이 종교의 자유를 찾아 이주하였어.

(2) 영국의 식민지 정책 변화: 프랑스와의 7년 전쟁으로 영국의 재정 악화 → 중상주의 정책 실시, 식민지에 세금 부과 강화(설탕·차 등에 세금 부과, 인지세법 제정)

영국이 공문서, 신문, 광고지 등 각종 인쇄물에 부과한 세금이야.

2 미국 혁명의 전개

인디언으로 변장한 식민지인들이 보스턴 항구에서 영국 동인도 회사의 배에 실려 있던 차 상자를 바다에 던져 버린 사건이야.

(1) 독립 전쟁의 발단: 식민지의 납세 거부 → 보스턴 차 사건 발발(1773) → 영국 정부의 강경 대응(보스턴항의 봉쇄, 식민지 주민 탄압 등) → 식민지 대표들이 대륙 회의를 열어 영국에 항의

식민지인들은 '대표 없는 곳에 과세할 수 없다.'라며 저항하였어.

(2) 독립 전쟁의 전개: 식민지 민병대와 영국군의 충돌(독립 전쟁 발발, 1775) → 식민지 대표들이 조지 워싱턴을 총사령관으로 임명, 독립 선언문 발표(1776) → 초기 식민지 군대의 열세 → 조지 워싱턴의 활약, 프랑스 등의 지원 → 요크타운 전투에서 식민지군 승리, 영국과 파리 조약 체결(13개 식민지의 독립 인정, 1783)

영국과 경쟁하던 프랑스, 에스파냐 등이 식민지군을 지원하였어.

미국 독립 선언문의 주요 내용

모든 인간은 평등하게 태어났고, 창조주는 양도할 수 없는 권리를 인간에게 부여하였으며, 거기에는 생명권과 자유권 및 행복 추구권이 포함되어 있다. 이러한 권리를 보장하기 위해 인간은 정부를 만들었으며, 정부의 정당한 권력은 통치를 받는 사람들의 동의로부터 나온다. 어떤 정부라도 이 목적을 훼손하는 경우에는 언제든지 새로운 정부를 수립할 수 있는 권리가 국민에게 있다.

▲ 미국 독립 선언문에는 평등권, 생명·자유·행복 추구권 등 인간의 기본권과 국민 주권, 천부 인권, 혁명권 등 근대 민주주의의 기본 원리가 담겨 있다.

3 미국 혁명의 결과

각 주에 광범위한 자치를 허용하되 통합적인 연방 정부를 두고, 연방 의회에서 입법·과세 등을 결정하는 제도야.

(1) 헌법 제정(1787): 연방제, 국민 주권의 원리, 삼권 분립의 원칙 규정

국가의 권력을 입법, 사법, 행정권으로 분리하여 서로 견제하도록 한 국가의 조직 원리

(2) 아메리카 합중국(미국) 수립(1789): 세계 최초의 민주 공화국 수립, 조지 워싱턴을 초대 대통령으로 선출

(3) 미국 혁명의 영향: 프랑스 혁명과 라틴 아메리카의 독립운동에 영향을 미침

4 미국 혁명의 의의

영국의 지배에서 벗어난 독립 혁명이자 자유와 평등의 이념을 실현한 시민 혁명

내공 3 미국의 발전

1 미국의 성장과 남북 전쟁

(1) 독립 이후 미국의 상황: 독립 이후 서부 개척과 영토 매입을 통해 대서양과 태평양 연안까지 영토 확장 → 영토, 자원, 인구, 시장을 바탕으로 경제 성장

(2) 남북 전쟁(1861~1865)

① 배경: 남부와 북부의 경제 구조 차이로 인한 대립 심화

남부	대농장 경영 발달, 자유 무역과 노예제 유지를 주장(면화와 담배를 재배하여 영국에 수출하였기 때문임)
북부	상공업 발달, 보호 무역과 노예제 폐지를 주장(공장에서 상품을 생산하여 영국과 경쟁해야 했기 때문임)

② 전개: 노예제 확대에 반대한 링컨의 대통령 당선 → 남부의 여러 주가 연방 탈퇴, 북부를 공격하여 남북 전쟁 발발(1861) → 링컨의 노예 해방 선언으로 여론이 북부 지지 → 북부의 승리

└ 인구와 자원, 공업 발전 측면에서 우세하였던 북부가 승리하였어.

2 남북 전쟁 이후 미국의 성장 국민적 단합 강화, 대륙 횡단 철도 개통(1869), 이민의 증가로 노동력 증대 → 철강과 기계 산업 발달, 19세기 말 세계 최대 공업국으로 성장

내공 4 프랑스 혁명

1 프랑스 혁명의 배경

┌ 불평등한 신분제의 원리가 지배하는 혁명 이전의 프랑스 사회를 의미해.

(1) 구제도의 모순: 제1, 2신분은 정치적·경제적 특권을 누리는 반면 제3 신분은 무거운 세금을 부담하고 정치 참여가 제한됨

(2) 시민 계급의 성장: 상공업 활동으로 부 축적, 계몽사상과 미국 혁명의 영향 → 구제도의 모순에 대한 비판 의식 고조

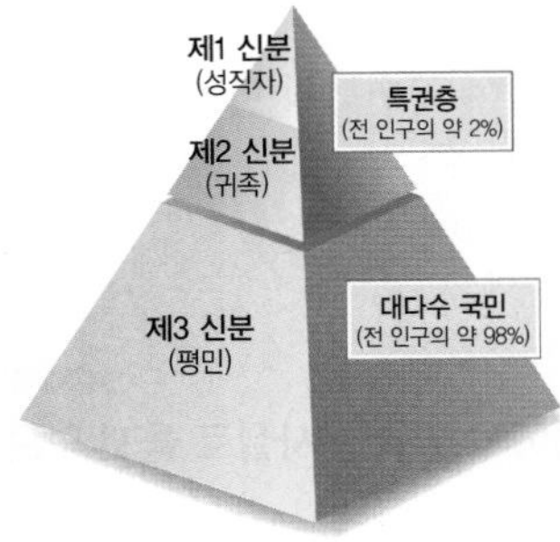

◀ **18세기 프랑스의 신분 구조** | 제1, 2 신분인 성직자와 귀족은 전체 인구의 2%에 불과하였지만 많은 토지를 소유하였으며, 면세의 특권을 누렸다. 반면 제3 신분인 평민은 각종 세금에 시달리면서도 정치적 권리는 거의 없었다.

2 프랑스 혁명의 발단 전쟁과 왕실의 사치로 인한 재정 문제 해결을 위해 루이 16세가 전국 신분회(삼부회) 소집(1789) → 삼부회 표결 방식 문제로 신분 간 대립

└ 제1, 2 신분은 신분별 표결, 제3 신분은 머릿수 표결을 주장하였어.

3 프랑스 혁명의 전개

(1) 국민 의회 결성: 제3 신분이 국민 의회 결성, 테니스코트의 서약 발표 → 국왕의 국민 의회 탄압 → 파리 시민들의 바스티유 감옥 습격 → 국민 의회의 봉건제 폐지 선언, 인간과 시민의 권리 선언(인권 선언) 발표(1789) → 헌법 제정(입헌 군주제와 재산에 따른 제한 선거 등 규정)

└ 제3 신분은 새로운 헌법이 제정될 때까지 해산하지 않겠다고 선언하였어.

> **인간과 시민의 권리 선언(인권 선언)의 주요 내용**
>
> 제1조 인간은 자유롭게 그리고 평등한 권리를 가지고 태어났다.
>
> 제2조 자유, 재산, 안전, 그리고 압제에 대한 저항권은 인간이 가진 불가침의 권리이다.
>
> 제3조 모든 주권의 원천은 국민에게 있다.

▲ 1789년 국민 의회가 발표한 인간과 시민의 권리 선언에는 국민 주권, 자유와 평등, 재산권 보호 등 프랑스 혁명의 기본 이념이 담겨 있다.

(2) 입법 의회 성립: 새로운 헌법에 따라 입법 의회 구성 → 오스트리아, 프로이센 등과 전쟁 → 물가 상승과 식량 부족으로 파리 민중의 왕궁 습격 → 왕권 정지, 입법 의회 해산, 국민 공회 구성(1792)

└ 혁명의 전파를 두려워한 오스트리아, 프로이센이 혁명에 간섭하자 입법 의회가 전쟁을 선포하였어.

(3) 국민 공회 시기

① 활동: 공화정 선포, 루이 16세 처형, 헌법 제정(공화제와 보통 선거제 등 규정)

② 로베스피에르의 정치

개혁 정치	봉건적 제도 폐지, 귀족의 토지와 국유지 몰수 후 분배 등
공포 정치	공안 위원회와 혁명 재판소를 설치 → 혁명에 반대하는 세력 처형

(4) 총재 정부 수립: 공포 정치에 대한 국민의 불만 고조 → 온건파가 로베스피에르 처형 → 총재 정부 수립(5명의 총재가 행정과 외교 담당) → 혼란 지속

4 나폴레옹의 집권

새로운 시민 사회의 규범을 담았어. ┐

(1) 나폴레옹의 등장: 나폴레옹이 쿠데타(1799)로 총재 정부를 무너뜨리고 통령 정부 수립, 제1 통령에 취임

(2) 나폴레옹의 활동: 대프랑스 동맹 격파, 『나폴레옹 법전』 편찬, 내정 개혁 실시(중앙 집권적 행정 제도 마련, 국립 은행 설립, 국민 교육 제도의 도입 등)

(3) 제정 수립: 국민 투표로 나폴레옹이 황제에 즉위(1804)

(4) 나폴레옹의 전쟁: 트라팔가르 해전(1805)에서 영국군에 패배, 오스트리아·프로이센·러시아 등을 격파하여 유럽 대부분을 장악 → 대륙 봉쇄령 선포

┌ 영국을 굴복시키기 위해 유럽 대륙의 항구를 봉쇄하였어.

(5) 나폴레옹의 몰락: 러시아의 대륙 봉쇄령 위반 → 러시아 원정 단행(1812) 실패, 대프랑스 동맹에 패배 → 나폴레옹 몰락

(6) 나폴레옹 전쟁의 의의: 유럽에 프랑스 혁명 정신 전파 → 자유주의와 민족주의 확산

◀ **나폴레옹 시기의 프랑스** | 전쟁에 나선 나폴레옹은 해전에서 영국군에 패하였지만 지상에서는 오스트리아와 프로이센 등을 격파하였다.

개념 확인하기

정답과 해설 2쪽

1 다음 영국의 혁명과 그 결과를 옳게 연결하시오.

(1) 명예혁명 • • ㉠ 공화정 수립

(2) 청교도 혁명 • • ㉡ 입헌 군주제의 토대 마련

2 의회파의 지도자인 (　　　　　)은 항해법을 제정하여 대외 무역을 확대하였다.

3 다음 빈칸에 들어갈 내용을 쓰시오.

(1) (　　　　　) 정부는 프랑스와의 7년 전쟁으로 재정이 어려워지자 식민지에 인지세 등을 부과하였다.

(2) 식민지 대표들은 대륙 회의를 열어 영국에 항의하고, 독립 전쟁이 발발하자 (　　　　　)을 총사령관으로 임명하였다.

(3) 독립을 달성한 북아메리카 13개 주는 연방제, 국민 주권의 원리 등을 특징으로 하는 헌법을 제정하여 세계 최초의 (　　　　　)을 수립하였다.

4 다음 설명이 맞으면 ○표, 틀리면 ×표를 하시오.

(1) 18세기 프랑스의 제3 신분은 무거운 세금을 부담하고 정치 참여가 제한되었다. (　　)

(2) 프랑스의 루이 16세는 재정 문제를 해결하기 위해 전국 신분회(삼부회)를 소집하였다. (　　)

(3) 입법 의회는 봉건제 폐지를 선언하고, '인간과 시민의 권리 선언(인권 선언)'을 발표하였다. (　　)

5 다음 괄호 안의 내용 중 알맞은 말에 ○표를 하시오.

(1) (국민 공회, 총재 정부)는 공화정을 선포하고, 루이 16세를 처형하였다.

(2) (국민 의회, 입법 의회)는 입헌 군주제와 재산에 따른 제한 선거 등을 규정한 헌법을 제정하였다.

6 다음에서 설명하는 인물을 〈보기〉에서 골라 기호를 쓰시오.

보기

ㄱ. 나폴레옹　ㄴ. 루이 16세　ㄷ. 로베스피에르

(1) 영국을 굴복시키기 위해 대륙 봉쇄령을 선포하였다. (　　)

(2) 혁명에 반대하는 세력을 처형하는 등 공포 정치를 폈다. (　　)

내공 쌓는 족집게 문제

내공 1 영국 혁명

1 청교도 혁명에 대한 설명으로 옳은 것은?

① 제임스 2세의 전제 정치가 원인이 되었다.

② 국왕이 의회가 제출한 권리 장전을 승인하였다.

③ 의회가 메리와 윌리엄 3세를 공동 왕으로 추대하였다.

④ 의회파와 왕당파 간의 내전에서 의회파가 승리하였다.

⑤ 혁명의 결과 헌법에 의해 군주의 권력이 제한되는 정치 체제가 수립되었다.

2 (가)에 들어갈 내용으로 적절하지 않은 것은?

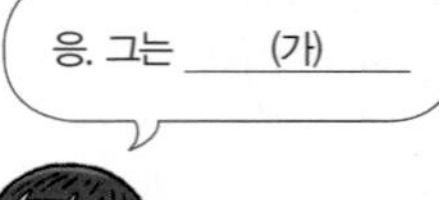

① 의회를 해산하였어.

② 왕정을 부활시킨 후 황제에 즉위하였어.

③ 왕당파의 거점인 아일랜드를 정복하였어.

④ 청교도 윤리를 앞세운 독재 정치를 실시하였어.

⑤ 엄격한 금욕 생활을 요구하여 국민들의 반발을 샀어.

3 (가), (나) 시기 사이에 영국에서 있었던 사실로 옳지 않은 것은?

> (가) 권리 청원을 승인하였던 찰스 1세가 의회를 해산하였다.
> (나) 찰스 2세와 그의 뒤를 이은 제임스 2세는 의회를 무시하면서 전제 정치를 강화하였다.

① 찰스 1세가 처형되었다.

② 의회파와 왕당파가 내전을 벌였다.

③ 의회의 요구로 권리 장전이 승인되었다.

④ 항해법이 제정되어 대외 무역이 확대되었다.

⑤ 크롬웰이 의회를 해산하고 독재 정치를 실시하였다.

출제율 ●●●●● 시험에 꼭 나오는 출제 가능성이 높은 예상 문제로, 내신 100점을 받기 위한 필수 문항들

○●●●●

4 명예혁명에 대한 설명으로 옳은 것만을 〈보기〉에서 있는 대로 고른 것은?

보기
ㄱ. 피를 흘리지 않고 정치 형태를 바꾼 혁명이다.
ㄴ. 찰스 2세와 제임스 2세의 전제 정치가 원인이 되었다.
ㄷ. 국왕의 권력이 의회에서 제정한 법보다 앞선다는 것을 확인하는 계기가 되었다.
ㄹ. 의회가 공주인 메리와 그녀의 남편 윌리엄 3세를 공동 왕으로 추대하며 전개되었다.

① ㄱ, ㄴ ② ㄱ, ㄷ ③ ㄷ, ㄹ
④ ㄱ, ㄴ, ㄹ ⑤ ㄴ, ㄷ, ㄹ

○●●●●

중요 **5** 다음 문서의 승인이 영국에 미친 영향으로 옳은 것은?

제1조 국왕은 의회의 동의 없이 법의 효력을 정지하거나 법의 집행을 막을 수 없다.
제4조 국왕이 의회의 승인 없이 세금을 징수하는 것은 위법이다.
제6조 의회의 동의 없이 왕국 내에서 군대를 징집, 유지하는 것은 위법이다.

① 공화정이 수립되었다.
② 제임스 2세가 즉위하였다.
③ 입헌 군주제의 토대가 마련되었다.
④ 크롬웰이 독재 정치를 실시하였다.
⑤ 왕당파와 의회파 사이에 내전이 일어났다.

○●●●●

6 다음 학습 목표에 부합하는 내용으로 옳은 것은?

• 학습 목표: 영국에서 의회 정치가 발전하게 된 배경에 대해 설명할 수 있다.

① 의회가 찰스 1세에게 권리 청원을 제출하였다.
② 독일의 하노버 공 조지 1세가 국왕으로 즉위하였다.
③ 농촌에서 중소 지주층인 젠트리의 세력이 강해졌다.
④ 엘리자베스 1세가 에스파냐의 무적함대를 격파하였다.
⑤ 앤 여왕이 스코틀랜드를 병합하고 식민지를 확대하여 대영 제국을 수립하였다.

내공 2 미국 혁명

○●●●●

7 (가)에 들어갈 내용으로 가장 적절한 것은?

영국인들은 17세기부터 북아메리카로 이주하여 18세기 초에는 대서양 연안에 13개의 식민지를 건설하였다. 그러나 영국이 ____(가)____ 미국 혁명이 일어났다.

① 인지세법을 폐지하자
② 자유방임주의 정책을 강화하자
③ 식민지에 각종 세금을 부과하자
④ 식민지의 자치와 자유를 인정하자
⑤ 식민지에 대한 모든 간섭을 철회하자

○●●●●

8 다음 사건을 계기로 일어난 혁명에서 있었던 일이 아닌 것은?

인디언으로 변장한 식민지 주민들이 영국 동인도 회사의 배에 침입하여 실려 있던 차를 바다에 던져 버렸다.

① 요크타운 전투에서 식민지군이 승리하였다.
② 프랑스, 에스파냐 등이 식민지군을 지원하였다.
③ 파리 조약이 체결되어 식민지군이 독립을 인정받았다.
④ 입헌 군주제를 주요 내용으로 하는 헌법이 제정되었다.
⑤ 식민지 대표들이 조지 워싱턴을 총사령관으로 임명하였다.

○●●●●

중요 **9** 다음 내용이 포함된 선언문에 대한 설명으로 옳은 것을 〈보기〉에서 고른 것은?

모든 인간은 평등하게 태어났고, 창조주는 양도할 수 없는 권리를 인간에게 부여하였으며, 거기에는 생명권과 자유권 및 행복 추구권이 포함되어 있다. 이러한 권리를 보장하기 위해 인간은 정부를 만들었으며, 정부의 정당한 권력은 통치를 받는 사람들의 동의로부터 나온다.

보기
ㄱ. 왕권신수설이 드러나 있다.
ㄴ. 미국 남북 전쟁 전개 당시 발표되었다.
ㄷ. 근대 민주주의의 기본 원리가 담겨 있다.
ㄹ. 인간의 기본권과 국민 주권 등을 명시하였다.

① ㄱ, ㄴ ② ㄱ, ㄷ ③ ㄴ, ㄷ
④ ㄴ, ㄹ ⑤ ㄷ, ㄹ

10 밑줄 친 '헌법'에 대한 설명으로 옳은 것을 〈보기〉에서 고른 것은?

> 독립을 달성한 북아메리카 13개 주의 대표들은 헌법을 제정하고, 이듬해 조지 워싱턴을 초대 대통령으로 선출하였다.

보기
ㄱ. 국왕의 권력을 강조하였다.
ㄴ. 내각 책임제를 규정하였다.
ㄷ. 연방제를 특징으로 하였다.
ㄹ. 삼권 분립의 원리를 규정하였다.

① ㄱ, ㄴ ② ㄱ, ㄷ ③ ㄴ, ㄷ
④ ㄴ, ㄹ ⑤ ㄷ, ㄹ

내공 3 미국의 발전

11 학습 목표를 수행하기 위한 탐구 활동으로 가장 적절한 것은?

> • 학습 목표: 19세기 미국의 북부와 남부가 노예제에 대한 입장이 서로 달랐던 이유에 대해 알아본다.

① 링컨의 노예 해방 선언문을 찾아본다.
② 남부와 북부의 산업 구조 비율을 비교한다.
③ 대륙 횡단 철도의 개통식 사진을 검색한다.
④ 서부 개척으로 확대된 미국 영토 지도를 검색한다.
⑤ 라틴 아메리카에 대한 미국의 간섭 정책을 알아본다.

12 다음은 미국의 남북 전쟁 과정에서 있었던 일들이다. (가)~(라)를 일어난 순서대로 옳게 나열한 것은?

> (가) 링컨이 대통령에 당선되었다.
> (나) 링컨이 노예 해방을 선언하였다.
> (다) 게티즈버그 전투에서 북부가 승리하였다.
> (라) 남부의 여러 주가 연방 탈퇴를 선언하였다.

① (가) – (나) – (라) – (다) ② (가) – (라) – (나) – (다)
③ (나) – (가) – (라) – (다) ④ (나) – (라) – (가) – (다)
⑤ (라) – (가) – (나) – (다)

내공 4 프랑스 혁명

중요 **13** 다음은 18세기 프랑스의 신분 구조를 나타낸 것이다. (가)~(다) 신분에 대한 설명으로 옳은 것은?

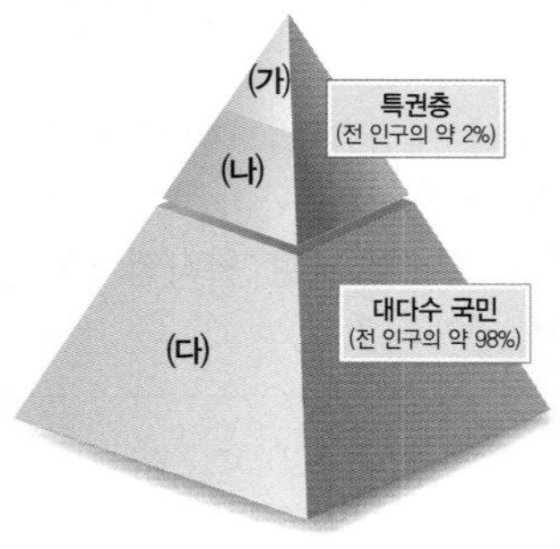

① (가)는 무거운 세금을 부담하여 불만이 많았다.
② (나)는 삼부회의 머릿수 표결을 주장하였다.
③ (다)는 정치 참여에 제한을 받았다.
④ (나), (다)는 주요 관직과 많은 토지를 독점하였다.
⑤ (가)는 평민, (나)는 귀족, (다)는 성직자이다.

14 프랑스 혁명이 일어난 배경으로 옳은 것을 〈보기〉에서 고른 것은?

보기
ㄱ. 크롬웰의 독재 정치
ㄴ. 제임스 2세의 전제 정치
ㄷ. 신분제 등 구제도의 모순
ㄹ. 계몽사상과 미국 혁명의 영향

① ㄱ, ㄴ ② ㄱ, ㄷ ③ ㄴ, ㄷ
④ ㄴ, ㄹ ⑤ ㄷ, ㄹ

15 (가) 시기를 배경으로 역사 신문을 만들 때 그 제목으로 적절한 것은?

① 나폴레옹 법전에 담긴 의미, 전격 해부
② 파리 시민들, 바스티유 감옥을 습격하다
③ 루이 16세, 전국 신분회(삼부회)를 소집하다
④ 로베스피에르의 정치, 시민들은 두려움에 떨다
⑤ 나폴레옹, 영국을 굴복시키기 위해 대륙 봉쇄령을 선포하다

서술형 문제

16 다음은 프랑스 혁명을 일어난 순서대로 쓴 책이다. 찢어진 부분에 들어갈 내용으로 가장 적절한 것은?

패전 등으로 생활이 어려워진 파리 시민들이 왕궁을 습격하였다. 그 결과 왕정이 정지되면서 국민 공화가 구성되고 공화정이 선포되었다.	5명의 총재가 이끄는 총재 정부가 수립되었다. 총재 정부 역시 무능하여 총재 정부 시기에도 국내외 혼란이 계속되었다.

① 입법 의회가 구성되었다.
② 국민 의회가 봉건제 폐지를 선언하였다.
③ 제3 신분이 테니스코트의 서약을 발표하였다.
④ 나폴레옹이 쿠데타로 통령 정부를 수립하였다.
⑤ 로베스피에르가 공안 위원회를 설치하여 공포 정치를 실시하였다.

17 밑줄 친 '이 사람'에 대한 설명으로 옳지 않은 것은?

> 오스트리아와의 전쟁에서 공을 세워 대중적 지지를 얻게 된 이 사람은 1799년에 쿠데타를 일으켜 총재 정부를 무너뜨리고 정권을 장악하였다.

① 대프랑스 동맹을 격파하였다.
② 국민 투표로 황제에 즉위하였다.
③ 시민 사회의 규범을 담은 법전을 편찬하였다.
④ 청교도 윤리를 앞세운 독재 정치를 실시하였다.
⑤ 국민 교육 제도 도입 등의 내정 개혁을 실시하였다.

18 지도에 나타난 원정이 유럽에 미친 영향으로 적절한 것은?

① 자유주의가 확산되었다.
② 권리 장전이 승인되었다.
③ 민주 공화국이 수립되었다.
④ 청교도 혁명이 발생하였다.
⑤ 젠트리와 시민 계급이 성장하였다.

19 다음을 읽고 물음에 답하시오.

> 제임스 1세와 찰스 1세가 의회의 권리를 무시하자, 의회는 '의회의 승인 없이 세금을 징수할 수 없다.' 라는 내용의 (㉠)을/를 제출하였다. 찰스 1세는 이를 승인하였으나, 이후 의회를 해산하고 탄압하였다.

(1) ㉠에 들어갈 용어를 쓰시오.

(2) 위 상황 이후 전개된 혁명의 결과를 서술하시오.

20 다음 내용을 참고하여 밑줄 친 '무역 정책'에 대한 미국 남부와 북부의 입장을 비교하여 서술하시오.

> 독립 이후 미국 남부에서는 노예를 이용하여 목화를 재배하는 대농장 경영이 발달한 반면, 북부에서는 임금 노동에 기초한 상공업이 발달하였다. 이러한 경제 구조의 차이에서 생긴 남부와 북부의 갈등은 노예제 문제와 무역 정책을 놓고 더욱 심해졌다.

21 다음 선언을 읽고 물음에 답하시오.

> 제1조 인간은 자유롭게 그리고 평등한 권리를 가지고 태어났다.
> 제2조 자유, 재산, 안전, 그리고 압제에 대한 저항권은 인간이 가진 불가침의 권리이다.
> 제3조 모든 주권의 원천은 국민에게 있다.

(1) 위 선언을 발표한 프랑스 혁명 정부를 쓰시오.

(2) 위 선언을 통해 알 수 있는 프랑스 혁명의 기본 이념을 세 가지 서술하시오.

유럽과 아메리카의 국민 국가 체제(2)

내공 1 자유주의와 민족주의의 확산

1 빈 체제의 성립

(1) 빈 회의(1814~1815): 나폴레옹 몰락 이후 전후의 혼란 수습
① 진행: 오스트리아의 재상 메테르니히가 빈에서 회의 주도
② 결과: 유럽의 영토와 정치 체제를 프랑스 혁명 이전으로 되돌리는 데 합의 → 빈 체제 성립

(2) 빈 체제: 보수주의 표방, 열강의 세력 균형 강조
① 영향: 자유주의와 민족주의 운동이 탄압을 받음
② 동요: 라틴 아메리카 각국과 그리스의 독립으로 균열

└ 자유주의 운동은 개인의 자유와 평등을, 민족주의 운동은 민족의 독립과 통일을 추구하였어.

2 프랑스의 자유주의 운동

(1) 7월 혁명(1830)

배경	부르봉 왕조의 샤를 10세의 전제 정치(의회 해산, 언론의 자유 억압) └ 빈 체제에 따라 부활한 왕조야.
전개	자유주의자들과 파리 시민들이 샤를 10세 추방 → 루이 필리프를 '시민의 왕'으로 추대, 입헌 군주제 수립

(2) 2월 혁명(1848)

배경	7월 왕정의 재산 소유 정도에 따른 선거권 제한
전개	중소 시민층과 노동자들이 선거권 확대를 요구하며 혁명 → 왕정 폐지(루이 필리프 퇴위), 공화정 수립, 21세 이상 남자의 보통 선거 실현
영향	유럽 각국에 자유주의와 민족주의 운동 확산, 오스트리아에서 혁명 발생(메테르니히 추방, 빈 체제 붕괴), 독일과 이탈리아에서 통일 국가 수립 운동 추진

3 영국의 자유주의 개혁

└ 의회가 주도하여 점진적인 법률 개정을 통해 자유주의가 발전하였어.

(1) 개인의 자유와 권리 확대: 가톨릭교도에 대한 차별 폐지(종교의 자유 인정), 공장법 제정
└ 어린이와 부녀자의 노동 시간에 제한을 두었어.

(2) 선거권 확대
① 제1차 선거법 개정(1832): 부패 선거구 폐지, 도시의 신흥 상공업자를 비롯한 중산 계급까지 선거권 부여
② 차티스트 운동: 영국의 노동자들이 선거권을 요구하며 인민헌장 발표(1838) → 의회에 제출하기 위한 서명 운동 전개

- 성년 남자의 보통 선거권 보장
- 무기명 비밀 투표
- 의원의 재산 자격 제한 폐지
- 인구 비례에 따른 평등 선거구 설정
- 매년 선거 실시

▲ **인민헌장** | 제1차 선거법 개정 이후 여전히 선거권을 얻지 못한 영국의 노동자들은 1838년 '21세 이상 모든 남자의 보통 선거' 등의 요구 사항을 담은 인민헌장을 발표하고 의회에 청원 서명서를 제출하였다.

(3) 자유주의 경제 체제 확립: 19세기 후반 곡물법과 항해법 폐지 등 정부의 경제 규제 완화
└ 수입 곡물에 관세를 부과하여 국내 지주를 보호한 법률

4 이탈리아의 통일

(1) 통일 전 상황: 여러 나라로 분열, 오스트리아의 간섭을 받음
(2) 통일 운동 전개: 프랑스 2월 혁명의 영향을 받음, 사르데냐 왕국이 주도
└ 사르데냐 왕국의 재상

카보우르	내정 개혁 추진, 프랑스의 지원을 받아 오스트리아와의 전쟁에서 승리(1859) → 중북부 이탈리아 병합
가리발디	의용대를 이끌고 시칠리아와 나폴리 점령 → 점령지를 사르데냐 국왕에게 바침

(3) 통일의 완성: 이탈리아 왕국 성립(1861) → 베네치아 획득 → 교황령 병합(1870)

5 독일의 통일

└ 독일 연방 내에서 거래되는 상품에 관세를 폐지하였어.

(1) 관세 동맹 체결(1834): 프로이센 주도 → 경제적 통합 달성, 통일의 기반 마련
(2) 프랑크푸르트 의회(1848): 자유주의자들 주도로 통일 방안 논의 → 의견 차이로 성과를 거두지 못함
(3) 프로이센 중심의 통일 운동: 비스마르크의 철혈 정책 추진 → 오스트리아 격파 → 북독일 연방 결성(1866) → 프랑스와의 전쟁에서 승리 → 남독일 통합
(4) 독일 제국 수립(1871): 프로이센의 빌헬름 1세가 황제로 즉위

▲ 이탈리아의 통일 과정

비스마르크의 철혈 정책
독일의 문제는 연설이나 다수결로 해결할 수 없으며, 오직 철(군대)과 피(전쟁)에 의해서만 해결할 수 있습니다.

▲ 비스마르크는 무력에 의해서만 통일을 달성할 수 있다고 선언하고 강력한 군비 확장 정책을 추진하였다.

6 러시아의 개혁

(1) 19세기 러시아의 상황
① 데카브리스트의 봉기(1825): 차르(황제)의 전제 정치와 농노제 유지 → 일부 청년 장교들과 지식인들이 입헌 군주제를 지향하며 봉기 → 실패
② 크림 전쟁(1853~1856): 니콜라이 1세의 남하 정책 추진 → 흑해로 진출하기 위해 영국, 프랑스, 오스만 제국과 전쟁을 벌였으나 패배
└ 크림 전쟁에서 패한 후 러시아가 낙후되어 있다고 생각하였기 때문이야.

(2) 러시아의 개혁 시도
└ 이 조치로 약 4,700만 명의 농노가 자유민이 되었어.
① 알렉산드르 2세의 개혁(1861): 농노 해방령 발표, 지방 의회 구성, 군사 제도 개혁 등 실시 → 알렉산드르 2세가 암살됨 → 전제 정치 강화, 자유주의 운동 탄압
② 지식인들의 농민 계몽 운동: 브나로드 운동 전개
└ 일부 급진주의자들에게 암살당했어.
└ '민중 속으로'라는 의미야.

내공 2 라틴 아메리카의 독립

1 라틴 아메리카의 독립운동

(1) 식민 지배: 16세기 이후 에스파냐와 포르투갈의 지배를 받음

(2) 독립운동의 배경: 미국 혁명·프랑스 혁명·계몽사상의 영향을 받음, 나폴레옹 전쟁으로 에스파냐의 식민지에 대한 간섭 약화

(3) 독립운동의 확산: 영국의 라틴 아메리카 독립 지지, 미국의 먼로주의(먼로 선언) 발표 → 독립운동 가속화
- 영국이 라틴 아메리카에 새로운 상품 시장을 확보하고 싶었기 때문이야.
- 먼로주의: 아메리카 대륙에 대한 유럽의 간섭이나 식민지 건설을 허용하지 않겠다고 한 선언

(4) 각국의 독립

아이티	프랑스의 지배 → 흑인 노예들의 독립운동(투생 루베르튀르 주도) → 아이티 공화국 수립(라틴 아메리카 최초의 독립국)
멕시코	에스파냐의 지배 → 이달고 신부 등의 지속적인 민중 봉기로 독립 → 공화정 실시
브라질	포르투갈의 지배 → 포르투갈 황태자의 독립 선언 → 헌법 제정, 의회 구성

(5) 볼리바르와 산마르틴: 크리오요 출신, 라틴 아메리카의 독립운동을 주도
- 크리오요: 라틴 아메리카에서 태어난 에스파냐인의 후손으로, 본국의 억압과 수탈에 반발하여 독립운동을 주도하였어.

볼리바르	베네수엘라, 콜롬비아, 에콰도르, 볼리비아 등을 독립시킴
산마르틴	아르헨티나, 칠레, 페루 등을 독립시킴

◀ **라틴 아메리카의 독립** | 가장 먼저 아이티가 프랑스로부터 독립하였고, 볼리바르의 활약으로 베네수엘라, 콜롬비아, 볼리비아 등도 연이어 독립하였다. 그 외에 멕시코와 브라질 등 대부분의 국가가 19세기 전반에 독립을 이루었다.

2 라틴 아메리카의 변화

(1) 독립 이후의 라틴 아메리카

① 다양한 주민 구성: 원주민, 흑인, 유럽 이주민, 혼혈 등이 섞임 → 국민 의식 형성이 어려움

② 독재 정권의 출현: 독립 이후 크리오요가 권력 독점 → 군부를 형성하여 정권 장악

③ 빈부 격차 심화: 크리오요가 대지주로 성장, 대다수는 빈곤에 시달림

④ 취약한 경제 구조: 미국과 유럽 지역에 식료품과 원료 수출, 공업 제품과 자본 수입 → 농업과 공업의 불균형 발전, 미국과 유럽에 경제적으로 크게 의존
- 원료 공급지와 상품 시장으로 전락하였어.

⑤ 외세의 간섭: 영국은 자본을 빌려주고 철도·광산 등의 이권 차지, 미국의 쿠바의 보호국화·파나마 운하 관리·미국에 우호적인 정권 수립

(2) 사회 혼란 해결을 위한 노력: 유럽의 영향을 받은 정당 정치의 등장, 원주민 문명의 우수성 부각(→ 민족의식 성장)

개념 확인하기

정답과 해설 3쪽

1 다음 괄호 안의 내용 중 알맞은 말에 ○표를 하시오.

(1) 빈 회의에서 유럽 각국은 영토와 정치 체제를 (미국 혁명, 프랑스 혁명) 이전으로 되돌리기로 하였다.

(2) 자유주의자들과 파리 시민들이 7월 혁명을 일으켜 샤를 10세를 추방하고, (공화정, 입헌 군주제)을/를 수립하였다.

2 ㉠, ㉡에 들어갈 내용을 각각 쓰시오.

> 영국의 노동자들은 성년 남자의 보통 선거권 보장, 무기명 비밀 투표 등의 요구를 담은 (㉠) 을 발표하고 선거권을 요구하는 (㉡)을 전개하였다.

3 다음에서 설명하는 인물을 〈보기〉에서 골라 기호를 쓰시오.

> 보기
> ㄱ. 가리발디　　ㄴ. 카보우르
> ㄷ. 비스마르크　　ㄹ. 알렉산드르 2세

(1) 농노 해방령 발표, 지방 의회 구성 등 개혁을 실시하였다. ( )

(2) 철혈 정책이라고 불리는 강력한 군비 확장 정책을 추진하였다. ( )

(3) 오스트리아와의 전쟁에서 승리하여 중북부 이탈리아를 병합하였다. ( )

(4) 시칠리아와 나폴리를 점령하고, 점령지를 사르데냐 국왕에게 바쳤다. ( )

4 다음 국가와 관련된 내용을 옳게 연결하시오.

(1) 아이티 •　　• ㉠ 이달고 신부 등의 민중 봉기

(2) 멕시코 •　　• ㉡ 라틴 아메리카 최초의 독립국

(3) 브라질 •　　• ㉢ 포르투갈 황태자의 독립 선언

5 독립 이후 라틴 아메리카에 대한 다음 설명이 맞으면 ○표, 틀리면 ×표를 하시오.

(1) 농업과 공업이 균형적으로 발전하여 세계 경제를 주도하였다. ( )

(2) 원주민, 흑인, 유럽 이주민 등 다양한 주민으로 구성되어 국민 의식 형성에 어려움을 겪었다. ( )

족집게 문제

내공 1 자유주의와 민족주의의 확산

1 밑줄 친 '이 회의'에 대한 설명으로 옳은 것은?

① 노예 해방령을 발표하였다.
② 프랑스 구제도의 모순을 비판하였다.
③ 독일의 통일 운동을 지원하기로 결정하였다.
④ 유럽의 자유주의 운동을 지원하기로 결정하였다.
⑤ 유럽 각국의 영토와 정치 체제를 프랑스 혁명 이전으로 되돌리는 데 합의하였다.

2 (가) 시기에 유럽에서 있었던 사실로 옳은 것은?

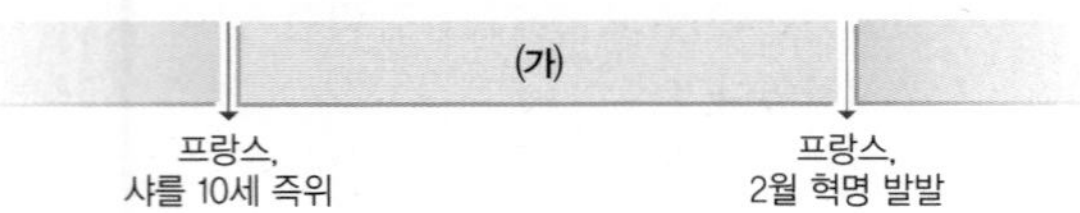

① 빈 회의가 개최되었다.
② 프랑스에서 공화정이 수립되었다.
③ 루이 필리프가 시민의 왕으로 추대되었다.
④ 나폴레옹이 쿠데타를 일으켜 통령 정부를 수립하였다.
⑤ 오스트리아에서 혁명이 일어나 메테르니히가 추방되었다.

3 밑줄 친 '혁명'의 영향으로 옳지 않은 것은?

> 1848년 프랑스에서 재산 소유 정도에 따른 선거권 제한에 불만을 품은 중소 시민층과 노동자들이 선거권 확대를 요구하며 혁명을 일으켰다.

① 빈 체제가 붕괴되었다.
② 오스트리아에서 혁명이 발생하였다.
③ 프랑스에서 입헌 군주제가 수립되었다.
④ 유럽에서 자유주의와 민족주의 운동이 확산되었다.
⑤ 독일과 이탈리아에서 통일 국가 수립 운동이 추진되었다.

중요 **4** 다음과 같은 헌장이 발표된 운동에 대한 설명으로 옳은 것은?

> • 성년 남자의 보통 선거권 보장
> • 무기명 비밀 투표
> • 의원의 재산 자격 제한 폐지
> • 인구 비례에 따른 평등 선거구 설정
> • 매년 선거 실시
> – 인민헌장, 1838

① 전제 정치에 반발하여 일어났다.
② 노동자들이 선거권을 요구하며 일으켰다.
③ 의회의 승인 없는 과세를 금지할 것을 주장하였다.
④ 식민지에 대한 인지세법을 폐지할 것을 주장하였다.
⑤ 도시의 상공업 계층이 선거권을 획득하는 데 영향을 주었다.

5 19세기 영국의 자유주의 확산에 대한 탐구 활동으로 적절하지 않은 것은?

① 제1차 선거법 개정 내용을 조사한다.
② 대륙 봉쇄령의 의미와 영향을 파악한다.
③ 공장법 제정으로 나타난 변화를 살펴본다.
④ 곡물법과 항해법 폐지로 나타난 변화를 알아본다.
⑤ 가톨릭교도에 대한 차별이 폐지된 배경을 검색한다.

6 이탈리아가 지도와 같은 영토를 차지하는 과정에서 있었던 일로 옳지 않은 것은?

① 가리발디는 시칠리아와 나폴리를 점령하였다.
② 베네치아와 교황령이 이탈리아에 통합되었다.
③ 사르데냐 왕국을 중심으로 통일 운동이 일어났다.
④ 카보우르는 오스트리아와의 전쟁에서 승리하였다.
⑤ 프로이센을 중심으로 관세 동맹을 체결하여 경제적 통합을 달성하였다.

출제율 ●●●●● 시험에 꼭 나오는 출제 가능성이 높은 예상 문제로, 내신 100점을 받기 위한 필수 문항들

7 다음은 독일의 통일 과정에서 있었던 일들이다. (가)~(라)를 일어난 순서대로 옳게 나열한 것은?

(가) 관세 동맹 체결	(나) 독일 제국 수립
(다) 철혈 정책 실시	(라) 북독일 연방 수립

① (가) – (나) – (다) – (라) ② (가) – (다) – (라) – (나)
③ (나) – (가) – (다) – (라) ④ (나) – (라) – (가) – (다)
⑤ (다) – (나) – (가) – (라)

8 다음과 같은 법령을 발표한 인물에 대한 설명으로 옳지 않은 것은?

① 군사 제도를 개혁하였다.
② 지방 의회를 구성하였다.
③ 일부 급진주의자들에게 암살당하였다.
④ 브나로드 운동을 전개하여 농민 계몽에 힘썼다.
⑤ 러시아의 낙후성을 극복하기 위해 개혁을 실시하였다.

내공 2 라틴 아메리카의 독립

중요 **9** 지도는 19세기경 라틴 아메리카 지역을 나타낸 것이다. (가)~(마) 국가의 독립과 관련된 설명으로 옳지 않은 것은?

① (가) – 이달고 신부가 민중 봉기를 주도하였다.
② (나) – 라틴 아메리카에서 가장 먼저 독립하였다.
③ (다) – 투생 루베르튀르가 독립운동을 주도하였다.
④ (라) – 에스파냐로부터 독립하였다.
⑤ (마) – 산마르틴이 독립에 주도적인 역할을 하였다.

주관식

10 다음에서 설명하는 인물을 쓰시오.

> 크리오요 출신으로 베네수엘라, 콜롬비아, 에콰도르 등을 해방하여 라틴 아메리카에서 '해방자'로 불리며 존경받고 있다.

11 독립 이후 라틴 아메리카의 상황에 대한 설명으로 옳지 않은 것은?

① 독재 정권이 출현하였다.
② 공업 중심의 경제 발전이 이루어졌다.
③ 유럽과 미국에 대한 경제적 의존도가 심화되었다.
④ 크리오요가 대지주로 성장하면서 빈부 격차가 커졌다.
⑤ 19세기 후반 유럽의 영향을 받은 정당 정치가 등장하였다.

서술형 문제

중요 **12** 다음을 읽고 물음에 답하시오.

> 1830년에 프랑스에서 (㉠)이/가 일어나 자유주의자들과 파리 시민들이 샤를 10세를 추방하고, 루이 필리프를 '시민의 왕'으로 추대하였다.

(1) ㉠에 들어갈 혁명의 명칭을 쓰시오.

(2) (1)이 일어난 배경을 서술하시오.

13 라틴 아메리카에서 독립운동이 전개된 배경을 서술하시오.

03 유럽의 산업화와 제국주의

내공 1 산업 혁명의 배경과 전개

1 산업 혁명의 배경

(1) 산업 혁명: 기계의 발명과 기술의 혁신으로 생산력이 급증함에 따라 나타난 사회·경제적 대변혁

(2) 산업 혁명의 배경: 18세기 후반 영국에서 가장 먼저 시작

풍부한 자본과 자원	모직물 공업의 발달로 자본과 기술 축적, 지하자원 풍부(석탄, 철 등)
정치적 안정	명예혁명 이후 정치적으로 안정 → 경제 발전에 전념 가능
식민지 활용	식민지 확보 → 원료 공급지와 상품 판매처로 활용
노동력 유입	인클로저 운동 → 농민들이 공장에 노동력 제공

└ 지주들이 농민 경작지와 공유지에 울타리를 쳐 자신의 소유지로 삼은 운동

2 산업 혁명의 전개 전통적인 가내 수공업 쇠퇴 → 공장제 기계 공업 확산

(1) 면직물 공업의 기계화: 면직물 수요 증가 → 방적기와 방직기 발명

(2) 새로운 동력 개발: 제임스 와트의 증기 기관 개량 → 기계의 새로운 동력으로 사용

▲ 제임스 와트의 증기 기관

개량된 증기 기관이 활용되면서 면직물 생산이 크게 증가하였고, 공장제 기계 공업이 확산되었어.

(3) 교통과 통신의 발달: 시장 확대, 세계 교역량 증가 → 산업화 확산

교통	영국의 스티븐슨이 증기 기관차 제작, 미국의 풀턴이 증기선 제작
통신	모스의 유선 전신 발명, 벨의 전화 발명

└ 이후 각지에 철도가 건설되었지. (증기 기관차)

3 산업 혁명의 확산

영국은 민간 주도로 산업 혁명을 시작한 반면, 독일과 러시아, 일본 등은 정부가 적극 개입하여 산업 혁명을 이끌었어.

프랑스	석탄이 생산되는 북동부 지역부터 산업화 진행
미국	남북 전쟁 이후 풍부한 지하자원과 노동력을 바탕으로 급속한 산업 발전
독일	통일 이후 정부 주도의 산업화 추진, 제철 공업을 중심으로 중화학 공업 발전
러시아	시베리아 횡단 철도 건설 등 산업화 추진
일본	근대화 정책을 통해 산업화 추진

4 제2차 산업 혁명 19세기 후반 중공업 중심으로 산업 성장(독일과 미국이 주도)

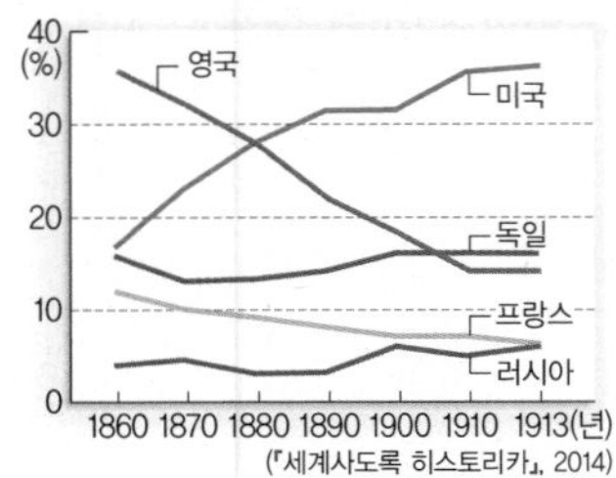

(『세계사도록 히스토리카』, 2014)

◀ 주요 국가의 공업 생산 비율 변화 | 19세기 후반 철강, 기계 등을 중심으로 제2차 산업 혁명이 전개되었으며, 이 과정에서 독일과 미국이 영국을 앞서는 새로운 공업 강국으로 성장하였다.

내공 2 산업 혁명의 결과

1 산업 혁명에 따른 사회 변화

(1) 생활 방식의 변화: 대량 생산된 상품을 새로운 교통수단을 통해 운송 → 풍요롭고 편리해진 생활, 지역 간 교류 활발

(2) 사회 구조의 변화: 농업 중심의 사회가 산업 사회로 변화, 도시화 진행

(3) 경제 체제의 변화: 자본주의 체제 확립, 자본가와 노동자 계급 등장

└ 자본주의 체제: 생산과 소비가 시장에 의해 결정되는 경제 체제를 말해.

└ 자본가와 노동자 계급 등장: 생산 수단을 갖춘 자본가가 이윤을 얻기 위해 노동자를 고용하여 상품을 생산·판매하는 새로운 생산 관계가 만들어졌어.

2 사회 문제의 발생과 해결 노력

산업화가 진행되면서 인구가 증가하고 사람들이 도시로 몰려들었기 때문이야.

(1) 사회 문제의 발생: 빈부 격차 심화, 도시 문제 발생(주택·환경·위생 문제), 노동 문제 대두(저임금·장시간 노동, 여성과 아동 노동 문제)

(2) 노동 운동의 전개: 기계 파괴 운동(러다이트 운동) 전개, 노동조합 결성(임금 인상과 노동 조건 개선 요구)

└ 19세기 초반 노동자들이 실업의 이유가 기계 때문이라고 여겨 기계를 파괴하는 운동을 벌였어.

(3) 사회주의 사상의 등장

① 배경: 산업 혁명 이후 사회 문제 확산 → 자본주의 체제 비판(오언, 마르크스 등)

② 주장: 사유 재산 제도 부정, 생산 수단의 공동 분배 → 평등 사회 건설 추구

> • 자본가와 노동자가 서로 협동한다면 우리는 평등한 사회를 만들 수 있을 것입니다. - 오언
> • 우리는 노동자 계급의 투쟁과 혁명을 통해 평등한 사회주의 사회를 건설해야 합니다. - 마르크스

▲ 오언은 자본가와 노동자의 협동으로 새로운 사회를 만들 수 있다고 보았으며, 마르크스는 혁명을 일으켜 문제를 해결해야 한다고 주장하였다.

내공 3 19세기 유럽과 미국의 문화

1 과학과 기술의 발전

과학	퀴리 부부의 라듐 발견, 뢴트겐의 X선 발견, 다윈의 진화론 주장, 멘델의 유전 법칙 발견
기술	에디슨이 가정용 전구와 축음기 등 발명, 칼 벤츠가 가솔린 자동차 발명

└ 다윈의 진화론: 인간의 생존 경쟁, 자연 도태 등을 주장하여 창조론을 믿는 종교계로부터 큰 비판을 받았어.

2 사상과 학문의 발전 벤담이 공리주의 주장, 콩트가 실증주의 제시, 애덤 스미스가 자유방임주의 주장

└ 공리주의: 다수의 이익을 위해 개인의 이익 일부를 희생할 수 있다는 주장이야.

└ 실증주의: 관찰과 경험을 통해 사회를 분석하는 연구 경향이야.

└ 자유방임주의: 경제에 대한 국가 개입에 반대하는 경제 사상으로, 자본주의를 이론적으로 뒷받침하였어.

3 예술의 발전

19세기 초반	낭만주의: 계몽사상 비판, 인간의 감정과 상상력 중시
19세기 후반	• 사실주의·자연주의: 현실을 있는 그대로 묘사 예 밀레의 「만종」 등 • 인상주의: 화가의 주관적 인상과 빛의 색채 강조

내공 4 제국주의 열강의 침략

1 제국주의의 등장

(1) 제국주의: 19세기 후반 이후 서구 열강들이 군사력과 경제력을 앞세워 약소국을 침략하고 식민지로 삼은 팽창 정책

(2) 제국주의 등장 배경: 19세기 후반 서양에서 자본주의 발전 → 자국의 산업 발전을 위한 값싼 원료 공급지, 상품 판매 시장, 자본의 투자처로 식민지 필요

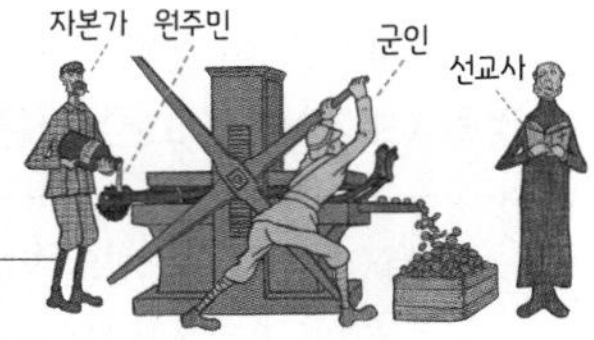

▲ 제국주의 풍자화
자본가가 원주민의 노동력을 착취하여 상품을 생산하는 모습을 표현하였어.

(3) 제국주의의 지배 논리

허버트 스펜서가 주장하였지.

사회 진화론	더 발달된 사회가 덜 발달된 사회를 지배할 수 있다는 논리 → 강대국의 약소국 지배를 정당화하는 이론적 바탕이 됨
인종주의	백인종이 유색 인종(황인종, 흑인종)보다 우월하다는 주장 → 인종 차별과 탄압을 합리화함 (키플링의 「백인의 짐」에서 잘 나타나.)

> 나는 …… 실업자 집회에 가서 "빵을 달라."라는 절절한 연설만 듣고 오다가 문득 제국주의의 중요성을 깨달았다. 우리는 …… 새로운 영토를 개척해야만 한다. …… 당신이 내란을 피하려고 한다면 당신은 제국주의자가 되어야 한다. - 세실 로즈, 『유언집』

▲ 세실 로즈는 국내의 경제적 어려움을 해결하기 위해 식민지를 개척해야 한다고 주장하였다.

2 제국주의 열강의 경쟁

(1) 영국: 종단 정책과 3C 정책 추진 → 아프리카를 북에서 남으로 점령
(3C 정책: 카이로, 케이프타운, 콜카타를 연결하는 영국의 식민지 확대 정책)

(2) 프랑스: 횡단 정책 추진 → 아프리카의 알제리에서 마다가스카르까지 점령

(3) 독일: 3B 정책 추진 → 발칸 지역과 서아시아, 아프리카 지역으로 세력 확장
(3B 정책: 베를린, 비잔티움, 바그다드를 연결하는 독일의 식민지 확대 정책)

3 제국주의 열강의 아시아·태평양 침탈

영국	17세기	인도에 진출 → 동인도 회사를 통해 인도 지배
	18세기 후반	• 인도를 둘러싸고 프랑스와 경쟁 → 프랑스를 몰아냄 • 태평양 진출 → 오스트레일리아, 뉴질랜드 지배
	19세기 후반	인도에 총독을 파견하여 직접 통치, 동남아시아의 미얀마, 말레이반도 지역으로 세력 확장
프랑스		인도차이나반도에서 세력 확장(베트남, 캄보디아 등 점령)
네덜란드		포르투갈을 밀어내고 인도네시아 대부분을 차지, 대농장(플랜테이션) 경영 (차, 사탕수수 등을 재배했어.)
독일		태평양의 마셜 제도, 캐롤라인 제도 등 차지
미국		하와이 통합, 에스파냐와의 전쟁에서 승리한 뒤 필리핀·괌 차지, 영국·독일과 사모아를 분할 점령

4 열강의 아프리카 침탈

(1) 배경: 19세기 중반 이후 리빙스턴과 스탠리 등 탐험가의 활동으로 아프리카의 막대한 지하자원과 시장 잠재력 확인

(2) 전개: 벨기에의 콩고 사유지 선언(1884) 이후 베를린 회의를 통해 열강이 아프리카 분할 원칙에 합의 → 치열한 식민지 획득 경쟁 전개
('먼저 점령하여 지배권을 획득한 나라'에 선점권을 주기로 약속하면서 아프리카 분할이 본격화되었어.)

영국	케이프타운 차지, 수에즈 운하 매입, 이집트 보호국화 → 아프리카 종단 정책 추진
프랑스	북아프리카의 알제리를 거점으로 세력 확대 → 아프리카 횡단 정책 추진
기타	독일, 벨기에, 이탈리아, 포르투갈 등이 아프리카로 진출

(3) 제국주의 열강의 충돌

파쇼다 사건	영국의 종단 정책과 프랑스의 횡단 정책이 파쇼다에서 충돌
모로코 사건	독일과 프랑스가 모로코를 둘러싸고 두 차례 대립

(4) 결과: 라이베리아와 에티오피아를 제외한 아프리카 전역이 식민지로 전락

▲ 열강의 아시아·태평양 침탈

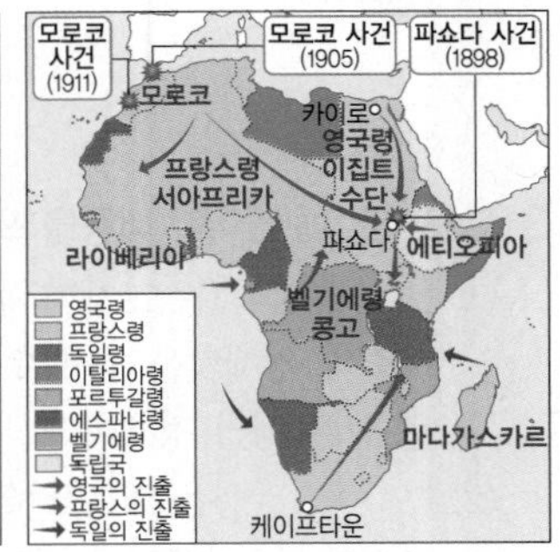

▲ 열강의 아프리카 침탈

내공 5 아프리카·동남아시아의 민족 운동

1 아프리카의 민족 운동

수단	이집트와 영국의 이중 지배 → 무함마드 아흐마드의 마흐디(구세주) 운동 전개 (스스로를 '마흐디(구세주)'라 칭하면서 외국인들을 몰아내고 모든 사람이 평등한 이슬람 세계를 만들자는 운동을 전개하였어.)
에티오피아	메넬리크 2세의 근대적 개혁(철도 부설, 군대 양성) 추진, 아도와 전투에서 이탈리아 격퇴 → 독립 유지
남아프리카	• 줄루 왕국: 영국의 침략 → 이산들와나 전투에서 영국 격퇴 → 결국 영국에 패배 • 나미비아: 헤레로족이 독일인의 착취에 맞서 봉기 → 독일이 진압

2 동남아시아의 민족 운동

타이는 영국과 프랑스 세력의 완충 지대에 위치한 지리적 이점을 살려 독립을 유지하였어.

타이(태국)	라마 5세의 근대적 개혁 실시, 지리적 이점을 바탕으로 동남아시아에서 유일하게 독립 유지
베트남	• 판보이쩌우가 베트남 유신회 결성, 동유 운동 추진, 베트남 광복회 조직 • 문맹 퇴치를 위해 하노이에 근대식 사립 학교인 통킹 의숙 설치
필리핀	호세 리살이 필리핀 민족 동맹 결성, 아기날도가 필리핀 혁명군 조직
인도네시아	지식인·이슬람교도 상인의 반외세 운동(이슬람 동맹 결성), 카르티니의 여성 교육 운동 전개

외국 자본 유입과 크리스트교 포교 활동에 저항하였어.

개념 확인하기

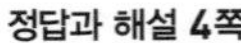

정답과 해설 4쪽

1 다음 설명이 맞으면 ○표, 틀리면 ×표를 하시오.

(1) 산업 혁명은 독일에서 가장 먼저 시작되었다. ( )

(2) 산업 혁명으로 공장제 기계 공업이 확산되었다. ( )

(3) 제2차 산업 혁명으로 미국과 독일이 영국을 앞서는 새로운 공업 강국으로 성장하였다. ( )

(4) 산업 혁명 이후 사회 문제가 확산되자 마르크스 등이 사회주의 사상의 모순을 비판하였다. ( )

2 19세기 초반 예술 분야에서 계몽사상에 대한 비판이 일어나면서 인간의 감정과 상상력을 중요시하는 ( )가 유행하였다.

3 다음 빈칸에 들어갈 내용을 쓰시오.

(1) ( )는 19세기 후반 이후 서구 열강들이 군사력과 경제력을 앞세워 약소국을 침략하고 식민지로 삼은 팽창 정책이다.

(2) ( )은 더 발달된 사회가 덜 발달된 사회를 지배할 수 있다는 논리로, 강대국의 약소국 지배를 정당화하는 이론적 바탕이 되었다.

4 다음 괄호 안의 내용 중 알맞은 말에 ○표를 하시오.

(1) 미국은 에스파냐와의 전쟁에서 승리하여 (인도, 필리핀)을/를 차지하였다.

(2) 1898년 영국의 종단 정책과 프랑스의 횡단 정책이 충돌하면서 (모로코 사건, 파쇼다 사건)이 발생하였다.

(3) 제국주의 열강들의 침략으로 아프리카에서는 에티오피아와 (알제리, 라이베리아)를 제외한 전역이 서구 열강의 식민지가 되었다.

5 다음에서 설명하는 민족 운동을 전개한 국가를 〈보기〉에서 골라 기호를 쓰시오.

보기
ㄱ. 수단　　ㄴ. 에티오피아　　ㄷ. 인도네시아

(1) 마흐디(구세주) 운동을 전개하였다. ( )

(2) 아도와 전투에서 이탈리아를 격퇴하였다. ( )

(3) 지식인들과 이슬람교도 상인들이 반외세 운동을 벌였다. ( )

내공 쌓는 족집게 문제

내공 1 산업 혁명의 배경과 전개

중요 1 18세기 후반 영국에서 ㉠이 일어나게 된 배경으로 옳은 것을 〈보기〉에서 고른 것은?

> (㉠)은/는 기계의 발명과 기술의 혁신으로 생산력이 급증함에 따라 나타난 사회·경제적 대변혁을 말한다.

보기
ㄱ. 풍부한 노동력과 지하자원
ㄴ. 남북 전쟁 이후의 산업 발전
ㄷ. 명예혁명 이후의 정치적 안정
ㄹ. 정부 주도의 산업화 정책 추진

① ㄱ, ㄴ　② ㄱ, ㄷ　③ ㄴ, ㄷ
④ ㄴ, ㄹ　⑤ ㄷ, ㄹ

2 ㉠에 들어갈 운동으로 옳은 것은?

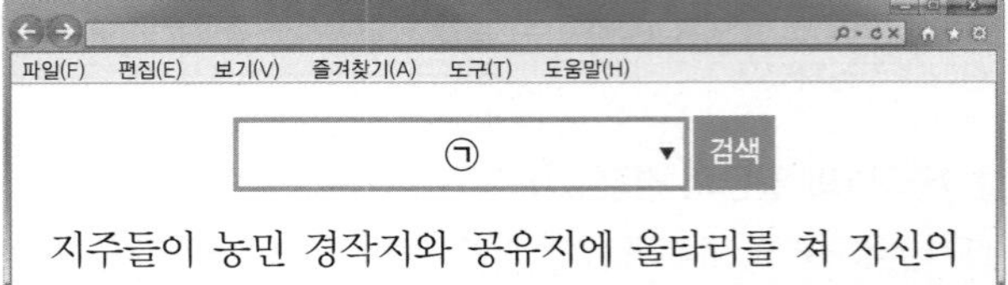

지주들이 농민 경작지와 공유지에 울타리를 쳐 자신의 소유지로 삼은 운동이다. 이 과정에서 많은 농민이 농촌을 떠났다.

① 러다이트 운동　② 브나로드 운동
③ 인클로저 운동　④ 자유주의 운동
⑤ 차티스트 운동

3 그림은 생산 방식의 변화를 나타낸 것이다. 이러한 변화를 가져온 직접적인 계기로 가장 적절한 것은?

▲ 가내 수공업

▲ 공장제 기계 공업

① 사회주의 사상의 출현
② 젠트리와 시민 계급의 성장
③ 자본가와 노동자 계급의 등장
④ 영국 노동자들의 인민헌장 발표
⑤ 증기 기관을 활용한 새로운 기계의 사용

출제율 ●●●●● 시험에 꼭 나오는 출제 가능성이 높은 예상 문제로, 내신 100점을 받기 위한 필수 문항들

4 밑줄 친 부분을 뒷받침하는 사례로 옳지 않은 것은?

> 산업 혁명 당시에 교통과 통신의 발달로 시장이 확대되고 교역량이 증가하여 산업은 더욱 발달하였다.

① 벨이 전화를 발명하였다.
② 모스가 유선 전신을 발명하였다.
③ 풀턴이 증기선 운항에 성공하였다.
④ 스티븐슨이 증기 기관차를 제작하였다.
⑤ 구텐베르크가 활판 인쇄술을 발명하였다.

5 그래프는 주요 국가의 공업 생산 비율 변화를 나타낸 것이다. (가) 국가의 산업 혁명에 대한 설명으로 옳은 것은?

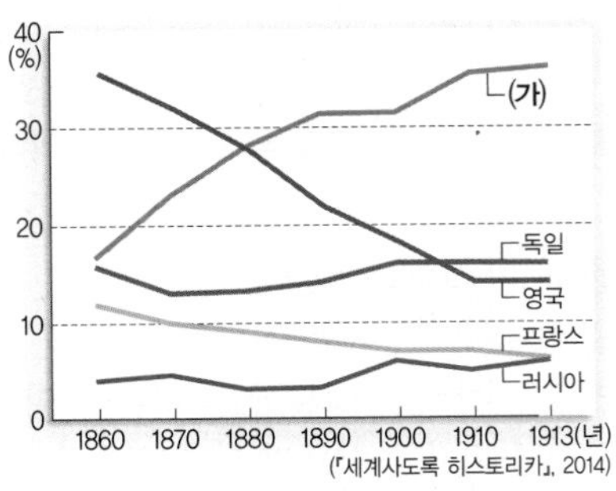

① 정부가 근대화 정책을 추진하여 산업화를 이끌었다.
② 석탄이 생산되는 북동부 지역부터 산업화가 진행되었다.
③ 가장 먼저 산업 혁명이 시작되어 세계의 공장이라고 불렸다.
④ 남북 전쟁 이후 풍부한 지하자원과 노동력을 바탕으로 산업이 발전하였다.
⑤ 통일 이후 정부가 적극적으로 산업화를 주도하여 제철 공업 등 중화학 공업이 발전하였다.

내공 2 산업 혁명의 결과

중요 **6** 산업 혁명의 결과로 옳지 않은 것은?

① 빈부 격차가 심화되었다.
② 자본주의 경제 체제가 쇠퇴하였다.
③ 자본가와 노동자 계급이 등장하였다.
④ 농업 중심 사회에서 산업 사회로 변화하였다.
⑤ 도시에서 주택 부족, 환경·위생 문제가 발생하였다.

7 다음과 같이 주장하는 사상과 관련된 설명으로 옳지 않은 것은?

> • 자본가와 노동자가 서로 협동한다면 우리는 평등한 사회를 만들 수 있을 것입니다. - 오언
> • 우리는 노동자 계급의 투쟁과 혁명을 통해 평등한 사회주의 사회를 건설해야 합니다. - 마르크스

① 자본주의 체제를 비판하였다.
② 사유 재산 제도를 부정하였다.
③ 평등 사회 건설을 추구하였다.
④ 생산 수단의 공동 분배를 주장하였다.
⑤ 생산과 소비가 시장에 의해 결정된다고 보았다.

내공 3 19세기 유럽과 미국의 문화

8 다음에서 설명하는 인물로 옳은 것은?

> 영국의 생물학자로, 진화론을 체계화하여 적자생존에 따른 종의 진화를 주장하였다.

① 다윈 ② 멘델 ③ 에디슨
④ 뢴트겐 ⑤ 퀴리 부부

9 교사의 질문에 대한 학생의 대답으로 가장 적절한 것은?

▲ 밀레의 「만종」

① 19세기에 유행한 낭만주의 작품이에요.
② 계몽주의에 대한 비판으로 등장한 화풍이에요.
③ 화가의 주관적인 인상을 강조한 인상파 작품이에요.
④ 현실을 있는 그대로 묘사하려는 사실주의 작품이에요.
⑤ 인간의 감성과 상상력을 중요시하면서 유행한 화풍이에요.

내공 4 제국주의 열강의 침략

[10~11] 그림을 보고 물음에 답하시오.

주관식

10 그림에서 풍자한 대외 정책을 쓰시오.

중요 **11** 그림에서 풍자한 대외 정책을 추진한 국가들에 대한 설명으로 옳지 않은 것은?

① 식민지 원주민의 노동력을 착취하였다.
② 19세기 후반에 자본주의가 발달하였다.
③ 자본의 투자처로 식민지를 필요로 하였다.
④ 사회 진화론을 주장하는 세력을 탄압하였다.
⑤ 군사력과 경제력을 앞세워 약소국을 침탈하였다.

12 다음 자료에 나타난 사상에 대한 설명으로 옳은 것은?

> 백인의 짐을 져라
> 그대가 키운 최정예를 보내라
> 그대의 아들들을 역경의 길로 보내라
> 그대가 잡은 원주민들의 욕구를 달래기 위해
> ……
> 절반은 악마 같고 절반은 어린이 같은 자들에게
> 아주 힘겹게 시중들기 위해
>
> – 키플링, 「백인의 짐」

① 식민지 침략을 정당화하였다.
② 빈 체제의 성립에 영향을 주었다.
③ 자본주의 체제의 모순을 비판하였다.
④ 시장에 대한 국가의 개입을 반대하였다.
⑤ 제2차 산업 혁명이 시작되는 계기를 마련하였다.

13 지도는 19~20세기 열강의 아시아·태평양 침략을 나타낸 것이다. (가)~(다) 국가에 대한 설명으로 옳지 않은 것은?

① (가) – 인도에 총독을 파견하여 직접 통치하였다.
② (나) – 에스파냐와의 전쟁에서 승리하여 필리핀을 차지하였다.
③ (다) – 인도네시아 대부분을 차지하였다.
④ (다) – 마셜 제도와 캐롤라인 제도를 차지하였다.
⑤ (가), (나) – 독일과 함께 사모아를 분할 점령하였다.

14 제국주의 국가들의 아프리카 진출 과정에 대한 설명으로 옳지 않은 것은?

① 영국이 이집트를 보호국으로 삼았다.
② 프랑스는 세력을 확대하여 알제리를 차지하였다.
③ 네덜란드는 차 등을 재배하는 대농장을 경영하였다.
④ 베를린 회의에서 아프리카 분할 원칙이 합의되었다.
⑤ 리빙스턴과 스탠리 등에 의해 아프리카 내륙 사정이 알려졌다.

15 지도는 19세기 열강의 아프리카 침략을 나타낸 것이다. (가), (나) 국가에 대한 설명으로 옳은 것은?

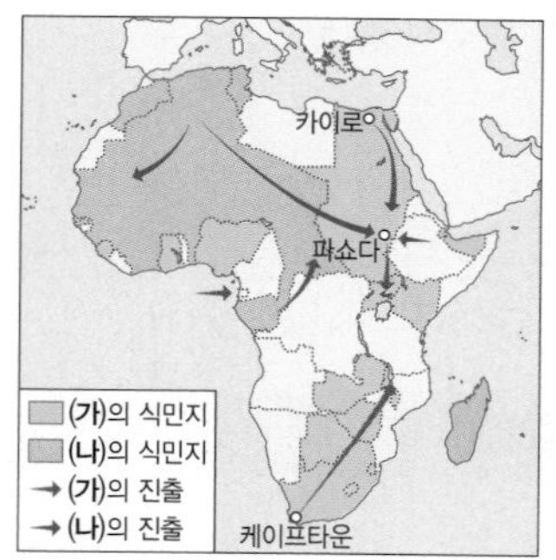

① (가)는 3B 정책을 추진하였다.
② (가)는 모로코를 둘러싸고 독일과 대립하였다.
③ (나)는 콩고를 사유지로 선언하였다.
④ (나)는 카이로 – 케이프타운 – 콜카타를 연결하는 정책을 추진하였다.
⑤ (가)와 (나)는 수단의 파쇼다에서 충돌하였다.

중요 **16** 밑줄 친 '이 국가들'에 해당하는 국가를 옳게 짝지은 것은?

> 19세기 중엽 이후 제국주의 열강의 아프리카 침략이 본격화되어 20세기에는 이 국가들을 제외한 전 지역이 식민지로 전락하였다.

① 수단, 이집트
② 모로코, 이집트
③ 모로코, 라이베리아
④ 라이베리아, 에티오피아
⑤ 에티오피아, 마다가스카르

내공 5 아프리카·동남아시아의 민족 운동

17 다음은 아프리카 민족 운동의 가상 진압 보고서이다. ㉠에 들어갈 인물로 옳은 것은?

> 마흐디 운동 진압 보고서
> • 사건 개요: (㉠)이/가 스스로를 구세주라고 부르며 외국인을 몰아내고 모든 사람이 평등한 새로운 이슬람 세계를 만들자고 주장함
> • 사건 결과: 영국군이 진압함

① 카르티니 ② 호세 리살
③ 판보이쩌우 ④ 메넬리크 2세
⑤ 무함마드 아흐마드

18 ㉠에 들어갈 국가의 민족 운동에 대한 설명으로 옳은 것은?

> 네덜란드의 지배를 받던 (㉠)에서는 서양식 교육을 받은 지식인과 이슬람교도 상인들이 민족 운동을 전개하였다.

① 아기날도가 혁명군을 조직하였다.
② 이달고 신부가 민중 봉기를 일으켰다.
③ 판보이쩌우가 동유 운동을 추진하였다.
④ 이슬람 동맹을 결성하고 반외세 운동을 전개하였다.
⑤ 짜끄리 왕조의 라마 5세가 근대적인 개혁을 실시하였다.

서술형 문제

중요 **19** 사진을 보고 물음에 답하시오.

(1) 위와 같은 기계를 개량한 인물을 쓰시오.

(2) 위와 같은 기계의 개량이 경제생활에 미친 영향을 서술하시오.

20 다음 글의 ㉠에 공통으로 들어갈 대외 정책을 쓰고, 이러한 대외 정책이 등장한 배경을 서술하시오.

> 나는 런던 이스트엔드의 실업자 집회에 가서 "빵을 달라."라는 절절한 연설만 듣고 오다가 문득 (㉠)의 중요성을 깨달았다. 우리는 영국의 4천만 국민을 피비린내 나는 내란으로부터 구하기 위해 새로운 영토를 개척해야만 한다. …… 당신이 내란을 피하려고 한다면 당신은 (㉠)자가 되어야 한다.
> – 세실 로즈, 『유언집』

21 타이가 동남아시아에서 유일하게 독립을 유지할 수 있었던 이유를 두 가지 서술하시오.

04 서아시아와 인도의 국민 국가 건설 운동

내공 1 서아시아의 근대화 운동

1 오스만 제국의 쇠퇴와 개혁

(1) 오스만 제국의 쇠퇴

① 배경: 신항로 개척으로 무역의 중심이 대서양으로 이동, 술탄 중심의 중앙 집권 체제 동요(→ 제국 내 여러 민족의 독립 요구), 영국·러시아 등 서구 열강의 침략

② 쇠퇴: 그리스의 독립과 이집트의 자치 허용, 유럽 지역 영토의 대부분 상실

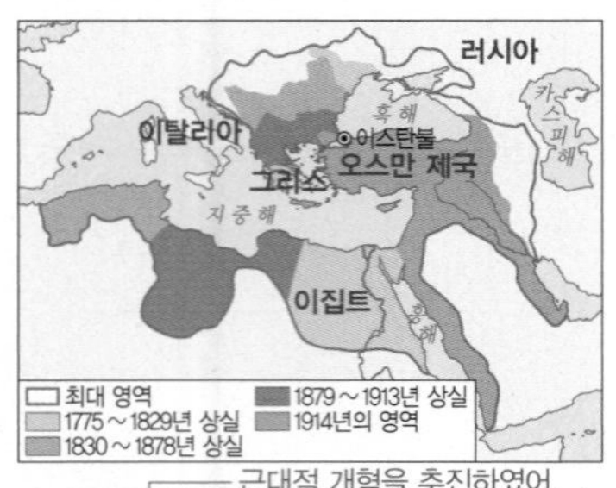

◀ 오스만 제국의 영토 축소 과정

(2) 탄지마트(은혜 개혁, 1839~1876) — 근대적 개혁을 추진하였어.

① 배경: 오스만 제국의 대내외적인 위기를 극복하기 위해 개혁 실시 — 서양 문물을 받아들여 중앙 집권 체제를 구축하는 데 주된 목적이 있었어.

② 내용: 민족과 종교에 따른 차별 폐지, 세금·교육 제도 개혁, 서양식 군대 양성 → 개혁 성과 미흡 → 미드하트 파샤 등 혁신적인 관료들이 서양식 의회 개설, 근대적 헌법 제정

③ 결과: 보수 세력의 반발, 유럽 열강의 간섭으로 큰 성과를 얻지 못함

> **오스만 제국 헌법의 주요 내용(1876)**
> - 모든 오스만인은 개인의 자유를 누린다.
> - 출판은 법률이 허용하는 범위 내에서 자유이다.
> - 적법하게 취득한 재산은 보장을 받는다.
> - 제국 의회는 원로원과 대의원의 양원제로 구성한다.

▲ 탄지마트의 결실로 제정된 이 헌법은 개인의 자유, 출판의 자유, 재산권 보장, 의회 설치 등 서구의 헌법과 유사한 내용을 담았다. 또한 종교와 민족에 관계없이 제국 내의 모든 사람은 동등한 권리를 가진 오스만인임을 밝혔다.

(3) 청년 튀르크당 혁명

배경	개혁 실패, 러시아와의 전쟁에서 패배 → 술탄 압둘 하미드 2세의 헌법 폐지, 의회 해산 등 전제 정치 강화
과정	술탄의 전제 정치에 반발한 젊은 장교, 관료, 지식인들이 청년 튀르크당 결성 → 무력 혁명으로 정권 장악, 헌법 부활(1908) → 산업 육성·조세 감면 등 개혁 추진, 외세 배척 운동 전개
한계	튀르크 민족주의를 내세워 다른 민족의 반발을 삼

— 아랍어 사용을 금지하는 등의 정책이 민족 갈등을 불러일으켰어.

2 아랍의 민족 운동

(1) 아랍 세계의 변화: 오스만 제국의 쇠퇴 → 영국·러시아 등 서양 열강이 아랍 지역에 침입하여 영향력 확대

(2) 와하브 운동: 이슬람교 경전인 『쿠란』의 가르침대로 생활하고 이슬람교 본래의 순수성을 되찾자는 운동

전개	이븐 압둘 와하브가 이슬람교의 개혁을 내세우며 와하브 운동 전개 → 와하브 왕국 건설 → 오스만 제국이 보낸 이집트 군대에 의해 진압
영향	아랍 민족주의와 결합(→ 오스만 제국에 저항하는 운동으로 발전), 아라비아반도에 전파(→ 사우디아라비아 왕국의 건설 계기가 됨)

와하브 운동을 지원하였던 사우드 가문이 20세기 전반에 수립하였어.

▲ 와하브 운동의 세력권

▲ 사우디아라비아의 국기 | 와하브 운동 당시 사용되었던 깃발을 바탕으로 제작되었다.

(3) 아랍 문화 부흥 운동(19세기 초): 아랍어로 해외 문학 작품 번역, 아랍 고전 연구 → 아랍 민족의 단결과 독립운동 자극, 아랍 민족주의의 기반이 됨

3 이란의 입헌 혁명

(1) 배경: 18세기 말 카자르 왕조가 이란 지역 재통일 → 19세기 초 영국과 러시아의 대립 속에서 많은 영토와 이권 상실 — 이란은 남하 정책을 추진하는 러시아와 이를 견제하려는 영국의 경쟁에 휩쓸렸어.

(2) 담배 불매 운동

① 발단: 카자르 왕조가 근대화 자금 마련을 위해 영국 상인에게 담배 독점 판매권 양도

② 전개: 알 아프가니와 개혁 세력, 이슬람 성직자들이 담배 불매 운동을 비롯한 이권 회수 운동 전개 → 왕과 외세에 반대하는 저항 운동으로 발전 → 영국으로부터 담배 독점 판매권 회수(→ 위약금 지불 등으로 영국에 대한 이란의 경제적 종속 심화)

③ 영향: 성직자의 영향력 확대, 이란의 민족의식 고취, 입헌 혁명의 계기가 됨

(3) 입헌 혁명: 카자르 왕조의 전제 정치에 반대하는 입헌 혁명 발생 → 의회 구성 및 입헌 군주제 헌법 제정(1906) → 보수 세력의 반발, 영국과 러시아의 무력간섭으로 좌절 → 영국과 러시아가 이란 영토를 분할 점령

◀ 열강의 이란 침략 | 영국과 러시아는 이란을 3등분하여 남부는 영국이, 북부는 러시아가 차지하고, 중부 지역은 중립 지역으로 삼았다.

4 이집트의 근대화와 민족 운동

(1) 이집트의 변화: 18세기 말 나폴레옹의 침략으로 프랑스 기술과 무기의 우수성 경험 → 근대화의 필요성 자각

(2) 무함마드 알리의 근대화 운동: 19세기 초 오스만 제국이 무함마드 알리를 이집트 총독으로 임명 → 무함마드 알리의 이집트 근대화 추진(근대적인 군대 창설, 유럽식 행정 기구·교육 제도 도입 등) → 오스만 제국으로부터 자치권 인정

(3) 수에즈 운하 건설: 영국과 프랑스의 자금을 빌려 철도와 전신 시설 마련, 수에즈 운하 건설 → 막대한 빚을 지게 되어 재정 상태 악화 → 영국과 프랑스의 내정 간섭

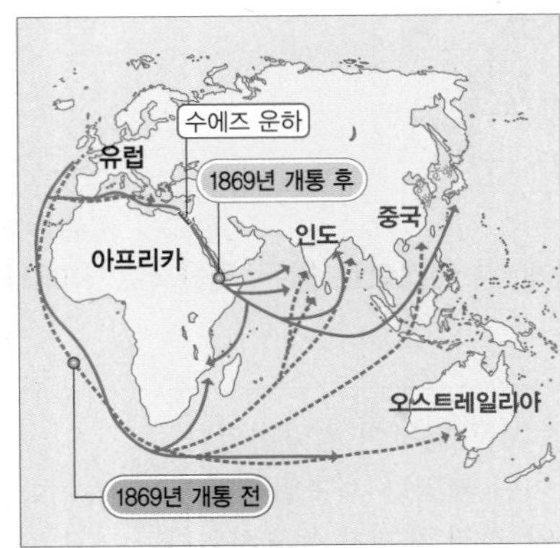

▲ **수에즈 운하 개통에 따른 교통로의 변화** | 수에즈 운하는 지중해와 홍해를 연결하는 세계 최대의 인공 수로이다. 1869년 이 운하가 완공되면서 배로 유럽과 인도를 오가는 거리가 이전보다 3분의 1로 짧아졌다. 그러나 많은 이집트인들이 운하 건설에 동원되어 힘겨운 노동에 시달렸고, 전염병 때문에 죽은 사람도 많았다.

(4) 아라비 파샤의 민족 운동: 아라비 파샤가 이끄는 민족주의자들이 헌법 제정과 의회 설립, 외국인 지배로부터의 해방 요구 → 영국에 의해 진압 → 이집트가 영국의 보호국으로 전락(1914)

└ 이집트에 대한 열강의 간섭이 원인이 되었어.

└ 이집트 최초의 민족 운동인 아라비 혁명을 이끈 지도자로 '이집트인을 위한 이집트 건설'이라는 구호를 내걸었어.

내공 2 인도의 반영 운동

1 열강의 인도 침략

(1) 유럽 열강의 인도 침략

① 배경: 18세기 무굴 제국이 내부 반란으로 쇠퇴

② 전개: 영국과 프랑스가 동인도 회사를 앞세워 인도 진출, 무역 주도권을 놓고 충돌 → 영국이 플라시 전투(1757)에서 프랑스에 승리, 벵골 지역 통치권 차지 → 19세기 중엽 영국이 인도의 거의 모든 지역 점령

(2) 영국의 인도 지배

① 경제: 인도인에게 아편·면화 등 재배 강요(→ 인도의 곡물 생산량이 줄어 식량이 부족해짐), 영국산 면직물 판매로 인도 면직업 몰락, 무거운 세금 부과

② 종교: 힌두교와 이슬람교 간 종교적 대립 조장, 인도인에게 크리스트교로의 개종 강요

③ 사회: 영국의 근대적인 토지 제도 도입으로 인도의 전통적 촌락 공동체 붕괴

◀ **인도와 영국의 면직물 교역** | 인도의 면직물은 19세기 이전까지 유럽에서 큰 인기를 얻었다. 그러나 산업 혁명이 진행되면서 영국의 공장에서 값싼 면직물이 대량 생산되자 인도의 면직물에 대한 수요가 줄어 인도 면직업이 몰락하였다.

2 세포이의 항쟁

(1) 배경: 영국의 침략과 수탈, 지배 방식에 대한 인도인의 불만 고조

(2) 전개: 세포이들의 무장 투쟁(1857) → 각계각층의 사람들이 참여, 대규모 민족 운동으로 확산 → 한때 델리 점령, 북인도 장악 → 내부 분열, 영국군의 반격으로 실패

(3) 결과: 무굴 황제 폐위, 동인도 회사 해체 후 영국의 인도 직접 지배 → 영국령 인도 제국 수립(1877)

└ 영국 국왕이 인도 황제를 겸하였어.

◀ **영국군에 맞서는 세포이** | 세포이들에게 지급한 탄약 주머니에 이슬람교도가 부정하게 여기는 돼지기름과 힌두교도가 신성시하는 소기름이 칠해져 있다는 소문이 돌자 세포이는 이를 종교 탄압으로 받아들였다.

3 인도 국민 회의와 반영 운동

(1) 인도 국민 회의 결성

① 배경: 서양 문물을 경험한 인도의 지식인과 학생, 종교 지도자들이 민족 운동 전개(인도 사회 개혁, 영국 지배에 대한 저항을 주장)

② 결성: 영국이 인도인 회유를 위해 중상류층 인도인을 중심으로 인도 국민 회의 결성(1885)

③ 활동

초기	영국에 협조, 인도인의 권익 확보를 위해 노력(타협적인 자세)
변화	점차 영국의 식민 지배에 대한 비판 의식 향상, 인도인의 이익을 대변하는 단체로 발전

(2) 벵골 분할령과 반영 운동: 영국의 벵골 분할령 발표(1905) → 인도 국민 회의 주도로 반영 운동 전개, 영국 상품 배척·자치 획득(스와라지)·국산품 애용(스와데시)·국민 교육 실시의 4대 강령 채택 → 대규모 민족 운동으로 발전 → 영국의 벵골 분할령 취소, 형식적으로 인도의 자치 인정(1911)

◀ **벵골 분할령** | 영국은 반영 운동이 활발하던 벵골 지역을 힌두교도가 많은 서벵골과 이슬람교도가 많은 동벵골로 나누어 통치하려고 하였다. 이는 종교 갈등을 이용해 민족 운동의 힘을 분산하려는 의도였다.

개념 확인하기

정답과 해설 6쪽

1 다음 빈칸에 들어갈 내용을 쓰시오.

(1) 19세기 오스만 제국은 대내외적 위기를 극복하기 위해 (　　　　)라는 근대적 개혁을 실시하였다.

(2) 술탄 (　　　　)는 근대적 개혁이 실패하자 헌법을 폐지하고 의회를 해산한 뒤 전제 정치를 강화하였다.

(3) 오스만 제국의 청년 장교와 관료, 지식인들이 술탄의 전제 정치에 반발하여 결성한 (　　　　)은 무력 혁명으로 정권을 잡은 후 헌법을 부활시켰다.

2 다음 운동과 그에 대한 설명을 옳게 연결하시오.

(1) 와하브 운동 •　　　• ㉠ 19세기 초 해외 문학 작품을 아랍어로 번역하고 아랍 고전을 연구한 운동

(2) 아랍 문화 부흥 운동 •　　　• ㉡ 『쿠란』의 가르침대로 생활하고 이슬람교 본래의 순수성을 되찾자는 운동

3 이란의 카자르 왕조에서 일어난 사건을 〈보기〉에서 골라 기호를 쓰시오.

보기
ㄱ. 입헌 혁명
ㄴ. 담배 불매 운동
ㄷ. 아라비 파샤의 민족 운동
ㄹ. 무함마드 알리의 근대화 운동

4 (　　　　)는 수에즈 운하 건설 과정에서 많은 빚을 지게 되면서 영국과 프랑스의 내정 간섭을 받았다.

5 다음 설명이 맞으면 ○표, 틀리면 ×표를 하시오.

(1) 프랑스는 영국과의 플라시 전투에서 승리하여 벵골 지역의 통치권을 차지하였다. (　　)

(2) 세포이의 항쟁은 각계각층의 사람들이 참여하여 대규모 민족 운동으로 발전하였다. (　　)

(3) 영국은 종교 갈등을 이용해 인도 민족 운동의 힘을 분산하고자 벵골 분할령을 발표하였다. (　　)

(4) 인도 국민 회의는 벵골 분할령 발표 이후 영국에 협조하면서 인도인의 권익을 확보하려는 타협적인 자세를 보였다. (　　)

내공 쌓는 족집게 문제

내공 1 서아시아의 근대화 운동

[1~2] 지도를 보고 물음에 답하시오.

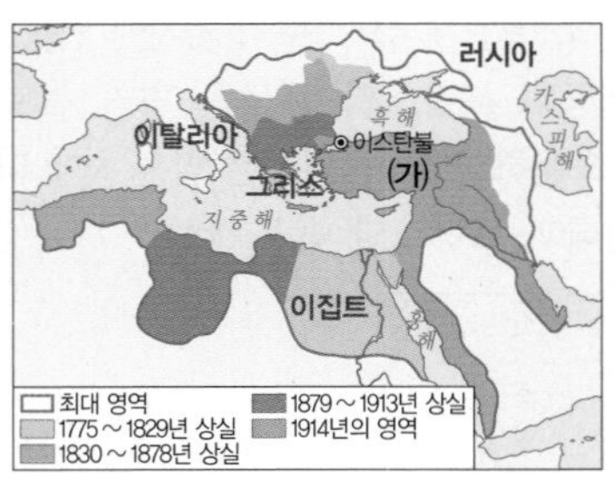

1 (가) 국가가 쇠퇴하게 된 배경으로 옳은 것을 〈보기〉에서 고른 것은?

보기
ㄱ. 영국, 러시아 등 서구 열강이 침략하였다.
ㄴ. 카자르 왕조가 이란 지역을 재통일하였다.
ㄷ. 술탄 중심의 중앙 집권 체제가 동요하였다.
ㄹ. 18세기 무굴 제국에서 내부 반란이 일어났다.

① ㄱ, ㄴ　② ㄱ, ㄷ　③ ㄴ, ㄷ　④ ㄴ, ㄹ　⑤ ㄷ, ㄹ

중요 **2** (가) 국가에서 19세기에 실시한 근대적 개혁에 대한 설명으로 옳지 않은 것은?

① 은혜 개혁이라고도 불린다.
② 민족과 종교에 따른 차별을 폐지하였다.
③ 이븐 압둘 와하브를 중심으로 전개되었다.
④ 의회를 수립하고 근대식 헌법을 제정하였다.
⑤ 열강의 간섭과 보수 세력의 반발로 큰 성과를 얻지 못하였다.

3 (가)에 들어갈 내용으로 가장 적절한 것은?

청년 튀르크당 혁명
• 배경: (가)
• 내용: 젊은 장교, 관료, 지식인들의 청년 튀르크당 결성

① 외세 배척 운동의 전개
② 무력 혁명으로 정권 장악
③ 산업 육성, 조세 감면 등 개혁 추진
④ 술탄 압둘 하미드 2세의 전제 정치 강화
⑤ 튀르크 민족주의로 인한 다른 민족의 반발

출제율 ●●●●● 시험에 꼭 나오는 출제 가능성이 높은 예상 문제로, 내신 100점을 받기 위한 필수 문항들

4 밑줄 친 '이 운동'에 대한 설명으로 옳은 것을 <보기>에서 고른 것은?

> 이 운동은 이슬람교의 경전인 『쿠란』의 가르침대로 생활하고 이슬람교 본래의 순수성을 되찾자는 운동이다.

보기
ㄱ. 아랍 민족주의와 결합하였다.
ㄴ. 아라비 파샤를 중심으로 전개되었다.
ㄷ. 사우디아라비아 왕국이 건설되는 계기가 되었다.
ㄹ. 영국에 담배 독점 판매권을 양도한 것이 원인이 되었다.

① ㄱ, ㄴ ② ㄱ, ㄷ ③ ㄴ, ㄷ
④ ㄴ, ㄹ ⑤ ㄷ, ㄹ

5 다음 대화의 주제로 가장 적절한 것은?

19세기 초에 해외 문학 작품을 아랍어로 번역하고 아랍 고전을 연구하는 운동이 일어났어.

이 운동은 아랍 민족의 단결과 독립운동을 자극하였어.

① 튀르크 민족주의의 한계
② 미드하트 파샤의 개혁 내용
③ 청년 튀르크당 혁명의 배경
④ 아랍 문화 부흥 운동의 전개
⑤ 오스만 제국의 근대적 헌법 제정

6 (가), (나)에 들어갈 국가를 옳게 연결한 것은?

	(가)	(나)		(가)	(나)
①	영국	러시아	②	영국	프랑스
③	러시아	영국	④	러시아	프랑스
⑤	프랑스	영국			

중요 **7** ㉠에 들어갈 사건에 대한 설명으로 옳지 않은 것은?

> 역사 수행 평가 보고서
> • 주제: (㉠)의 전개 과정
> • 배경: 1890년 이란 카자르 왕조의 국왕이 근대화 자금을 마련하기 위해 영국 상인에게 담배 독점 판매권을 넘김

① 이란의 민족의식을 고취하였다.
② 알 아프가니를 중심으로 전개되었다.
③ 성직자의 영향력이 확대되는 결과를 낳았다.
④ 왕과 외세에 반대하는 저항 운동으로 발전하였다.
⑤ 오스만 제국으로부터 자치권을 인정받는 계기가 되었다.

8 (가) 시기에 이란에서 있었던 일로 옳은 것은?

영국으로부터 담배 독점 판매권을 회수하였다. ➡ (가) ➡ 영국과 러시아가 이란 영토를 분할 점령하였다.

① 와하브 왕국이 건설되었다.
② 입헌 군주제 헌법이 제정되었다.
③ 영국이 플라시 전투에서 승리하였다.
④ 지중해와 홍해를 연결하는 수로가 건설되었다.
⑤ 개혁 세력과 이슬람 성직자들이 이권 회수 운동을 전개하였다.

9 이집트의 근대화 과정에서 있었던 일로 옳지 않은 것은?

① 수에즈 운하가 건설되었다.
② 무함마드 알리가 근대화 운동을 전개하였다.
③ 나폴레옹의 침략 이후 근대화의 필요성이 대두되었다.
④ 이집트인을 위한 이집트 건설을 구호로 내건 혁명이 일어났다.
⑤ 영국 상품 배척, 자치 획득(스와라지) 등의 강령을 채택한 민족 운동이 전개되었다.

10 (가) 운하에 대한 설명으로 옳은 것을 〈보기〉에서 고른 것은?

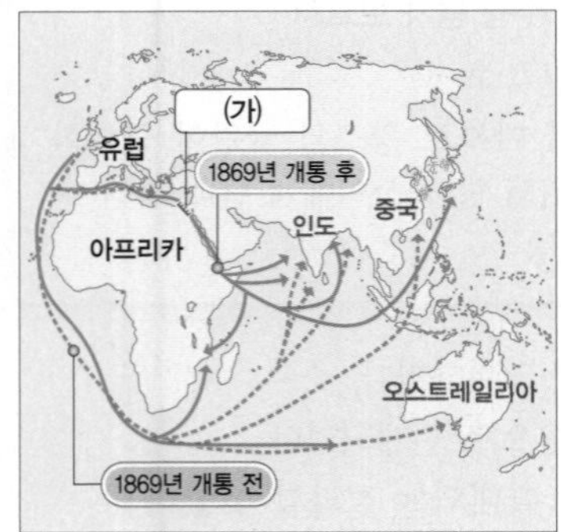

보기
ㄱ. 영국과 프랑스의 자금을 빌려 건설되었다.
ㄴ. 이집트의 재정 상태가 악화되는 계기가 되었다.
ㄷ. 이란에서 입헌 혁명이 일어나는 데 영향을 주었다.
ㄹ. 이란이 영국에 경제적으로 종속되는 원인이 되었다.

① ㄱ, ㄴ ② ㄱ, ㄷ ③ ㄴ, ㄷ
④ ㄴ, ㄹ ⑤ ㄷ, ㄹ

11 밑줄 친 '이 인물'로 옳은 것은?

이집트의 이 인물이 이끄는 민족주의자들은 헌법 제정과 의회 설립, 외국인 지배로부터의 해방을 요구하였다. 그러나 이 민족 운동은 영국 군대에 의해 진압되었다.

① 알 아프가니 ② 아라비 파샤
③ 무함마드 알리 ④ 미드하트 파샤
⑤ 이븐 압둘 와하브

내공 2 인도의 반영 운동

12 ㉠, ㉡에 들어갈 내용을 옳게 연결한 것은?

18세기 무굴 제국이 쇠퇴하자 이 틈을 타 유럽 여러 국가들이 인도를 차지하기 위해 경쟁하였다. 이 가운데 영국과 (㉠)은/는 인도 무역의 주도권을 놓고 1757년 (㉡)을/를 벌였고, 영국이 승리하였다.

	㉠	㉡
①	러시아	인도 전쟁
②	러시아	플라시 전투
③	프랑스	플라시 전투
④	프랑스	세포이의 항쟁
⑤	네덜란드	세포이의 항쟁

13 (가)에 들어갈 답변으로 적절한 것을 〈보기〉에서 고른 것은?

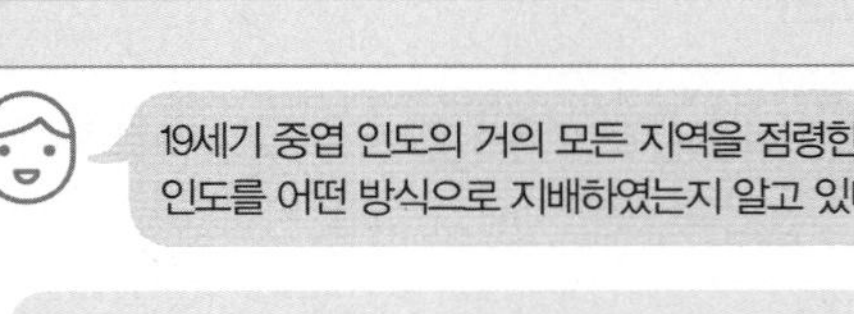

보기
ㄱ. 러시아와 영토를 분할 점령하였어.
ㄴ. 무함마드 알리를 총독으로 임명하였어.
ㄷ. 인도인에게 아편과 면화 재배를 강요하였어.
ㄹ. 힌두교와 이슬람교 간의 종교적 대립을 조장하였어.

① ㄱ, ㄴ ② ㄱ, ㄷ ③ ㄴ, ㄷ
④ ㄴ, ㄹ ⑤ ㄷ, ㄹ

중요 **14** 교사의 질문에 대한 학생의 대답으로 적절하지 않은 것은?

① 내부 분열로 실패하였어요.
② 대규모 민족 운동으로 확산하였어요.
③ 벵골 분할령에 대한 반발로 발생하였어요.
④ 영국령 인도 제국이 수립되는 계기가 되었어요.
⑤ 영국의 지배 방식에 대한 인도인의 불만을 배경으로 발생하였어요.

15 (가)에 들어갈 내용으로 옳은 것은?

서양 문물을 경험한 인도의 지식인과 학생, 종교 지도자들은 인도 사회를 개혁하고 영국의 지배에 저항할 것을 주장하였다. 인도에서 민족 운동이 확산되자 영국은 인도인을 회유하기 위해 1885년 ____(가)____

① 무굴 황제를 폐위하였다.
② 수에즈 운하를 건설하였다.
③ 동인도 회사를 해체하였다.
④ 영국산 면직물을 판매하였다.
⑤ 인도 국민 회의를 결성하였다.

서술형 문제

16 영국이 벵골 지역을 지도와 같이 나눈 이유로 옳은 것은?

① 벵골 지역의 통치권을 차지하기 위함이다.
② 인도의 민족 운동을 분열시키기 위함이다.
③ 인도인에게 면화 재배를 강요하기 위함이다.
④ 인도에 근대적인 토지 제도를 도입하기 위함이다.
⑤ 동인도 회사를 앞세워 무역의 주도권을 잡기 위함이다.

중요 17 다음 강령을 채택한 단체에 대한 설명으로 옳은 것은?

• 국민 교육 실시 • 영국 상품 배척
• 자치 획득(스와라지) • 국산품 애용(스와데시)

① 세포이의 항쟁을 주도하였다.
② 담배 불매 운동을 전개하였다.
③ 술탄의 전제 정치에 반발하였다.
④ 초기에는 영국에 타협적인 자세를 보였다.
⑤ 인도인에게 크리스트교로의 개종을 강요하였다.

18 다음 사건이 일어난 시기를 연표에서 옳게 고른 것은?

영국이 벵골 분할령을 철회하고 형식적으로 인도의 자치를 인정하였다.

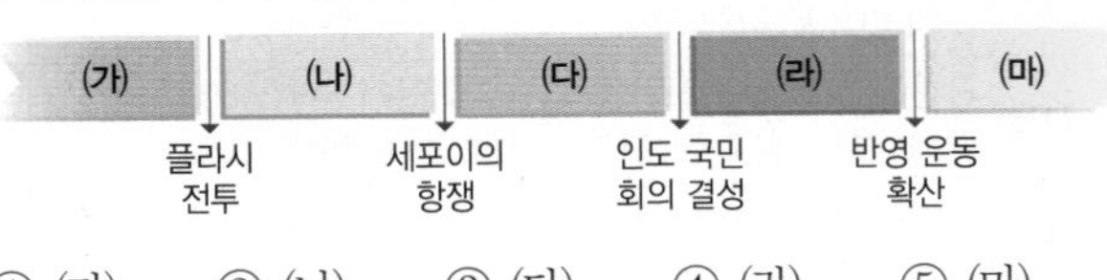

① (가) ② (나) ③ (다) ④ (라) ⑤ (마)

19 다음을 읽고 물음에 답하시오.

이란의 카자르 왕조는 근대화 개혁을 추진하는 과정에서 영국에게 담배의 재배와 판매에 관한 독점권을 넘겨주었다. 이에 이란인들은 알 아프가니를 중심으로 (㉠)을/를 전개하였다. 이후 (㉠)은/는 1906년 카자르 왕조의 전제 정치에 반대하여 일어난 (㉡)의 중요한 계기가 되었다.

(1) ㉠, ㉡에 들어갈 사건의 명칭을 각각 쓰시오.

(2) ㉡으로 인해 이란에서 일어난 정치적 변화를 두 가지 서술하시오.

20 그래프는 인도와 영국의 면직물 교역 변화를 나타낸 것이다. 이러한 변화의 배경과 그 결과를 서술하시오.

(『사회인을 위한 세계사』, 2007)

21 (가)에 들어갈 결과를 세 가지 서술하시오.

영국의 지배 방식에 대한 인도인의 불만은 세포이의 항쟁으로 터져 나왔다. 이 항쟁은 대규모 민족 운동으로 발전하였지만, 내부 분열과 영국군의 반격으로 실패하였다. 세포이의 항쟁을 진압한 영국은 (가)

05 동아시아의 국민 국가 건설 운동

내공 1 중국의 문호 개방과 근대화 추진

1 아편 전쟁과 중국의 개항

(1) 청과 영국의 무역 변화: 18세기 중반 청은 광저우의 공행을 통해서만 서양과 무역 → 영국이 교역 확대 요구 → 청의 거절 → 영국이 인도산 아편을 청에 밀수출 → 청에서 많은 양의 은이 영국으로 유출, 청의 아편 중독자 증가

막대한 양의 은을 지급하고 청의 도자기 등을 수입하여 발생한 무역 적자를 줄이기 위함이었어.

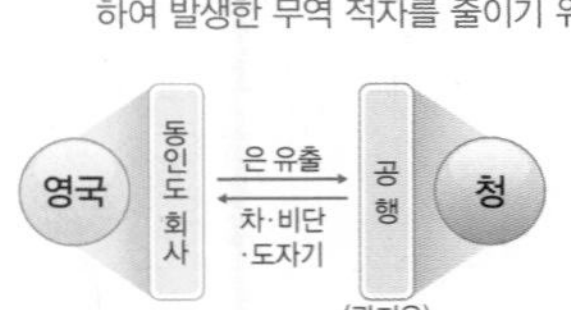

▲ 초기 무역(17~18세기)

▲ 삼각 무역(19세기)

(2) 제1차 아편 전쟁(1840~1842)

배경	청의 아편 단속 → 임칙서를 광저우로 파견하여 아편 몰수
전개	영국이 자국 상인 보호를 구실로 군함 파견, 제1차 아편 전쟁 발발 → 청의 패배
결과	난징 조약 체결(상하이 등 5개 항구 개항, 홍콩 할양, 공행 폐지, 치외 법권 인정, 배상금 지불 등)

난징 조약(1842) 및 추가 조약의 주요 내용
- 상하이 등 5개 항구를 개항하고 홍콩을 영국에 넘김
- 중국 내 외국인 범죄자에 대한 치외 법권 인정
- 영국에 막대한 배상금 지불
- 공행 제도 폐지
- 수출입 물품에 대한 관세를 영국과 공동으로 결정

▲ 난징 조약은 청이 영국과 맺은 최초의 불평등 조약으로, 청은 이후 다른 제국주의 국가인 미국, 프랑스 등과도 비슷한 내용의 조약을 체결하였다.

(3) 제2차 아편 전쟁(1856~1860)

청의 관리가 광저우에 정박해 있던 애로호의 선원들을 밀수 혐의로 체포하고 영국 국기를 강제로 내린 사건이야.

배경	난징 조약 체결 이후에도 영국의 무역량이 크게 늘지 않음, 애로호 사건 발생
전개	애로호 사건을 구실로 영국이 프랑스와 연합하여 청과 전쟁 → 청의 패배
결과	톈진 조약, 베이징 조약 체결(추가 개항, 외국 공사의 베이징 주재와 크리스트교의 포교 허용)

2 중국의 근대화 운동

(1) 태평천국 운동(1851~1864)

만주족을 몰아내고 한족의 국가를 세우자는 주장이야.

배경	아편 전쟁 이후 청 정부가 배상금 마련을 위해 과도한 세금 부과 → 농민의 불만 증가
전개	크리스트교의 영향을 받은 홍수전이 멸만흥한을 주장하며 태평천국 운동 전개 → 토지 균등 분배(천조 전무 제도), 남녀 평등, 악습 폐지 등 주장 → 난징을 점령하여 수도로 삼음
결과	내부 분열로 세력 약화, 신사층이 조직한 의용군과 외국 군대의 공격으로 진압됨

신분이나 남녀의 차별 없이 백성에게 토지를 골고루 나누어 주는 제도야.

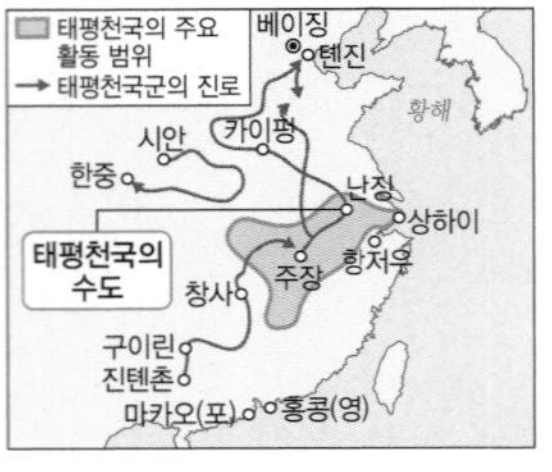

◀ 태평천국 운동의 전개

(2) 양무운동(1861~1895)

배경	아편 전쟁, 태평천국 운동을 겪는 과정에서 서양 기술과 무기의 우수성 확인
전개	이홍장·증국번 등의 한인 관료들이 중체서용의 논리를 바탕으로 부국강병 정책 추진 → 근대식 해군 창설, 군수 공장 등 각종 산업 시설 건설, 민간 기업 육성, 외국에 유학생 파견
결과	지방 관료가 제각기 추진하여 일관성 결여 → 청일 전쟁의 패배로 한계가 드러남

태평천국 운동을 진압하는 데 앞장섰어.

중국의 전통과 가치를 근본으로 하고 서양의 기술을 받아들인다는 논리야.

◀ **금릉 기기국에서 생산한 총포와 포탄** | 금릉 기기국은 난징에 설치된 군수 공장으로, 근대적 무기를 생산하였다.

(3) 변법자강 운동(1898)

법률이나 제도를 고쳐 국가를 부강하게 한다는 뜻이야.

배경	청일 전쟁 이후 외세의 간섭 심화 → 열강의 침입에 대한 중국인들의 위기감 고조
전개	캉유웨이, 량치차오 등의 개혁적 지식인들이 일본의 메이지 유신을 모방한 제도 개혁 주장 → 황제의 지지를 바탕으로 의회 설립, 입헌 군주제 확립, 상공업 육성, 근대 교육 실시, 신식 군대 양성 등 개혁 추진
결과	서태후를 중심으로 한 보수파의 정변으로 100여 일 만에 중단

중국의 문물이나 제도는 서양보다 우세하나, 중국이 자강하려면 …… 외국의 좋은 기술, 특히 무기 제조 기술을 중국의 것으로 완성하여야 한다.

– 이홍장, 「서양식 철문소 및 기계 설치에 관한 상소문」

중국이 부강한 나라를 이룩하려면 서양의 제도를 배워야 한다. 서양의 의회 제도는 군주와 백성이 하나가 되고 윗사람과 아랫사람이 한마음이 되자는 것이지, 황제의 권력에 손상이 가는 것이 아니다.

– 캉유웨이, 『무술 주고』

▲ 이홍장을 비롯한 양무운동의 주도 세력은 전통적인 체제를 유지하면서 서양의 기술만을 받아들이고자 하였지만, 캉유웨이를 비롯한 변법자강 운동의 주도 세력은 정치 체제의 근본적인 개혁을 주장하였다.

(4) 의화단 운동(1899~1901)

배경	개혁 운동의 성과 미흡, 열강의 이권 침탈 심화 → 중국인들의 반외세 감정 고조
전개	산둥성을 중심으로 조직된 의화단이 부청멸양을 내걸고 선교사, 교회, 철도 등 공격 → 베이징 진출, 외국 공관 습격
결과	영국, 일본, 러시아 등 8개국 연합군에게 진압 → 신축 조약 체결(외국군의 베이징 주둔 인정·배상금 지불, 1901)

'청을 도와 서양 세력을 멸하자.'라는 뜻이야.

3 신해혁명과 중화민국의 수립

(1) 신해혁명의 전개

만주족이 세운 청을 타도하고 한족 국가를 세우자는 민족주의, 공화제 국가를 수립하자는 민권주의, 민생의 안정을 꾀하자는 민생주의를 말해.

배경	• 청 정부의 개혁 추진: 의화단 운동 실패 후 청 정부가 개혁 추진(신식 군대 편성, 상공업 진흥), 의회 설립과 헌법 제정 준비 → 성과 미흡 • 혁명 운동 확산: 청 왕조를 몰아내고 새로운 정부를 수립하려는 혁명 운동 확산 → 쑨원이 도쿄에서 중국 동맹회 조직(1905), 삼민주의를 내세워 혁명 운동 주도
전개	청 정부의 민간 철도 국유화 시도 → 우창에서 혁명 사상의 영향을 받은 신식 군대 봉기, 전국 여러 성이 호응하여 독립 선언(신해혁명, 1911) → 혁명 세력이 쑨원을 임시 대총통으로 추대, 중화민국 수립(1912)

국유화한 민간 철도를 담보로 외국 자본을 빌려 재정 문제를 해결하고자 하였어.

(2) 신해혁명 이후의 정치 변화: 혁명 세력 진압을 위해 청 정부가 위안스카이 파견 → 위안스카이가 혁명파와 타협, 청 황제를 퇴위시키고 중화민국 대총통에 취임 → 위안스카이가 혁명파 탄압, 황제 체제 부활 시도 → 위안스카이 병사 후 각지에서 군벌 세력 등장 → 정치적 혼란 발생

내공 2 일본의 근대 국가 건설과 제국주의 침략

1 일본의 개항과 메이지 유신

(1) 일본의 개항: 미국이 페리 제독의 함대를 파견하여 일본에 개항 강요 → 에도 막부가 미국과 미일 화친 조약(1854)·미일 수호 통상 조약(1858) 체결, 문호 개방

시모다·하코다테 항구 외 4개 항구 추가 개항, 미국의 최혜국 대우와 영사 재판권 인정(치외 법권) 등을 규정한 불평등 조약이었어.

(2) 메이지 유신

① 배경: 개항 이후 막부의 굴욕적인 외교 정책에 대한 비판 확산, 외국 상품의 유입과 물가 상승으로 백성의 불만 고조

② 전개: 일부 지방의 하급 무사들을 중심으로 존왕양이 운동 전개 → 막부 타도, 천황 중심의 메이지 정부 수립 → 대대적인 개혁인 메이지 유신 추진(1868)

천황을 중심으로 외세를 몰아내자는 운동이야.

③ 내용: 에도를 도쿄로 개명하여 수도로 삼음, 지방 제도 개혁(폐번치현), 신분제 폐지, 토지와 조세 제도 개혁, 서양식 교육 제도 실시, 징병제 실시, 사절단과 유학생 파견 등

다이묘가 다스리던 번을 폐지하고 현을 설치하였어.

이와쿠라 사절단이 대표적이야.

2 천황제 국가의 확립

(1) 배경: 일부 지식인들이 헌법 제정, 의회 개설을 요구하는 자유 민권 운동 전개 → 메이지 정부의 탄압

(2) 입헌 군주국의 성립: 정부의 일본 제국 헌법 제정, 의회 설립

(3) 한계: 천황에게 절대적인 권한 부여, 의회의 권한과 국민 기본권 제한

천황에게 정치, 외교, 군사 등 모든 방면에서 절대적 권한을 부여한 헌법이야.

> **일본 제국 헌법의 일부 내용**
> 제1조 대일본 제국은 만세일계의 천황이 통치한다.
> 제5조 천황은 제국 의회의 동의를 얻어 입법권을 행사한다.

3 일본의 제국주의 침략

(1) 배경: 메이지 유신으로 일본의 국력 성장 → 적극적인 대외 팽창 정책 추진 → 조선에 개항 강요, 류큐 병합(오키나와현으로 편입)

(2) 청일 전쟁(1894~1895)

배경	조선에 대한 지배권을 두고 청과 일본이 대립, 조선에서 동학 농민 운동 발생
전개	청과 일본이 조선에 군대 파견 → 조선의 철수 요구 → 일본이 철수 요구 거부 후 청군 기습 공격 → 일본 승리
결과	시모노세키 조약 체결(일본이 막대한 배상금 획득, 청이 랴오둥 반도와 타이완을 일본에 할양) → 삼국 간섭으로 일본이 랴오둥반도를 청에 반환(1895)

동학 농민 운동을 진압한다는 구실로 파견하였어.

일본을 견제하던 러시아가 프랑스, 독일과 함께 일본에 압력을 가하였어.

황실 비용 5.4 %
교육 기금 2.7 %
기타 8.6 %
전쟁 비용 충당 21.5 %
군비 증강비 61.8 %
총 3억 6,700엔

(『신편 한국사40』, 2002)

◀ **일본의 전쟁 배상금 사용 내역** | 일본 정부는 시모노세키 조약으로 받은 배상금을 군사 시설 확충과 산업화에 사용하여 제국주의 국가로 성장할 수 있는 발판을 마련하였다.

(3) 러일 전쟁(1904~1905): 삼국 간섭 이후 러시아가 만주와 한반도에서 영향력 확대 → 일본이 영국과 동맹을 맺고 러일 전쟁을 일으킴 → 영국과 미국의 지원으로 일본 승리 → 포츠머스 조약 체결(한반도에 대한 일본의 지배권 인정)

내공 3 조선의 개항과 근대화 운동

1 조선의 개항과 개화 정책의 추진

일본이 조선에 운요호를 보내 무력시위를 하면서 조선의 문호 개방을 강요한 사건이야.

(1) 조선의 개항: 운요호 사건(1875) → 일본과 강화도 조약(1876)을 맺고 개항

3개 항구 개항, 일본의 해안 측량권과 치외 법권 인정 등을 규정한 불평등 조약이었어.

(2) 개화 정책의 추진과 반발: 개항 이후 조선 정부의 개화 정책 추진(사절단 파견, 신식 군대 창설) ↔ 위정척사 운동 전개(성리학적 전통 질서 유지, 외세 배격 주장), 구식 군인들과 하층민의 봉기(임오군란, 1882)

2 조선과 대한 제국의 근대화 운동

(1) 조선의 근대화 운동

갑신정변	김옥균 등 급진 개화파 주도로 청으로부터의 독립과 문벌 폐지 등을 담은 근대적 개혁안 발표(1884) → 청의 무력 개입으로 실패
동학 농민 운동	전봉준이 농민들을 모아 지배층의 횡포와 외세에 저항(1894) → 관군과 일본군에게 진압
갑오개혁	일본의 조선 내정 간섭, 개혁 강요 → 근대적 개혁 추진(신분제·과거제 폐지, 왕실과 국가 재정 분리 등) → 을미사변 이후 고종의 아관 파천(러시아 공사관으로 거처를 옮김)으로 중단
독립 협회 설립	러시아의 내정 간섭, 열강의 이권 침탈 → 독립 협회의 만민 공동회 개최, 자주 국권 운동·의회 개설 운동 전개

일본이 명성 황후를 시해한 사건이야.

국호를 '대한 제국'으로 바꾸고, 연호를 '광무'로 정하였어.

(2) 대한 제국의 근대화 운동: 고종의 환궁 → 대한 제국 수립(1897) → 근대적 개혁 실시(군사 제도 개혁, 상공업 진흥 정책, 근대적 교육 시설 확립 등)

일본은 러일 전쟁 중에 독도를 자국 영토에 불법 편입하였어.

(3) 국권 침탈과 국권 수호 운동: 러일 전쟁 이후 일본이 대한 제국의 외교권 박탈(을사늑약, 1905) → 의병 운동 확산(→ 일본의 탄압, 연해주 등지로 이동하여 독립군으로 활동), 애국 계몽 운동 전개(→ 개화사상과 독립 협회 활동 계승)

주로 지식인과 관료층이 주도하였어.

개념 확인하기

정답과 해설 7쪽

1 다음 빈칸에 들어갈 내용을 쓰시오.

(1) (　　　　　)에서 영국에 패배한 청은 난징 조약을 체결하였다.

(2) 청 관리가 영국 국기를 강제로 내린 (　　　　　)을 계기로 제2차 아편 전쟁이 일어났다.

(3) 홍수전은 만주족을 몰아내고 한족의 국가를 세울 것을 주장하며 (　　　　　)을 전개하였다.

2 다음에서 설명하는 인물을 〈보기〉에서 골라 기호를 쓰시오.

보기
ㄱ. 쑨원　　ㄴ. 이홍장
ㄷ. 캉유웨이　　ㄹ. 위안스카이

(1) 양무운동을 주도하고 근대식 해군을 창설하였다. (　　)

(2) 중국 동맹회를 결성하고 삼민주의를 주장하였다. (　　)

(3) 청 황제를 퇴위시키고 중화민국의 대총통에 취임하였다. (　　)

(4) 일본의 메이지 유신을 모방한 제도의 개혁을 주장하였다. (　　)

3 다음 괄호 안의 내용 중 알맞은 말에 ○표를 하시오.

(1) (러일 전쟁, 청일 전쟁)의 결과 포츠머스 조약이 체결되었다.

(2) 일본은 (신축 조약, 시모노세키 조약)을 체결하여 랴오둥반도와 타이완을 차지하였다.

(3) (미일 화친 조약, 일본 제국 헌법)은 천황에게 모든 방면에서 절대적인 권한을 부여하였다.

(4) 개항 이후 일본에 들어선 새로운 정부는 대대적인 개혁인 (신해혁명, 메이지 유신)을 추진하였다.

4 다음 설명이 맞으면 ○표, 틀리면 ×표를 하시오.

(1) 조선은 미국과 강화도 조약을 맺어 개항하였다. (　　)

(2) 김옥균을 비롯한 급진 개화파 세력은 갑오개혁을 일으켰다. (　　)

(3) 고종은 환궁 이후 대한 제국을 수립하고, 연호를 '광무'로 정하였다. (　　)

(4) 전봉준은 농민들을 모아 지배층의 횡포와 외세에 저항하는 동학 농민 운동을 전개하였다. (　　)

족집게 문제

내공 1 중국의 문호 개방과 근대화 추진

1 교사의 질문에 대한 학생의 대답으로 가장 적절한 것은?

① 삼국 간섭을 주도하였어요.
② 동인도 회사를 설립하였어요.
③ 존왕양이 운동을 전개하였어요.
④ 인도산 아편을 청에 밀수출하였어요.
⑤ 프랑스와 연합하여 청을 공격하였어요.

중요 **2 밑줄 친 '이 조약'의 내용으로 옳은 것을 〈보기〉에서 고른 것은?**

청이 임칙서를 광저우로 파견하여 아편을 몰수하자 영국은 이를 구실로 군함을 보내 전쟁을 일으켰다. 전쟁에서 패한 청은 영국과 <u>이 조약</u>을 체결하였다.

보기
ㄱ. 공행 제도를 폐지한다.
ㄴ. 영국에 홍콩을 할양한다.
ㄷ. 크리스트교 포교의 자유를 허용한다.
ㄹ. 베이징에 외국 군대의 주둔을 인정한다.

① ㄱ, ㄴ　② ㄱ, ㄷ　③ ㄴ, ㄷ
④ ㄴ, ㄹ　⑤ ㄷ, ㄹ

3 제2차 아편 전쟁의 결과로 옳지 <u>않은</u> 것은?

① 청이 전쟁에서 패배하였다.
② 애로호 사건이 발생하였다.
③ 청이 영국에 추가로 개항을 하였다.
④ 외국 공사의 베이징 주재가 허용되었다.
⑤ 톈진 조약과 베이징 조약이 체결되었다.

출제율 ●●●●● 시험에 꼭 나오는 출제 가능성이 높은 예상 문제로, 내신 100점을 받기 위한 필수 문항들

4 (가) 세력이 주도한 중국의 근대화 운동에 대한 설명으로 옳은 것은?

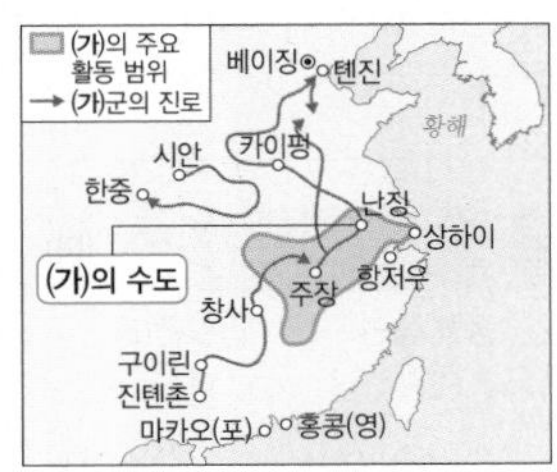

① 중체서용의 논리를 바탕으로 하였다.
② 신축 조약이 체결되는 결과를 가져왔다.
③ 황제의 지지를 바탕으로 의회를 설립하였다.
④ 캉유웨이 등 개혁적인 지식인들이 주도하였다.
⑤ 만주족을 몰아내고 한족 국가를 세우고자 하였다.

5 다음 주장을 바탕으로 전개된 운동에 대한 설명으로 옳은 것은?

① 부청멸양의 구호를 내걸었다.
② 공행이 폐지되는 계기가 되었다.
③ 메이지 유신을 모범으로 삼았다.
④ 청일 전쟁의 패배로 한계가 드러났다.
⑤ 신사층이 조직한 의용군에 의해 진압되었다.

6 (가)에 들어갈 내용으로 가장 적절한 것은?

역사 수행 평가 보고서
- 주제: (가)
- 주도 인물: 캉유웨이, 량치차오 등의 개혁적인 지식인들
- 내용: 일본의 메이지 유신을 모방한 제도 개혁을 주장

① 변법자강 운동의 전개
② 제1차 아편 전쟁의 발발
③ 중국 동맹회의 결성과 업적
④ 철도 국유화 반대 운동의 확산
⑤ 중화민국의 수립과 대총통의 취임

7 ㉠에 들어갈 단체에 대한 설명으로 옳은 것은?

역사 신문

(㉠), 철도를 파괴하다

산둥성을 중심으로 조직된 비밀 결사인 (㉠)이/가 '청을 도와 서양 세력을 멸하자.'라는 구호를 내걸고 선교사, 교회, 철도를 공격하였다.

① 홍수전을 중심으로 조직되었다.
② 서양식 의회 설립을 추진하였다.
③ 영국 등 8개국 연합국에게 진압되었다.
④ 삼민주의를 내세워 혁명 운동을 주도하였다.
⑤ 만주족 왕조인 청을 타도하자고 주장하였다.

8 (가), (나) 시기 사이에 있었던 사실로 옳은 것은?

(가) 우창에서 신식 군대가 봉기를 일으키자, 전국의 여러 성이 호응하여 독립을 선언하였다.
(나) 위안스카이가 중화민국 대총통에 취임한 후 혁명파를 탄압하고 황제 제도의 부활을 시도하였다.

① 중화민국이 수립되었다.
② 청일 전쟁이 발발하였다.
③ 강화도 조약이 체결되었다.
④ 메이지 유신이 추진되었다.
⑤ 태평천국군이 난징을 점령하였다.

중요 **9** 밑줄 친 '나'에 대한 설명으로 옳은 것은?

<u>나</u>는 유럽과 미국의 진화가 3대 주의와 밀접한 관련이 있다고 생각한다. 로마가 멸망하자 민족주의가 일어나 유럽 각국이 독립하였다. 이후 각국이 제국으로 나아가 전제 정치를 행하자 백성이 그 고통을 견디지 못해 민권주의가 일어났다. …… 경제 문제가 정치 문제의 뒤를 이어 일어나 민생주의가 두드러지게 되었다.

– 『민보』 발간사, 1905

① 운요호 사건을 주도하였다.
② 임시 대총통으로 추대되었다.
③ 태평천국 운동을 진압하였다.
④ 동학 농민 운동을 전개하였다.
⑤ 혁명파와 타협하여 청 황제를 퇴위시켰다.

족집게 문제

내공 2 일본의 근대 국가 건설과 제국주의 침략

10 (가)에 들어갈 대답으로 적절하지 <u>않은</u> 것은?

① 신분제를 폐지하였어.
② 징병제를 시행하였어.
③ 번을 폐지하고 현을 설치하였어.
④ 서양식 교육 제도를 실시하였어.
⑤ 미일 화친 조약을 통해 문호를 개방하였어.

11 다음 헌법에 대한 설명으로 옳은 것을 〈보기〉에서 고른 것은?

> 제1조 대일본 제국은 만세일계의 천황이 통치한다.
> 제4조 천황은 국가의 원수로서 통치권을 총괄하고 헌법의 조항에 따라 이를 행한다.
> 제5조 천황은 제국 의회의 동의를 얻어 입법권을 행사한다.

• 보기 •
ㄱ. 신해혁명의 결과로 제정되었다.
ㄴ. 입헌 군주국 수립의 토대가 되었다.
ㄷ. 천황에게 절대적인 권한을 부여하였다.
ㄹ. 자유 민권 운동의 주도 세력이 제정하였다.

① ㄱ, ㄴ ② ㄱ, ㄷ ③ ㄴ, ㄷ
④ ㄴ, ㄹ ⑤ ㄷ, ㄹ

12 ㉠에 들어갈 사건으로 옳은 것은?

> (㉠)에서 승리한 일본은 시모노세키 조약을 체결하여 타이완과 랴오둥반도를 넘겨받고, 막대한 배상금을 얻었다.

① 임진왜란 ② 러일 전쟁
③ 청일 전쟁 ④ 세포이의 항쟁
⑤ 제2차 아편 전쟁

13 다음 사건이 일어난 시기를 연표에서 옳게 고른 것은?

> 청일 전쟁 이후 일본을 견제하던 러시아가 프랑스, 독일과 함께 일본에 압력을 가하였다.

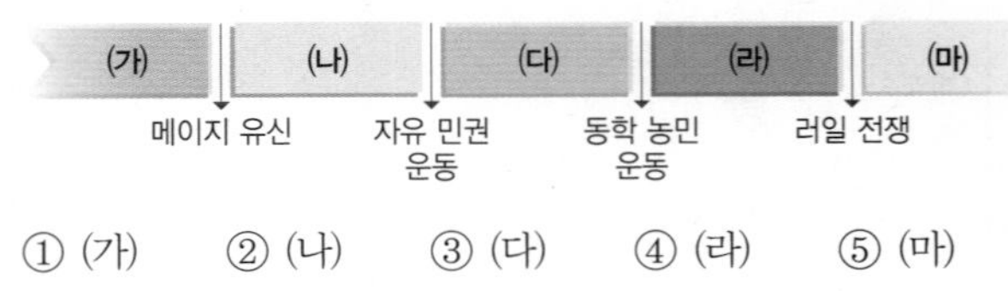

① (가) ② (나) ③ (다) ④ (라) ⑤ (마)

중요 **14** (가)에 들어갈 내용으로 옳은 것은?

> 그림은 일본이 강력한 국력을 자랑하는 러시아에 도전장을 내고 싸움을 벌인 러일 전쟁을 풍자한 것이다. 일본은 영국과 미국의 지원으로 전쟁에서 승리하였고, ______(가)______

① 류큐를 병합하였다.
② 존왕양이 운동을 전개하였다.
③ 랴오둥반도를 청에 반환하였다.
④ 시모노세키 조약을 체결하였다.
⑤ 한반도에 대한 지배권을 인정받았다.

내공 3 조선의 개항과 근대화 운동

15 다음 조약의 공통점으로 옳은 것은?

> • 난징 조약 • 강화도 조약 • 미일 수호 통상 조약

① 서양 국가와 체결되었다.
② 치외 법권을 규정하였다.
③ 무력 충돌 없이 맺어졌다.
④ 양국 간의 평등한 조약이었다.
⑤ 상대국에게 영토 일부를 할양하였다.

16 (가)에 들어갈 내용으로 옳은 것은?

역사 인물 카드

- 이름: 전봉준
- 출생: 1855년
- 별명: 녹두장군
- 업적: ______(가)______

◀ 체포 후 압송되는 전봉준

① 갑신정변을 주도함
② 위정척사 운동을 전개함
③ 독립 협회의 활동을 계승함
④ 연해주 등지에서 독립군으로 활약함
⑤ 농민들을 모아 지배층의 횡포와 외세에 저항함

17 밑줄 친 '이 단체'가 주장한 내용으로 가장 적절한 것은?

> 이 단체의 주도로 종로 일대에서 개최된 만민 공동회는 우리나라 최초의 대중 집회였다. 여기에는 누구나 참여할 수 있었으며 신분과 성별에 관계없이 자신의 생각을 연설할 기회를 가질 수 있었다.

① 강화도 조약을 체결해서는 안 됩니다.
② 성리학적 전통 질서를 유지해야 합니다.
③ 만주에 독립군 기지를 건설해야 합니다.
④ 천황을 중심으로 외세를 몰아내야 합니다.
⑤ 입헌제 도입을 위해 의회를 개설해야 합니다.

18 (가)에 들어갈 내용으로 옳은 것을 〈보기〉에서 고른 것은?

신분제와 과거제 폐지 등을 내용으로 하는 갑오개혁이 단행되었다.

⬇

(가)

⬇

일본이 대한 제국의 외교권을 박탈하였다.

보기

ㄱ. 대한 제국이 수립되었다.
ㄴ. 고종이 러시아 공사관으로 거처를 옮겼다.
ㄷ. 구식 군인들과 하층민의 봉기가 발생하였다.
ㄹ. 일본이 조선에 운요호를 보내 무력시위를 하였다.

① ㄱ, ㄴ ② ㄱ, ㄷ ③ ㄴ, ㄷ
④ ㄴ, ㄹ ⑤ ㄷ, ㄹ

서술형 문제

중요 **19** 다음을 읽고 물음에 답하시오.

- 상하이 등 5개 항구를 개항하고 홍콩을 영국에 넘김
- 중국 내 외국인 범죄자에 대한 치외 법권 인정
- 영국에 막대한 배상금 지불
- 공행 제도 폐지

(1) 위 조약을 체결하게 된 전쟁의 명칭을 쓰시오.

(2) (1)의 전개 과정을 서술하시오.

20 (가), (나) 주장과 관련된 근대화 운동을 각각 쓰고, 두 운동의 차이점을 서술하시오.

(가)	(나)
중국의 문물이나 제도는 서양보다 우세하나, 중국이 자강하려면 외국의 이점을 배워야 한다. 외국의 이점을 배우려면 외국의 좋은 기술, 특히 무기 제조 기술을 중국의 것으로 완성하여야 한다.	중국이 부강한 나라를 이룩하려면 서양의 제도를 배워야 한다. 서양의 의회 제도는 군주와 백성이 하나가 되고 윗사람과 아랫사람이 한 마음이 되자는 것이지, 황제의 권력에 손상이 가는 것이 아니다.

21 다음 그래프를 토대로 시모노세키 조약으로 받은 배상금이 일본에 미친 영향을 서술하시오.

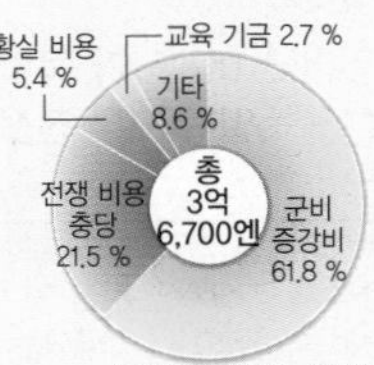

◀ 일본의 전쟁 배상금 사용 내역

01 세계 대전과 국제 질서의 변화(1)

내공 1 제1차 세계 대전

1 제1차 세계 대전의 배경

영국의 3C 정책에 맞서 독일이 3B 정책을 추진하자 제국주의 국가들의 대립이 더욱 심해졌어.

(1) 제국주의 국가들의 대립: 19세기 후반 제국주의 국가들이 식민지 쟁탈전을 치르는 가운데 이해관계에 따라 서로 대립하거나 동맹을 맺음 → 3국 동맹과 3국 협상의 대립

3국 동맹(1882)	독일, 오스트리아·헝가리 제국, 이탈리아가 결성
3국 협상(1907)	영국, 프랑스, 러시아가 결성

강대국 세력이 충돌하는 지역이었기 때문에 '유럽의 화약고'라고 불렸지.

(2) 발칸반도의 상황: 여러 민족의 독립운동 활발, 범슬라브주의(러시아, 세르비아 중심)와 범게르만주의(독일, 오스트리아·헝가리 제국 중심)의 대립 → 발칸반도에서 긴장 고조

슬라브족 국가인 보스니아 헤르체고비나를 합병하였어.

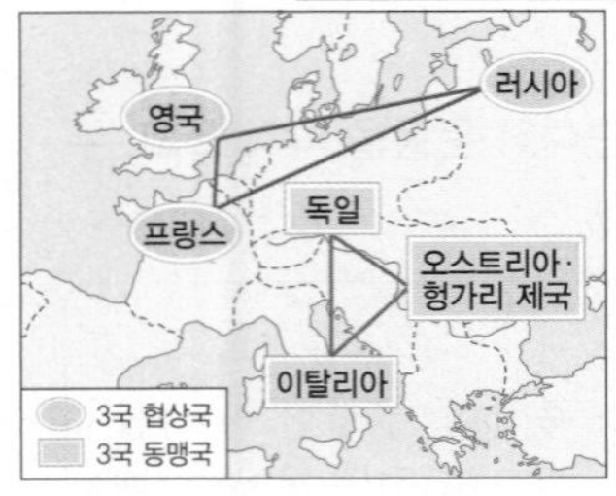

◀ 3국 동맹과 3국 협상의 대립 | 독일이 오스트리아·헝가리 제국, 이탈리아와 3국 동맹을 맺자, 이에 맞서 영국과 프랑스가 러시아를 끌어들여 3국 협상을 맺었다.

2 제1차 세계 대전의 전개

(1) 제1차 세계 대전의 발발: 사라예보에서 세르비아 청년이 오스트리아·헝가리 제국의 황태자 부부를 암살(사라예보 사건, 1914) → 오스트리아·헝가리 제국이 세르비아에 선전 포고 → 제1차 세계 대전 시작

이후 3국 동맹과 3국 협상의 국가들이 전쟁에 가담하면서 제1차 세계 대전이 시작되었어.

(2) 제1차 세계 대전의 전개

① 전쟁 초기: 독일이 서부 전선에서 빠르게 진격, 동부 전선에서 러시아 격파 → 독일 우세

② 전쟁의 장기화: 서부 전선에서 영국, 프랑스 등이 독일의 공격에 강력하게 저항(교착 상태 돌입, 참호전 전개) → 전쟁의 장기화

③ 미국의 참전과 러시아의 이탈

독일이 중립국 선박까지 공격하는 무제한 잠수함 작전을 펼치는 과정에서 자국민이 사망한 것을 계기로 미국이 제1차 세계 대전에 참전하였어.

미국의 참전	영국의 해상 봉쇄 → 독일의 무제한 잠수함 작전 전개 → 미국이 연합국 편으로 참전(1917) → 연합국이 전쟁에서 유리한 위치 차지
러시아의 이탈	전쟁 중 국내에서 혁명이 일어난 러시아가 독일과 강화를 맺고 전선에서 이탈 → 독일이 서부 전선에서 대공세 전개(→ 실패)

동맹국에는 독일, 오스트리아·헝가리 제국, 오스만 제국, 불가리아 등이 속하였고, 연합국에는 영국, 프랑스, 러시아 등이 속하였어.

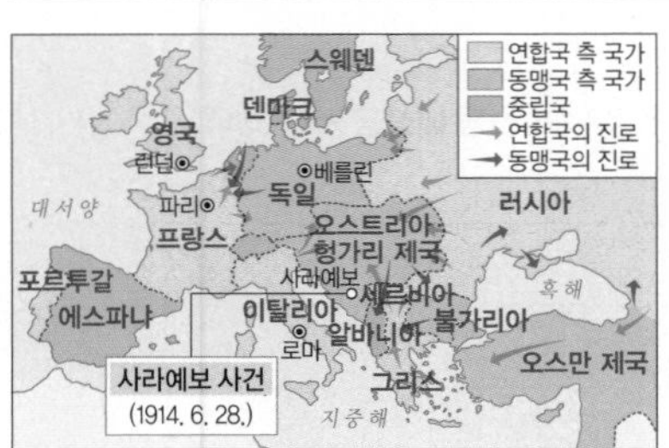

◀ 제1차 세계 대전의 전개 | 제1차 세계 대전은 동맹국과 연합국 간의 대결 구도로 전개되었으며, 유럽 열강의 식민지 주민들이 참전하면서 전 세계로 확대되었다.

전쟁이 계속되는 가운데 이탈리아는 3국 동맹을 떠나 연합국 편에 가담하였지.

불가리아, 오스만 제국, 오스트리아·헝가리 제국 등

(3) 제1차 세계 대전의 종결: 독일의 동맹국들이 차례로 항복 → 독일에서 혁명 발생(→ 제정 붕괴, 공화국 수립) → 독일 항복, 전쟁 종결(1918)

독일 공화국 정부가 연합국과 휴전 조약을 체결하였지.

3 제1차 세계 대전의 특징

유럽 각국은 식민지인을 전쟁에 동원하였고, 여성들도 군수품 생산 등에 참여하게 하였어.

(1) 총력전: 국가의 모든 인적·물적 자원을 총동원

(2) 참호전: 동맹국과 연합국이 참호를 파고 장기간 대치하는 형태로 전개 → 전쟁의 장기화

방어용 구덩이를 말해.

(3) 신무기의 등장: 전투기, 탱크, 기관총, 독가스 등 새로운 무기 사용 → 막대한 인명 피해와 재산 피해 발생

제1차 세계 대전은 과학 기술의 발달을 배경으로 인류가 지금까지 겪었던 전쟁과는 전혀 다른 양상으로 진행되었어.

내공 2 러시아 혁명

1 러시아 혁명의 배경

(1) 19세기 러시아의 상황: 농업 중심의 경제와 전제 정치 유지, 산업화로 노동자 계층 성장, 지식인 사이에 사회주의 사상 확산 → 차르 체제 비판, 개혁 요구 확산

러시아어로 '황제'를 뜻하는 말이야.

(2) 피의 일요일 사건(1905): 러일 전쟁으로 노동자의 생활 악화 → 노동자들이 개혁을 요구하며 평화 시위 전개 → 정부의 무력 진압으로 많은 사상자 발생

(3) 차르의 개혁 성과 미흡: 차르 니콜라이 2세의 개혁 약속 → 성과 없이 개혁 중단, 전제 정치 강화

피의 일요일 사건을 계기로 언론과 집회의 자유 보장, 의회(두마) 설립 등의 개혁을 약속하였어.

2 러시아 혁명의 전개

3월 혁명과 11월 혁명은 러시아력에 따라 각각 2월 혁명과 10월 혁명으로 표기하기도 해.

(1) 3월 혁명(1917. 3.)

배경	차르의 개혁 성과 미흡, 제1차 세계 대전으로 경제난과 많은 인명 피해 발생
전개	전쟁 중지, 전제 정치 타도, 식량 배급 등을 요구하는 봉기가 일어남 → 노동자와 병사들의 소비에트 결성
결과	차르 퇴위(전제 군주제 붕괴), 임시 정부 수립

러시아어로 '평의회' 또는 '대표자 회의'를 뜻해.

(2) 11월 혁명(1917. 11.)

배경	임시 정부의 개혁 부진, 전쟁 지속
전개	레닌이 이끄는 볼셰비키가 무장봉기를 일으킴
결과	임시 정부 타도, 소비에트 정부 수립

러시아 사회 민주 노동당의 주도권을 가진 다수파를 말해.

3 소련의 수립과 발전

(1) 레닌의 활동

① 전쟁 중단: 독일과 강화 조약을 맺고 전쟁 중단

② 사회주의 개혁 추진: 토지와 산업의 국유화, 공산당 일당 독재 선언, 코민테른 조직 등

지주의 토지를 몰수하고 주요 산업 시설을 국유화하였어.

③ 신경제 정책(NEP) 시행: 경제난이 심화되자 자본주의 요소를 일부 도입

소규모 기업 활동을 인정하고, 농민이 현물세를 내고 남은 생산물을 판매할 수 있게 하는 등 시장 경제를 일부 인정하였어.

④ 소비에트 사회주의 공화국 연방(소련) 수립(1922): 러시아를 비롯한 15개의 소비에트 공화국으로 구성

(2) 스탈린의 활동

① 경제 개발 5개년 계획 추진: 중공업 중심의 산업화와 농업의 집단화 추진

② 공산당 독재 체제 강화: 반대파 탄압, 정권에 대한 비판 금지

▲ **러시아 혁명의 영향** | 레닌은 사회주의 혁명을 퍼뜨리고자 국제 공산당 기구인 코민테른을 조직하였고, 이를 통해 여러 국가에서 일어난 반제국주의 운동을 지원하였다. 이에 각국의 여러 단체와 지식인들이 사회주의 사상을 받아들이면서 사회주의가 확산하였다.

내공 3 베르사유 체제의 형성

1 파리 강화 회의(1919)

실제 회의에서는 전후 평화를 유지하는 것보다 승전국의 이익이 중시되었어.

(1) 개최 목적: 제1차 세계 대전의 전후 문제 처리

(2) 내용: 미국 대통령 윌슨이 제안한 14개조 평화 원칙을 바탕으로 논의 진행, 베르사유 조약 체결

민족 자결주의, 비밀 외교 종식, 군비 축소, 국제기구 창설 등의 내용을 포함하였지.

2 베르사유 조약

(1) 내용: 파리 강화 회의의 결과 승전국과 독일 사이에 체결된 조약 → 독일의 영토 축소, 군비 제한, 식민지 상실, 막대한 배상금 지불 등 규정

(2) 결과: 베르사유 체제 성립

제1차 세계 대전이 끝난 후 승전국을 중심으로 형성된 새로운 국제 질서를 말해.

베르사유 조약의 주요 내용

제45조 독일은 자르강 유역에 있는 탄광 지대의 독점 채굴권을 포함한 소유권을 프랑스에게 넘겨준다.

제119조 독일은 해외 식민지에 관한 모든 권리와 소유권을 연합국에 넘겨준다.

제173조 독일의 일반 의무병제를 폐지하고, 독일 육군은 지원병제로만 조직한다.

제235조 독일은 …… 1921년 4월까지 200억 마르크 금화에 해당하는 액수를 지불해야 한다.

▲ 베르사유 조약은 전쟁의 모든 책임이 독일에 있음을 분명히 하였으며, 막대한 배상금을 지불하게 하는 등 독일에 대한 보복적 성격이 강하였다.

3 국제 평화를 위한 노력

(1) 국제 연맹 창설(1920)

베르사유 조약의 규정에 따라 설립된 국제기구였어.

① 목적: 국제 평화와 안전 확보

② 한계: 미국·소련 등 강대국 불참, 침략국을 제재할 군사적 수단 부재 등

(2) 국제 사회의 노력: 워싱턴 회의 개최(1921~1922), 켈로그·브리앙 조약(부전 조약) 체결(1928) 등

군비 축소를 논의하였어.

미국을 비롯한 15개국이 국제 분쟁을 해결하는 수단으로 무력을 사용하지 않기로 합의한 조약이야.

내공 4 아시아·아프리카의 민족 운동

제1차 세계 대전 이후 아시아와 아프리카 지역에서는 민족 자결주의의 영향으로 민족 운동이 활발하게 일어났지.

1 동아시아의 민족 운동

(1) 한국: 일제의 식민 지배에 저항하는 3·1 운동 전개(1919) → 대한민국 임시 정부 수립 후 항일 민족 운동 지속

(2) 중국

제1차 세계 대전 중 일본이 산둥반도의 이권을 포함하여 중국 정부에 강제로 승인시킨 21개조로 된 요구야.

① 신문화 운동: 유교 사상 비판, 과학과 민주주의 주장

② 5·4 운동(1919): 파리 강화 회의에서 일본이 산둥반도의 이권 차지 → 베이징 대학생들 주도로 21개조 요구 철회, 산둥반도의 이권 반환 등을 요구하는 반일 시위 전개

③ 제1차 국공 합작(1924): 쑨원이 이끄는 국민당과 공산당이 군벌과 제국주의 타도를 위해 연합 → 장제스의 군벌 제압, 중국 통일(1928)

④ 제2차 국공 합작(1937): 일본이 중일 전쟁을 일으켜 대륙 침략 본격화 → 국민당과 공산당이 대일 항전을 위해 다시 연합

이 과정에서 장제스가 공산당을 배척하여 제1차 국공 합작이 깨졌고, 마오쩌둥이 이끄는 공산당은 대장정에 나서 국민당 정부에 대항하였어.

2 인도의 민족 운동

제1차 세계 대전 당시 인도는 전후 자치권을 주겠다는 약속을 믿고 영국에 협력하였지.

배경	영국이 전후 인도의 자치권 미허용, 식민 통치 강화
전개	• 간디: 비폭력·불복종 운동(영국 상품 불매, 납세 거부 등) 전개 • 네루: 인도의 완전한 독립을 주장하며 무력으로 저항
결과	영국이 인도 각 주의 자치권 인정(1935)

폭력을 쓰지 않고 영국의 법률이나 명령을 따르지 않는 운동을 말해.

◀ **간디의 소금 행진** | 영국이 소금법을 제정하여 인도에서 소금을 만들지 못하게 하자, 간디는 이에 저항하여 소금을 얻기 위해 해안까지 수백km를 행진하였다(소금 행진).

3 동남아시아의 민족 운동

베트남	호찌민이 베트남 공산당(인도차이나 공산당) 조직 → 프랑스에 맞서 민족 운동 전개
인도네시아	수카르노가 인도네시아 국민당 결성 → 네덜란드에 맞서 독립운동 전개
필리핀	미국의 지배를 받음 → 독립운동 전개 → 미국이 장래에 필리핀의 독립 약속
타이	청년 장교들이 쿠데타를 일으켜 입헌 군주제 실시

4 서아시아의 민족 운동

(1) 오스만 제국: 무스타파 케말이 독립 전쟁 전개, 술탄 제도 폐지, 튀르키예 공화국 수립(1923) → 튀르키예의 근대화 추진

(2) 아랍 지역: 서아시아 각국에서 독립운동 전개 → 이라크 독립, 사우디아라비아의 통일 왕국 수립

튀르키예 공화국의 초대 대통령에 선출된 무스타파 케말은 정치와 종교의 분리, 여성 참정권 부여, 문자 개혁 등을 시행하여 근대화를 추진하였지.

5 아프리카의 민족 운동

(1) 이집트: 와프드당 중심의 반영 운동 전개 → 영국이 이집트의 독립 인정(1922)

수에즈 운하 관리권과 군대 주둔권을 유지하는 조건으로 이집트의 독립을 인정하였어.

(2) 모로코: 에스파냐로부터 자치권 획득

(3) 중남부 아프리카: 범아프리카주의 확산

아프리카 사람들이 스스로의 힘으로 독립하여 아프리카 대륙을 통일하려는 운동을 말해.

개념 확인하기

정답과 해설 9쪽

1 다음 괄호 안의 내용 중 알맞은 말에 ○표를 하시오.

(1) 영국과 프랑스는 러시아와 (3국 동맹, 3국 협상)을 결성하였다.
(2) 제1차 세계 대전은 (사라예보 사건, 피의 일요일 사건)이 발단이 되어 시작되었다.

2 다음 빈칸에 들어갈 내용을 쓰시오.

(1) 영국의 해상 봉쇄에 맞서 독일은 중립국 선박까지 공격하는 (　　　　)을 전개하였다.
(2) 제1차 세계 대전 중 (　　　　)는 국내에서 혁명이 일어나자 독일과 강화를 맺고 전쟁을 그만두었다.
(3) 제1차 세계 대전은 국가의 모든 인적 자원과 물적 자원을 총동원하는 (　　　　)의 형태로 전개되었다.

3 다음 사건과 그 결과를 옳게 연결하시오.

(1) 3월 혁명 • 　　　　• ㉠ 임시 정부 수립
(2) 11월 혁명• 　　　　• ㉡ 소비에트 정부 수립

4 ㉠, ㉡에 들어갈 인물을 각각 쓰시오.

> 러시아 혁명 이후 (㉠　　　　)은 자본주의 요소를 일부 허용하는 신경제 정책(NEP)을 실시하였다. 그의 뒤를 이은 (㉡　　　　)은 경제 개발 5개년 계획을 추진하는 한편, 공산당 독재 체제를 강화하였다.

5 다음 설명이 맞으면 ○표, 틀리면 ×표를 하시오.

(1) 제1차 세계 대전이 끝난 후 전후 문제의 처리를 위해 파리 강화 회의가 개최되었다. (　　)
(2) 파리 강화 회의의 결과 독일의 영토 축소 등을 규정한 켈로그·브리앙 조약이 체결되었다. (　　)
(3) 제1차 세계 대전 이후 창설된 국제 연맹은 국제 평화와 안전 확보를 목적으로 침략국을 제재할 수 있는 군사적 수단을 갖추었다. (　　)

6 다음에서 설명하는 국가를 〈보기〉에서 골라 기호를 쓰시오.

> • 보기 •
> ㄱ. 인도　ㄴ. 중국　ㄷ. 베트남　ㄹ. 이집트

(1) 5·4 운동이 전개되었다. (　　)
(2) 호찌민이 민족 운동을 주도하였다. (　　)
(3) 와프드당을 중심으로 반영 운동이 전개되었다. (　　)
(4) 간디가 영국의 식민 지배에 비폭력·불복종 운동으로 저항하였다. (　　)

족집게 문제

내공 1 제1차 세계 대전

중요 1 (가)에 들어갈 내용으로 적절하지 않은 것은?

> 주제: 제1차 세계 대전의 배경과 발발
> 1. 배경: (가)
> 2. 발발 계기: 사라예보 사건(1914)

① 3국 동맹과 3국 협상의 대립
② 범슬라브주의와 범게르만주의의 대립
③ 러시아에서 3월 혁명과 11월 혁명 발발
④ 발칸반도에서 여러 민족의 독립운동 전개
⑤ 영국의 3C 정책과 독일의 3B 정책의 충돌

2 (가), (나) 국가에 대한 설명으로 옳은 것을 〈보기〉에서 고른 것은?

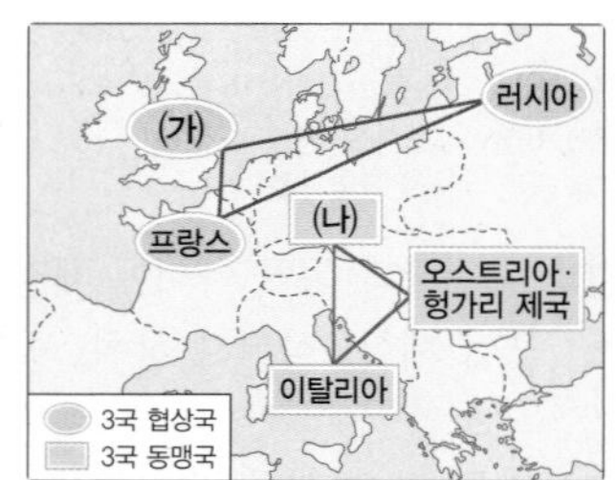

> • 보기 •
> ㄱ. (가)는 무제한 잠수함 작전을 펼쳤다.
> ㄴ. (나)는 범게르만주의를 내세웠다.
> ㄷ. (나)는 보스니아 헤르체고비나를 합병하였다.
> ㄹ. 제1차 세계 대전에서 (가)는 연합국 편, (나)는 동맹국 편으로 참전하였다.

① ㄱ, ㄴ　② ㄱ, ㄷ　③ ㄴ, ㄷ
④ ㄴ, ㄹ　⑤ ㄷ, ㄹ

3 다음 사건이 일어난 시기를 연표에서 옳게 고른 것은?

> 보스니아의 사라예보에 방문한 오스트리아·헝가리 제국의 황태자 부부가 세르비아 청년에게 암살당하였다.

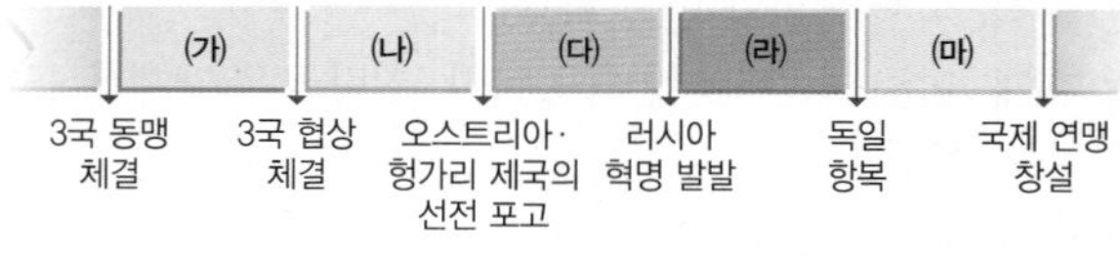

① (가)　② (나)　③ (다)　④ (라)　⑤ (마)

출제율 ●●●●● 시험에 꼭 나오는 출제 가능성이 높은 예상 문제로, 내신 100점을 받기 위한 필수 문항들

4 표는 제1차 세계 대전의 전개 과정을 정리한 것이다. ㉠, ㉡에 들어갈 국가를 옳게 연결한 것은?

서부 전선	전쟁 초반 독일이 빠르게 진격 → (㉠)의 저항으로 전쟁의 장기화
동부 전선	독일이 (㉡) 격파 → 전쟁 중 혁명이 일어난 (㉡)이/가 독일과 강화를 맺고 전선 이탈

	㉠	㉡
①	영국	프랑스
②	러시아	프랑스
③	프랑스	러시아
④	불가리아	영국
⑤	오스만 제국	러시아

중요 **5** 다음은 제1차 세계 대전의 전개 과정을 순서대로 쓴 책이다. 책의 찢어진 부분에 들어갈 내용으로 옳은 것은?

> 독일은 연합국을 오가는 군용 선박과 민간 선박을 가리지 않고 경고 없이 공격하였다.
>
> 연합국이 전쟁에서 유리한 위치를 차지하게 되면서 독일의 동맹국들이 차례로 항복하였다.

① 독일이 항복하였다.
② 영국이 독일의 해상을 봉쇄하였다.
③ 3국 동맹과 3국 협상이 체결되었다.
④ 미국이 연합국 편으로 제1차 세계 대전에 참전하였다.
⑤ 오스트리아·헝가리 제국이 세르비아에 선전 포고를 하였다.

6 지도와 같이 전개된 전쟁에 대한 설명으로 옳은 것을 〈보기〉에서 고른 것은?

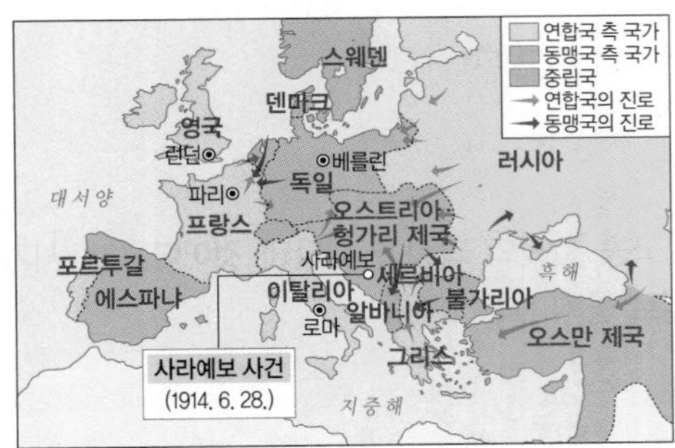

보기
ㄱ. 참호전의 양상을 띠며 장기화되었다.
ㄴ. 영국이 3C 정책을 추진하는 계기가 되었다.
ㄷ. 전투기, 탱크, 독가스 등의 무기가 사용되었다.
ㄹ. 독일에서 제정이 붕괴된 것을 배경으로 시작되었다.

① ㄱ, ㄴ ② ㄱ, ㄷ ③ ㄴ, ㄷ
④ ㄴ, ㄹ ⑤ ㄷ, ㄹ

내공 2 러시아 혁명

7 다음에서 설명하는 사건으로 옳은 것은?

> 1905년 러시아에서는 러일 전쟁으로 생활이 어려워진 노동자들이 수도 상트페테르부르크에서 개혁을 요구하는 대규모 평화 시위를 벌였다. 이때 정부가 시위대를 무력으로 진압하여 많은 희생자가 발생하였다.

① 모로코 사건 ② 애로호 사건
③ 파쇼다 사건 ④ 사라예보 사건
⑤ 피의 일요일 사건

중요 **8** (가)에 들어갈 대답으로 적절한 것을 〈보기〉에서 고른 것은?

보기
ㄱ. 전제 정치가 강화되었어.
ㄴ. 제1차 세계 대전으로 경제난이 발생하였어.
ㄷ. 임시 정부가 개혁을 미루고 전쟁을 지속하였어.
ㄹ. 레닌이 토지와 산업을 국유화하는 개혁을 추진하였어.

① ㄱ, ㄴ ② ㄱ, ㄷ ③ ㄴ, ㄷ
④ ㄴ, ㄹ ⑤ ㄷ, ㄹ

9 다음은 러시아 혁명과 관련한 사건들이다. (가)~(라)를 일어난 순서대로 옳게 나열한 것은?

> (가) 차르가 퇴위하였다.
> (나) 소비에트 정부가 수립되었다.
> (다) 볼셰비키가 무장봉기를 일으켰다.
> (라) 노동자와 병사들이 소비에트를 결성하였다.

① (가) - (나) - (라) - (다) ② (가) - (다) - (나) - (라)
③ (다) - (나) - (라) - (가) ④ (라) - (가) - (다) - (나)
⑤ (라) - (다) - (나) - (가)

중요 10 다음 카드에서 설명하는 인물의 활동으로 옳은 것을 <보기>에서 고른 것은?

역사 인물 카드

- 볼셰비키를 이끌며 11월 혁명을 주도함
- 사회주의 확산을 위하여 코민테른을 결성하고 각국의 공산당 조직을 이끌었음

보기

ㄱ. 신경제 정책(NEP)을 시행하였다.
ㄴ. 의회(두마)의 설립을 약속하였다.
ㄷ. 경제 개발 5개년 계획을 추진하였다.
ㄹ. 소비에트 사회주의 공화국 연방(소련)을 수립하였다.

① ㄱ, ㄴ ② ㄱ, ㄹ ③ ㄴ, ㄷ
④ ㄴ, ㄹ ⑤ ㄷ, ㄹ

내공 3 베르사유 체제의 형성

주관식

11 밑줄 친 '이 회의'의 명칭을 쓰시오.

> 제1차 세계 대전의 전후 문제를 처리하기 위해 개최된 <u>이 회의</u>는 미국 대통령 윌슨이 제안하였던 14개조 평화 원칙을 바탕으로 진행되었다.

중요 12 다음 조약이 체결되면서 나타난 결과로 옳은 것은?

> 제119조 독일은 해외 식민지에 관한 모든 권리와 소유권을 연합국에 넘겨준다.
> 제173조 독일의 일반 의무병제를 폐지하고, 독일 육군은 지원병제로만 조직한다.
> 제235조 독일은 …… 1921년 4월까지 200억 마르크 금화에 해당하는 액수를 지불해야 한다.

① 베르사유 체제가 성립되었다.
② 파리 강화 회의가 개최되었다.
③ 독일에서 공화국이 수립되었다.
④ 독일이 서부 전선에서 대공세를 전개하였다.
⑤ 독일 공화국 정부가 연합국과 휴전 조약을 체결하였다.

13 (가)에 들어갈 내용으로 가장 적절한 것은?

> 수행 평가 보고서
> - 주제: (가)
> - 조사 내용
>   - 국제 연맹이 창설되었다.
>   - 워싱턴 회의가 개최되었다.
>   - 켈로그·브리앙 조약(부전 조약)이 체결되었다.

① 러시아 혁명의 결과
② 사회주의의 확산 과정
③ 국제 평화를 위한 노력
④ 제1차 세계 대전의 배경
⑤ 베르사유 조약의 체결 계기

내공 4 아시아·아프리카의 민족 운동

14 ㉠에 들어갈 사건으로 옳은 것은?

▲ 당시 시위 모습(기록화)

① 3·1 운동 ② 5·4 운동
③ 신문화 운동 ④ 제1차 국공 합작
⑤ 비폭력·불복종 운동

15 다음은 국공 합작의 과정을 나타낸 것이다. (가) 시기에 있었던 사실로 옳지 <u>않은</u> 것은?

국민당과 공산당이 군벌과 제국주의 타도를 위해 연합하였다. ➡ (가) ➡ 국민당과 공산당이 대일 항전을 위해 다시 연합하였다.

① 장제스가 군벌을 제압하였다.
② 장제스가 중국을 통일하였다.
③ 장제스가 공산당을 배척하였다.
④ 일본이 중일 전쟁을 일으켜 대륙을 침략하였다.
⑤ 파리 강화 회의에서 산둥반도의 이권이 일본으로 넘어갔다.

서술형 문제

중요 **16** (가), (나)에 해당하는 내용으로 적절한 것은?

> **인도의 민족 운동**
> • 배경: 제1차 세계 대전 이후 영국이 인도의 자치권 미허용, 식민 통치 강화
> • 전개
> – 간디: ________ (가)
> – 네루: ________ (나)
> • 결과: 영국이 인도 각 주의 자치권 인정(1935)

① (가) – 소금 행진 전개
② (가) – 술탄 제도 폐지
③ (가) – 영국의 식민 지배에 무력으로 항쟁
④ (나) – 제2차 국공 합작 주도
⑤ (나) – 비폭력·불복종 운동 전개

17 ㉠, ㉡에 들어갈 인물을 옳게 연결한 것은?

> 제1차 세계 대전이 끝난 후 동남아시아에서는 민족 운동이 활발히 전개되었다. 베트남에서는 (㉠)이/가 베트남 공산당을 조직하고 민족 운동을 이끌었으며, 인도네시아에서는 (㉡)이/가 결성한 인도네시아 국민당이 독립운동을 벌였다.

	㉠	㉡		㉠	㉡
①	쑨원	호찌민	②	쑨원	수카르노
③	호찌민	마오쩌둥	④	호찌민	수카르노
⑤	수카르노	마오쩌둥			

18 다음은 제1차 세계 대전 이후 서아시아와 아프리카에서 전개된 민족 운동에 대한 설명이다. ㉠~㉤의 내용 중 옳지 않은 것은?

> 제1차 세계 대전 이후 오스만 제국에서는 무스타파 케말이 ㉠ 튀르키예 공화국을 수립하였으며, 서아시아 각국에서 독립운동이 전개되어 ㉡ 이라크가 독립하였다. 이집트에서는 지식인들 중심으로 반영 운동이 확산되자, 영국이 ㉢ 이집트의 독립을 인정하였다. 모로코는 ㉣ 프랑스로부터 자치권을 얻어 냈고, 중남부 아프리카에서는 ㉤ 범아프리카주의가 확산되었다.

① ㉠ ② ㉡ ③ ㉢ ④ ㉣ ⑤ ㉤

중요 **19** 다음 자료를 통해 유추할 수 있는 제1차 세계 대전의 특징을 서술하시오.

> 제1차 세계 대전 당시 유럽 각국은 식민지인을 전쟁에 동원하였고, 여성들도 전쟁 물품을 만드는 일 등에 참여하게 하였다.

▲ 전쟁에 참여한 인도인들

▲ 여성의 참전을 권유하는 영국의 포스터

20 밑줄 친 '이 국제기구'를 쓰고, 그 국제기구가 지녔던 한계를 두 가지 서술하시오.

21 다음 내용과 관련지어 간디가 주도한 민족 운동에 대해 서술하시오.

> 간디는 폭력 투쟁은 또 다른 폭력을 불러오고, 이는 오히려 인도의 독립을 가로막는다고 생각하였다. 그래서 간디는 국산품 애용, 세금 납부 거부 등을 호소하며 피켓 들기, 일부러 법 어기기, 영국계 학교 자퇴 등의 방법으로 반영 운동을 전개하였다.

02 세계 대전과 국제 질서의 변화(2)

세계적으로 일어나는 큰 규모의 경제 공황을 말해.

내공 1 대공황의 발생

1 대공황의 배경과 발생 과정

(1) 배경: 제1차 세계 대전 이후 미국이 세계 경제 주도(호황을 누림) → 기업의 과잉 생산 → 소비가 생산을 따라가지 못함 → 재고 누적

(2) 발생 과정: 미국 뉴욕 증권 거래소의 주가 폭락(1929) → 많은 기업과 은행 파산, 실업자 급증으로 미국에서 경제 공황 발생 → 미국 경제에 의존하던 유럽을 비롯한 여러 국가로 경제 위기 확산 → 세계 경제 침체

전 세계가 경제적 어려움을 겪으면서 사회 혼란과 불안은 더욱 커졌지.

◀ **대공황 시기 주요 국가의 실업률 변화** | 1929년 대공황이 일어난 이후 미국과 유럽에서는 실업자가 크게 늘어났으며, 이들이 일자리와 가난 해소를 요구하는 시위를 벌여 사회 불안이 심화되었다.

(『World History』, 2008)

2 대공황 극복을 위한 노력

자유방임의 경제 원칙을 수정하여 추진한 정책이야.

(1) 미국: 루스벨트 대통령이 뉴딜 정책 추진 → 정부가 생산 활동에 적극 개입

테네시강 유역 개발 공사 등이 추진되었어.

생산량 조절	정부가 농업과 산업 분야의 생산량 조절
실업자 구제	대규모 공공사업 추진 → 일자리 창출, 실업자 구제
구매력 향상 노력	노동자의 권리 보장, 사회 보장 제도 실시 등을 통해 대중의 구매력을 향상하고자 노력

(2) 영국, 프랑스: 본국과 식민지를 하나로 묶는 블록 경제 형성 → 보호 무역 체제 강화(본국에서 과잉 생산된 상품을 식민지에 판매, 수입품에 높은 관세를 물려 수입량 억제)

자국의 산업 보호를 목적으로 추진되었어.

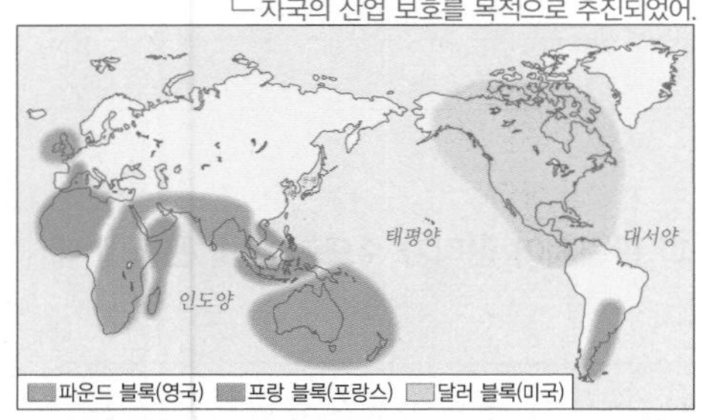

▲ **대공황 시기의 블록 경제** | 많은 식민지를 확보하였던 영국, 프랑스 등은 본국과 식민지 사이에 경제적 유대를 강화하여 대공황을 극복하려고 하였다.

내공 2 전체주의의 등장과 팽창

1 전체주의의 등장

개인을 획일적으로 전체에 예속하려는 체제로 이탈리아의 파시즘, 독일의 나치즘이 대표적이야.

(1) 전체주의의 등장 배경: 경제 기반이 약하고 식민지가 없거나 적었던 이탈리아, 독일, 일본 등에서 대공황 전후 경제적 혼란과 사회적 불안을 틈타 전체주의 세력이 권력 장악

전체주의 국가들은 국가와 민족의 번영을 앞세워 시민들의 자유를 억압하였어.

(2) 전체주의의 특징: 민족이나 국가 전체의 이익을 최우선으로 내세우며 개인의 희생 강요, 강력한 독재 체제 구축

(3) 전체주의 국가

이탈리아	무솔리니가 이끄는 파시스트당이 로마 진군을 통해 정권 장악(1922) → 파시스트 정부가 시민들의 자유 억압, 일당 독재 강화
독일	히틀러가 이끄는 나치당이 국민의 지지를 받아 바이마르 공화국을 무너뜨리고 정권 장악, 일당 독재 수립(1933) → 나치당이 인종주의 정책 시행, 국민 감시
일본	대공황 이후 군부가 정권을 잡고 군국주의 강화 → 대륙 침략 본격화
에스파냐	프랑코가 이끄는 군부 세력의 반란 → 공화국 붕괴, 파시즘 정권 수립

비밀경찰을 이용하여 국민을 감시하였어.

국가의 가장 중요한 목적을 군사력 증강에 두고, 전쟁 준비를 제일 중요시하는 정치 체제를 말해.

> • 국가를 떠나서는 인간과 영혼의 가치도 존재하지 않는다. …… 국민이 국가를 발생시키는 것이 아니라, 국가가 국민을 창조한다. …… 오직 전쟁만이 인간의 힘을 가장 높은 정도에 이르게 하고 이에 직면할 용기를 가진 국민에게 고귀함을 부여한다. – 무솔리니, 『파시즘 독트린』
>
> • 민족주의 국가는 인종을 모든 생활의 중심에 두어야 한다. 국가는 인종의 순수성을 유지하기 위해 노력해야 한다. …… 우리들의 외교 정책 목표, 즉 독일 민족에 어울리는 영토를 이 지상에서 확보해야 할 것이다. – 히틀러, 『나의 투쟁』

게르만 우월주의를 앞세워 시행되었지.

▲ **이탈리아의 파시즘과 독일의 나치즘** | 이탈리아의 파시즘 세력과 독일의 나치즘 세력은 시민의 자유를 제한하고 일당 독재 체제를 구축하였다. 특히 히틀러의 나치스는 독일 민족의 우수성을 강조하고 유대인을 탄압하는 인종주의 정책을 펼쳤다.

독일, 이탈리아, 일본은 새로운 시장을 확보하기 위해 무력으로 다른 국가를 침략함으로써 대공황에 대처하고자 하였지.

2 전체주의 국가의 팽창

대공황의 위기 극복을 위해 군비 증강 및 대외 팽창 추진

일본은 만주 사변을 일으킨 이듬해 만주국을 세웠어.

일본	만주 사변(1931), 중일 전쟁(1937)을 일으킴
이탈리아	에티오피아 침략
독일	오스트리아 병합, 체코슬로바키아 점령

히틀러 집권 이후 국제 연맹에서 탈퇴하고 재무장을 선언하였지.

3 추축국의 형성

독일과 이탈리아의 베를린·로마 추축 형성, 독일·이탈리아·일본의 방공 협정 체결(1937) → 파시즘 국가 간의 결속 강화, 추축국 성립

정치나 권력의 중심을 뜻하는 말이야.

내공 3 제2차 세계 대전

독일과 소련이 상대국을 침략하지 않는다고 비밀리에 약속한 조약이야.

1 제2차 세계 대전의 발발(1939)

독소 불가침 조약 체결 → 독일의 폴란드 침공 → 영국, 프랑스가 독일에 선전 포고

2 제2차 세계 대전의 전개

(1) 전쟁 초기: 독일이 벨기에, 네덜란드, 프랑스 파리, 발칸반도 등 점령 → 독일이 영국을 제외한 유럽의 대부분 장악

프랑스의 드골 장군은 영국에서 임시 정부를 구성하고 항전을 이어 갔어.

오랜 전쟁에 대비하여 식량과 석유를 확보하기 위해서였어.

(2) 전쟁의 장기화: 독일이 영국에 무차별 공습 → 영국의 저항으로 전쟁의 장기화 → 독일이 소련과의 불가침 조약 파기 후 소련 침공(1941) → 소련의 저항으로 모스크바 점령 실패

일본은 중일 전쟁이 장기화되자 자원 확보를 위해 동남아시아를 침략하였어.

(3) 태평양 전쟁 발발: 일본의 동남아시아 침략 → 미국이 경제 봉쇄로 일본 견제 → 일본이 하와이 진주만의 미군 기지를 기습 공격 → 미국이 연합국 편으로 참전(태평양 전쟁 발발, 1941)

미국은 일본의 침략 행위를 비판하며 일본에 철강과 석유의 수출을 금지하는 등 경제 봉쇄로 맞섰어.

> 1941년 12월 7일, 치욕스러운 날로 기억될 어제, 일본의 해군과 공군은 미합중국을 용의주도하게 기습 공격하였습니다. …… 일본은 태평양 전역을 기습 공격한 셈입니다.
>
> – 루스벨트 대통령이 의회에 선전 포고를 요청하며 한 연설 중

▲ 일본이 하와이 진주만의 미군 기지를 기습 공격하자 미국이 참전하면서 태평양 전쟁이 시작되었다. 태평양 전쟁을 계기로 제2차 세계 대전은 미국, 영국, 소련 등의 연합국과 독일, 이탈리아, 일본 등의 추축국이 맞대결하는 양상을 띠며 전 세계로 확대되었다.

(4) 연합국의 우세: 미국이 미드웨이 해전에서 일본에 승리(1942), 소련이 스탈린그라드 전투에서 독일에 승리(1943) → 이탈리아 항복(1943) → 연합군의 노르망디 상륙 작전 성공(프랑스 해방, 1944)

연합군이 아프리카에서 독일군을 몰아내고 이탈리아로 진격하여 무솔리니 정권을 무너뜨렸어.

3 제2차 세계 대전의 종결 연합군의 독일 진격 → 독일 항복(1945. 5.) → 미국이 일본에 원자 폭탄 투하, 소련의 만주 진격 → 일본의 무조건 항복(1945. 8.), 연합국 승리

일본의 히로시마와 나가사키에 원자 폭탄을 투하하였어.

▲ 제2차 세계 대전의 전개

4 제2차 세계 대전의 결과와 전후 처리

(1) 제2차 세계 대전의 결과: 수많은 인명 피해와 재산 피해 발생, 유대인 학살을 비롯한 반인륜적 범죄 발생

(2) 제2차 세계 대전의 전후 처리

① 전후 처리를 위한 논의: 대서양 헌장 발표(→ 전후 평화 수립 원칙 마련, 국제 연합(UN) 창설 결정), 카이로 회담·얄타 회담·포츠담 회담 등으로 전후 처리 문제 결정

연합국 대표들은 1943년 카이로 회담에서 한국의 독립을 최초로 약속하였지.

② 패전국의 전후 처리

독일	미국, 영국, 프랑스, 소련이 분할 점령
일본	미군정이 관리

일본은 샌프란시스코 강화 회의(1951)의 결정에 따라 주권을 회복하였어.

③ 국제 군사 재판 개최: 전후 독일의 뉘른베르크와 일본의 도쿄에서 전쟁 범죄자 처벌을 위한 재판 개최

개념 확인하기

정답과 해설 10쪽

1 **1929년 미국 뉴욕 증권 거래소의 주가 폭락을 계기로 큰 규모의 경제 공황을 뜻하는 ( )이 발생하면서 세계 경제가 침체되었다.**

2 **㉠, ㉡에 들어갈 내용을 각각 쓰시오.**

> 대공황을 극복하기 위해 미국의 루스벨트 대통령은 정부가 생산 활동에 적극 개입하는 (㉠) 을 추진하였고, 많은 식민지를 확보하고 있었던 영국과 프랑스는 본국과 식민지를 하나로 묶는 (㉡)를 형성하였다.

3 **다음 설명이 맞으면 ○표, 틀리면 ×표를 하시오.**

(1) 대공황 전후 이탈리아, 독일, 일본에서는 전체주의 세력이 권력을 장악하였다. ( )

(2) 전체주의는 개인의 이익을 최우선으로 하며, 이를 위한 국가의 희생을 강요하였다. ( )

(3) 전체주의 국가들은 대공황의 위기를 극복하기 위해 군비를 증강하고 대외 팽창을 추진하였다. ( )

4 **다음 국가와 그에 대한 설명을 옳게 연결하시오.**

(1) 독일 • • ㉠ 만주 사변을 일으킴

(2) 일본 • • ㉡ 히틀러의 나치당이 집권함

(3) 이탈리아 • • ㉢ 무솔리니의 파시스트당이 집권함

5 **다음 괄호 안의 내용 중 알맞은 말에 ○표를 하시오.**

(1) 독일은 소련과 불가침 조약을 맺은 후 (미국, 폴란드)을/를 침공하였다.

(2) (일본, 이탈리아)은/는 하와이 진주만의 미군 기지를 기습 공격하여 태평양 전쟁을 일으켰다.

(3) 소련이 (미드웨이 해전, 스탈린그라드 전투)에서 독일에 승리하면서 전세가 연합국 쪽으로 기울었다.

6 **다음 빈칸에 들어갈 내용을 쓰시오.**

(1) 연합군은 ( ) 상륙 작전으로 프랑스를 해방시켰다.

(2) 연합국의 지도자들은 ( )을 발표하여 전후 평화 수립의 원칙을 마련하였다.

(3) 제2차 세계 대전의 전후 처리에 따라 ( )은 미국, 영국, 프랑스, 소련에 의해 분할 점령되었다.

족집게 문제

내공 1 대공황의 발생

[1~2] 다음 자료를 보고 물음에 답하시오.

> (㉠)의 배경과 발생 과정
> 1. 배경: 기업의 과잉 생산 → 소비가 생산을 따라가지 못해 재고 누적
> 2. 발생 과정: 미국 뉴욕 증권 거래소의 주가 폭락(1929) → 많은 기업과 은행 파산, 실업자 급증으로 미국에서 경제 공황 발생 → 세계 경제 침체

1 ㉠에 들어갈 용어로 옳은 것은?

① 대공황 ② 제국주의 ③ 블록 경제
④ 산업 혁명 ⑤ 제1차 세계 대전

중요 **2** ㉠을 극복하기 위한 미국의 노력으로 옳은 것을 〈보기〉에서 고른 것은?

보기
ㄱ. 태평양 전쟁을 일으켰다.
ㄴ. 대규모 공공사업을 추진하였다.
ㄷ. 일본, 이탈리아와 방공 협정을 체결하였다.
ㄹ. 대중의 구매력 향상을 위해 사회 보장 제도를 실시하였다.

① ㄱ, ㄴ ② ㄱ, ㄷ ③ ㄴ, ㄷ
④ ㄴ, ㄹ ⑤ ㄷ, ㄹ

3 교사의 질문에 대한 학생의 대답으로 가장 적절한 것은?

① 보호 무역 정책을 폐지하였어요.
② 정부가 뉴딜 정책을 추진하였어요.
③ 수입품에 낮은 관세를 부과하였어요.
④ 본국과 식민지의 유대를 강화하였어요.
⑤ 새로운 시장 확보를 위해 다른 국가를 침략하였어요.

내공 2 전체주의의 등장과 팽창

4 대공황 전후 다음 국가들에서 나타난 공통적인 특징으로 옳은 것을 〈보기〉에서 고른 것은?

• 독일 • 일본 • 이탈리아

보기
ㄱ. 전체주의 세력이 타도되었다.
ㄴ. 군비를 늘려 대외 팽창에 나섰다.
ㄷ. 민족이나 국가 전체의 이익을 최우선으로 내세웠다.
ㄹ. 시민들의 자유를 최대한 보장하기 위해 노력하였다.

① ㄱ, ㄴ ② ㄱ, ㄷ ③ ㄴ, ㄷ
④ ㄴ, ㄹ ⑤ ㄷ, ㄹ

중요 **5** ㉠~㉣에 들어갈 내용을 옳게 연결한 것은?

> 이탈리아에서는 대공황 이전에 (㉠)이/가 이끄는 파시스트당이 정권을 장악하였다. 독일에서는 대공황을 계기로 (㉡)이/가 이끄는 나치당이 대중의 인기를 얻어 정권을 장악하였다. (㉢)에서는 군부가 권력을 잡고 군국주의를 강화하였으며, (㉣)에서는 프랑코가 이끄는 군부 세력이 파시즘 정권을 수립하였다.

	㉠	㉡	㉢	㉣
①	드골	히틀러	프랑스	소련
②	히틀러	드골	미국	소련
③	히틀러	무솔리니	일본	에스파냐
④	무솔리니	드골	미국	프랑스
⑤	무솔리니	히틀러	일본	에스파냐

6 대공황 발생 이후 전체주의 국가의 대외 침략 사례로 옳은 것은?

① 독일 – 만주 사변을 일으켰다.
② 독일 – 오스트리아를 병합하였다.
③ 일본 – 에티오피아를 침략하였다.
④ 이탈리아 – 체코슬로바키아를 점령하였다.
⑤ 이탈리아 – 프랑스를 침공하여 파리를 점령하였다.

출제율 ●●●●● 시험에 꼭 나오는 출제 가능성이 높은 예상 문제로, 내신 100점을 받기 위한 필수 문항들

내공 3 제2차 세계 대전

7 밑줄 친 '이 조약'이 체결된 직후의 상황으로 옳은 것은?

옆의 그림은 반공을 강조하던 독일의 나치스와 파시즘을 비난해 온 소련 공산당이 서로 침략하지 않는다는 이 조약을 체결하자 이를 풍자한 것이다. 그림에는 '신혼여행은 얼마나 오래 지속될까?'라고 쓰여 있다.

① 독일이 폴란드를 침공하였다.
② 일본이 중일 전쟁을 일으켰다.
③ 미국에서 대공황이 발생하였다.
④ 나치당이 바이마르 공화국을 무너뜨렸다.
⑤ 독일과 이탈리아가 베를린·로마 추축을 형성하였다.

8 (가), (나) 시기에 일어난 사건으로 옳은 것은?

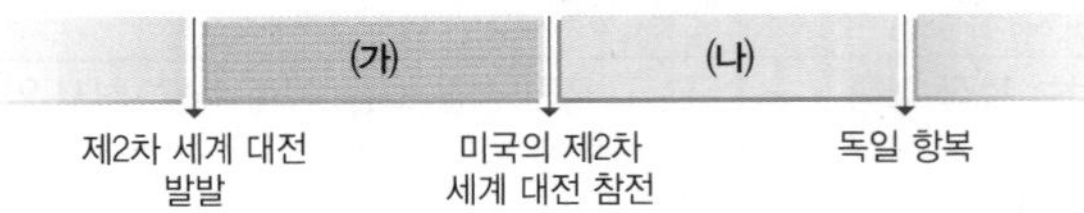

① (가) – 이탈리아 항복
② (가) – 미드웨이 해전 전개
③ (가) – 일본의 진주만 미군 기지 기습 공격
④ (나) – 무솔리니의 로마 진군
⑤ (나) – 샌프란시스코 강화 회의 개최

중요 **9** 지도와 같이 전개된 전쟁과 관련하여 작성한 기사의 제목으로 적절하지 않은 것은?

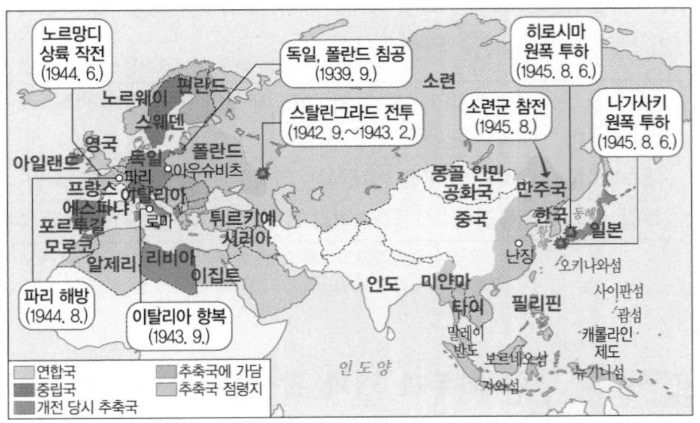

① 독일, 독소 불가침 조약을 파기하다
② 연합국, 파리 강화 회의를 개최하다
③ 연합국, 노르망디 상륙 작전에 성공하다
④ 영국과 프랑스, 독일에 선전 포고를 하다
⑤ 미국, 일본에 철강과 석유의 수출을 금지하다

10 다음 학습 목표에 부합하는 내용만을 〈보기〉에서 있는 대로 고른 것은?

• 학습 목표: 제2차 세계 대전의 전후 처리 결과를 설명할 수 있다.

보기
ㄱ. 국제 연합(UN)의 창설이 결정되었다.
ㄴ. 일본이 미군정의 관리를 받게 되었다.
ㄷ. 독일과 일본에서 국제 군사 재판이 개최되었다.
ㄹ. 독일과 연합국 간에 베르사유 조약이 체결되었다.

① ㄱ, ㄴ　② ㄱ, ㄹ　③ ㄷ, ㄹ
④ ㄱ, ㄴ, ㄷ　⑤ ㄴ, ㄷ, ㄹ

서술형 문제

11 ㉠에 공통으로 들어갈 용어를 쓰고, 이를 극복하기 위해 다음 국가들이 추진한 정책을 각각 서술하시오.

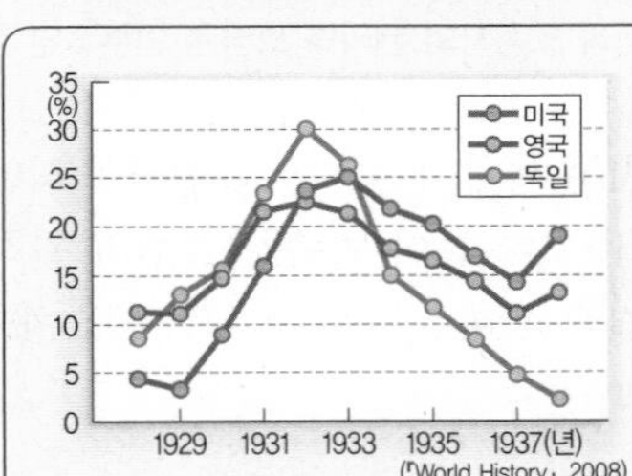

▲ (㉠) 시기 주요 국가의 실업률 변화

1929년 주가 폭락을 계기로 미국에서 시작된 (㉠)이/가 전 세계로 확산되면서 세계 경제가 침체되었다.

• 미국　• 영국, 프랑스

중요 **12** 다음 사건의 결과에 대해 서술하시오.

미국이 일본의 동남아시아 침략에 경제 봉쇄로 맞서자, 일본은 하와이 진주만의 미군 기지를 공격하였다.

03 민주주의의 확산 ~ 인권 회복과 평화 확산을 위한 노력

내공 1 민주주의의 확산

1 정치 체제의 변화와 보통 선거의 확대

(1) 정치 체제의 변화 ─ 제1차 세계 대전에서 연합국이 승리한 후 민주주의가 더욱 발전하였어.

① 공화국의 수립: 제1차 세계 대전 이후 유럽 대부분 국가들이 왕정 폐지, 헌법과 의회를 갖춘 공화정 채택

제1차 세계 대전이 끝나기 직전 혁명이 일어나 독일 제국이 무너졌지.

독일	제헌 의회에서 바이마르 헌법 제정(1919), 독일 의회가 바이마르 공화국 수립 선포 (남녀 20세 이상 보통 선거를 통해 구성되었어.)
오스트리아·헝가리 제국	베르사유 조약으로 해체 → 왕정 붕괴 후 많은 민주 공화국 탄생
오스만 제국	시리아·이라크 등으로 분리, 튀르키예 공화국 수립

바이마르 헌법의 주요 내용

제1조 독일은 공화국이다. 국가 권력은 국민으로부터 나온다.

제22조 국회 의원은 비례 대표제의 원칙에 따라 20세 이상의 남녀 보통·평등·직접·비밀 선거로 선출된다.

제159조 노동 조건 및 경제 조건을 보호하고 개선하기 위하여 결사의 자유는 누구에게나 보장된다.

▲ 바이마르 헌법은 여성 참정권과 노동자의 권리를 보장한 민주적인 헌법이었다.

② 신생 독립국의 등장: 제1차 세계 대전 이후 패전국의 식민지였던 폴란드, 체코슬로바키아 등이 민족 자결주의의 원칙에 따라 독립 → 신생 독립국은 대부분 민주주의 헌법 채택

◀ **제1차 세계 대전 이후의 유럽 정세** | 제1차 세계 대전 이후 독일, 오스트리아·헝가리 제국, 오스만 제국, 러시아 등 옛 제국이 붕괴하였으며, 동유럽의 여러 민족이 신생 국가로 독립하였다.

(2) 보통 선거의 확대 ─ 제1차 세계 대전에서 여성, 노동자 등이 큰 역할을 하였기 때문이야.

① 배경: 재산에 따른 선거권 제한 폐지, 시민의 지위 향상

② 내용: 재산, 성별 등과 관계없이 일정 연령 이상의 모든 국민에게 선거권을 부여하는 보통 선거가 확대

미국은 제1차 세계 대전 중 군수 물자 판매를 통해 경제적으로 번영하였고, 전후 유럽에 상품을 수출하면서 세계 경제 질서를 주도해 나갔어.

2 자본주의의 발전

(1) 제1차 세계 대전 이후의 경제 상황

미국	전후 세계 경제 질서 주도, 많은 인구·풍부한 자원·높은 소득 수준을 바탕으로 1920년대에 자본주의를 발전시킴
유럽	전후 각종 평화 조약, 배상금 삭감 등으로 정치 안정 → 생산량 회복, 대량 생산 방식을 받아들여 경제를 발전시킴

(2) 자본주의의 성장: 대공황 이후 경제 운영에 대한 정부의 역할 중시 → 제2차 세계 대전 이후 자본주의가 고도성장

국가가 경제에 개입하여 불황 극복을 위해 노력하였고, 정부는 사회 복지 정책 등을 적극 실시하였지.

3 여성과 노동자의 권리 확대

제1차 세계 대전 중 여성이 군수품 제작, 간호병 참전 등을 통해 전쟁에 참여하면서 사회적·경제적 역할이 커짐에 따라 여성의 참정권 요구가 거세졌지.

(1) 여성의 참정권 획득

① 배경: 여성 참정권 운동의 지속적 전개, 제1차 세계 대전을 거치면서 여성의 사회 참여 확대, 민주적 제도 확산 등

② 전개: 여러 국가에서 여성 참정권 확대 → 보통 선거 정착

독일	1910년대 후반 여성의 참정권 허용
미국	1920년 성별에 관계없이 누구나 선거할 수 있다고 헌법에 명시
영국	1918년 여성의 참정권을 부분적으로 허용 → 1928년 전면적으로 허용
아시아·아프리카 지역	대체로 제2차 세계 대전 이후 독립을 달성하고 민주주의를 도입하는 과정에서 여성이 참정권 획득

(2) 노동자의 권리 확대 ─ 제1차 세계 대전 과정에서 군수품을 만드는 노동자의 역할이 중요해졌지.

① 배경: 제1차 세계 대전 전후 자본주의의 발달로 노동자의 경제적 역할 증대, 전쟁 중 노동자들이 자국의 승리를 위해 적극 협조 → 노동자의 사회적 지위 향상

② 노동자의 권리 확대를 위한 노력

국제 연맹의 하위 기구로 설립되었어.

사회 보장 정책 시행	노인 연금, 국민 건강 보험, 가족 수당, 최저 임금제 등의 사회 보장 정책 시행
국제 노동 기구(ILO) 설립	노동 조건을 개선하여 사회 정의를 확립할 목적으로 설립 → 노동자들의 권리 확보를 위한 중요한 역할 담당
노동 관련 제도 및 법 마련	미국에서 뉴딜 정책으로 노동자의 권리 보장 → 주 40시간 근로제·최저 임금제·토요 휴무제 등 도입, 와그너법 제정 (노동자의 단결권, 단체 교섭권을 인정하였어.)
기타	노동조합의 결성과 파업에 관한 권리 보장, 노동자 계급의 이익을 대변하는 정당 등장 등

4 민주주의의 위기와 전체주의 극복을 위한 노력

(1) 민주주의의 위기: 전체주의 정권이 등장하여 시민의 자유 제한, 일당 독재 강화, 선거 악용 및 미시행, 노동조합 해산

(2) 전체주의 극복을 위한 노력

파시즘에 반대하는 세력들의 연합이었지.

프랑스	사회주의와 민주주의 여러 세력이 연합하여 전체주의에 대항하는 인민 전선 수립
에스파냐	파시즘 군부에 반대하는 세력이 인민 전선 정부 수립
독일	히틀러와 나치당의 억압 속에 일반 국민이 저항 활동 수행

나치당이 비밀경찰과 친위대를 동원하여 국민을 감시하고 언론을 통제하여 독일 국민의 저항을 어렵게 만들었어.

내공 2 인권 회복과 평화 확산을 위한 노력

1 대량 학살과 인권 유린

제1차 세계 대전에서는 독가스, 탱크, 전투기 등의 신무기가 사용되었고, 제2차 세계 대전에서는 미국이 일본에 원자 폭탄을 투하하였어.

(1) 대량 학살

① 원인: 두 차례의 세계 대전 과정에서 대량 살상 무기 사용, 무차별 공습 전개, 추축국의 의도적인 대량 학살 등

② 결과: 엄청난 규모의 사상자 발생, 많은 도시 시설 파괴

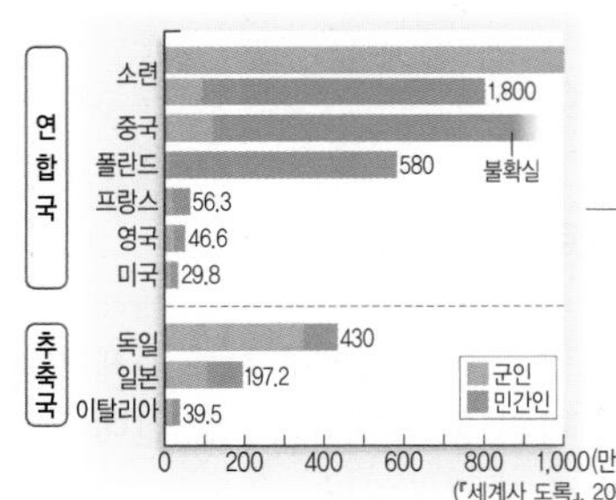

(『세계사 도록』, 2008)

제2차 세계 대전에서는 약 5,500만 명의 사상자가 발생하였으며, 특히 민간인 사망자가 군인 사망자의 2배에 달할 정도로 많았어.

◀ **제2차 세계 대전 참전국의 희생자 수**

③ 사례

나치당은 독일과 점령지에서 유대인을 색출하여 폴란드의 아우슈비츠 수용소 등 유럽 각지에 세운 수용소에 가두었어.

홀로코스트	제2차 세계 대전 중 독일의 나치당이 약 600만 명의 유대인을 계획적으로 학살함 → 유대인을 수용소에 가두고 강제 노동에 동원, 가스실에서 학살
난징 대학살(1937)	중일 전쟁 시기 중화민국의 난징을 점령한 일본군이 약 6주 동안 수십만 명의 민간인을 학살함
기타	참전국의 민간인 거주 지역 폭격(독일의 영국 런던 폭격, 연합국의 독일 드레스덴 폭격), 미국이 일본에 원자 폭탄 투하 등으로 많은 민간인 희생

(2) 인권 유린

① 강제 동원: 식민지 주민들이 전쟁터에 강제로 끌려가거나 힘든 노동에 시달렸음

일본은 침략 전쟁을 확대하면서 한국, 중국 등지의 젊은이들을 군인이나 노동자로 강제로 동원하였어.

② 일본군 '위안부' 동원: 일본은 일본군 주둔 지역 곳곳에 군대 위안소를 설치하고 한국, 중국, 필리핀 등 점령 지역의 여성을 일본군 '위안부'로 동원하여 인권을 유린함

취업 사기, 협박, 폭력 등 불법적인 방법에 의해 강제로 끌려간 많은 여성이 일본군의 성 노예로 고통을 당하였어.

③ 생체 실험

독일	수용소에 가둔 사람들에게 잔인한 동상 실험, 외과 실험 등 자행
일본	만주에 설치한 731 부대에서 조선인과 중국인 등을 대상으로 신체 해부, 냉동 실험 등 비인간적·반인륜적 실험 자행

④ 기타: 사회적 약자·소수 인종 제거, 강제 이주·추방 등

나치 독일은 독일 민족의 우수성을 떨어뜨린다며 사회적 약자와 소수 인종을 사회에서 제거하였어.

2 평화 유지를 위한 노력

(1) 국제 연합(UN) 창설

과정	미국과 영국이 대서양 헌장 발표, 새로운 국제 평화 기구의 설립에 합의(1941) → 제2차 세계 대전 이후 대서양 헌장의 정신에 따라 국제 연합(UN) 창설(1945)
목표	국제 평화와 안전 유지, 국제 협력
특징	국제 연합군·평화 유지군을 두어 국제 분쟁의 해결을 위해 군사력 동원 가능, 강대국이 대부분 참여, 안전 보장 이사회 설치(국제 분쟁의 조정과 중재 목적)

국제 연맹과의 가장 큰 차이점이야.

(2) 국제 군사 재판 개최

제2차 세계 대전 이후 국제 군사 재판을 열어 반인도적 전쟁 범죄를 저지른 독일과 일본의 책임자들을 처벌하였어.

뉘른베르크 재판	독일의 주요 전쟁 범죄자를 재판 → 나치스 전범 12명에게 사형 선고
극동 국제 군사 재판	일본의 주요 전쟁 범죄자를 재판 → 전범 처리 미흡(일본 천황이 제외된 채 재판 진행, 731 부대의 범죄 행위가 덮임)

전쟁의 상처를 기억하고, 전쟁에 대한 경각심을 갖도록 하기 위해서야.

(3) 기타: 박물관·기념관·추모관 건립, 카이로 회담·얄타 회담·포츠담 회담 등 전후 처리를 위한 회담 개최, 평화 조약 체결, 핵무기 반대 운동 전개 등

세계 각국은 로카르노 조약으로 국경선을 합의하였고, 전쟁을 국가 분쟁의 해결 수단으로 사용하지 말자는 켈로그·브리앙 조약(부전 조약)을 맺었어.

개념 확인하기

정답과 해설 11쪽

1 다음 설명이 맞으면 ○표, 틀리면 ×표를 하시오.

(1) 제1차 세계 대전 이후 유럽 대부분 국가들이 공화정을 폐지하였다. ( )

(2) 제1차 세계 대전이 끝난 후 민족 자결주의 원칙에 따라 독립한 국가들은 대부분 민주주의 헌법을 채택하였다. ( )

2 다음에서 설명하는 국가를 〈보기〉에서 골라 기호를 쓰시오.

보기
ㄱ. 독일 ㄴ. 오스만 제국
ㄷ. 오스트리아·헝가리 제국

(1) 바이마르 헌법이 제정되었다. ( )

(2) 튀르키예 공화국이 수립되었다. ( )

(3) 베르사유 조약으로 해체되었다. ( )

3 다음 괄호 안의 내용 중 알맞은 말에 ○표를 하시오.

(1) (미국, 유럽)은 세계 경제 질서를 주도하며 1920년대에 자본주의를 발전시켰다.

(2) 제1차 세계 대전 중 여성의 사회 참여가 확대되면서 여성의 참정권이 (확대, 축소)되었다.

(3) (인민 전선, 국제 노동 기구)은/는 노동자들의 권리를 확보하는 데 중요한 역할을 담당하였다.

(4) (독일, 프랑스)에서는 파시즘에 반대하는 세력들이 연합하여 전체주의에 대항하는 인민 전선이 수립되었다.

4 다음 사건과 그에 대한 설명을 연결하시오.

(1) 홀로코스트 • • ㉠ 중일 전쟁 시기에 일본군이 수십만 명의 민간인 학살

(2) 난징 대학살 • • ㉡ 독일 나치당이 계획적으로 약 600만 명의 유대인 학살

5 일본은 일본군 주둔 지역 곳곳에 군대 위안소를 설치하고 한국, 중국, 필리핀 등 점령지의 여성들을 ( )로 강제로 동원하여 인권을 유린하였다.

6 다음 빈칸에 들어갈 내용을 쓰시오.

(1) 일본은 만주에 설치한 ( )에서 조선인 등을 대상으로 생체 실험을 자행하였다.

(2) ( )은 대서양 헌장의 정신에 따라 창설된 국제기구로, 평화 유지군 등의 전문 기구를 두고 있다.

(3) 제2차 세계 대전 이후 열린 ( )에서는 독일의 주요 전쟁 범죄자를 재판하여 나치스 전범 12명에게 사형을 선고하였다.

족집게 문제

내공 1 민주주의의 확산

중요 1 지도와 같은 정세가 나타난 시기에 대한 설명으로 옳지 않은 것은?

① 오스트리아·헝가리 제국이 해체되었다.
② 유럽 대부분 국가들이 왕정을 채택하였다.
③ 오스만 제국에서 튀르키예 공화국이 수립되었다.
④ 폴란드가 민족 자결주의 원칙에 따라 독립하였다.
⑤ 신생 독립국 대부분이 민주주의 헌법을 채택하였다.

2 다음 자료에 대한 옳은 설명을 〈보기〉에서 고른 것은?

> 제1조 독일은 공화국이다. 국가 권력은 국민으로부터 나온다.
> 제22조 국회 의원은 비례 대표제의 원칙에 따라 20세 이상의 남녀 보통·평등·직접·비밀 선거로 선출된다.
> 제159조 노동 조건 및 경제 조건을 보호하고 개선하기 위하여 결사의 자유는 누구에게나 보장된다.

보기
ㄱ. 제헌 의회에서 제정하였다.
ㄴ. 여성의 참정권을 보장하였다.
ㄷ. 히틀러가 집권한 이후에 제정되었다.
ㄹ. 노동자의 권리를 보장하지 않았다는 한계를 지녔다.

① ㄱ, ㄴ ② ㄱ, ㄷ ③ ㄴ, ㄷ
④ ㄴ, ㄹ ⑤ ㄷ, ㄹ

주관식

3 밑줄 친 '이것'에 해당하는 용어를 쓰시오.

> 제1차 세계 대전 이후 민주주의가 확산되면서 재산, 성별 등과 관계없이 일정 연령 이상의 모든 국민에게 선거권을 부여하는 이것을 확대하는 국가들이 많아졌다.

4 ㉠~㉤에 들어갈 내용으로 옳지 않은 것은?

> 미국은 제1차 세계 대전 중 (㉠) 판매를 통해 경제적으로 번영하였고, 풍부한 자원 등을 토대로 1920년대에 (㉡)을/를 본격적으로 발전시켰다. 유럽은 전후 정치가 안정되자, (㉢) 방식을 받아들여 경제를 발전시켰다. 한편 대공황 이후 경제 운영에 대한 (㉣)의 역할이 중시되는 경향이 나타났으며, 제2차 세계 대전 이후에는 자본주의가 급격히 (㉤)하였다.

① ㉠ – 군수 물자 ② ㉡ – 자본주의 ③ ㉢ – 대량 생산
④ ㉣ – 정부 ⑤ ㉤ – 쇠퇴

중요 5 (가)에 들어갈 내용으로 가장 적절한 것은?

> 여성의 정치적 권리를 확대하려는 노력이 꾸준히 전개되었고, 제1차 세계 대전 과정에서 여성의 사회 참여가 확대되었다. 그 결과 ______(가)______ 되었다.

① 사회주의가 확산 ② 코민테른이 조직
③ 뉴딜 정책이 추진 ④ 여성의 참정권이 확대
⑤ 성별에 따라 선거권이 제한

6 다음 과제를 옳게 수행한 모둠을 고른 것은?

• 과제: 노동자의 권리 확대를 위한 각국의 노력 조사

1모둠	노동조합을 해체하였다.
2모둠	와그너법을 제정하였다.
3모둠	국제 노동 기구(ILO)를 설립하였다.
4모둠	사회 보장 정책을 축소 및 폐지하였다.

① 1모둠, 2모둠 ② 1모둠, 3모둠 ③ 2모둠, 3모둠
④ 2모둠, 4모둠 ⑤ 3모둠, 4모둠

7 ㉠에 공통으로 들어갈 용어로 옳은 것은?

> 전체주의 정권이 등장하자 프랑스에서는 사회주의와 민주주의 여러 세력을 연합하여 (㉠)을/를 수립하였고, 에스파냐에서도 파시즘 군부에 반대하는 사람들이 (㉠) 정부를 수립하여 저항하였다.

① 나치당 ② 소비에트 ③ 인민 전선
④ 파시스트당 ⑤ 국제 연합(UN)

출제율 ●●●●● 시험에 꼭 나오는 출제 가능성이 높은 예상 문제로, 내신 100점을 받기 위한 필수 문항들

내공 2 인권 회복과 평화 확산을 위한 노력

8 다음 글을 통해 알 수 있는 역사적 사실로 옳은 것은?

제2차 세계 대전 중에 많은 유대인이 수용소로 끌려가 고된 노동에 동원되었고, 노동을 할 수 없는 유대인들은 가스실에서 학살되었다. 아우슈비츠 수용소를 비롯하여 유럽 각지의 수용소에서 학살된 유대인은 약 600만 명에 달한다.

▲ 수용소 앞에서 분류당하는 사람들

① 일본이 중일 전쟁을 일으켰다.
② 미국에서 대공황이 시작되었다.
③ 731 부대가 생체 실험을 자행하였다.
④ 독일의 나치당이 홀로코스트를 일으켰다.
⑤ 연합국이 독일의 드레스덴을 폭격하였다.

9 다음 대화의 주제가 된 사건으로 옳은 것은?

중일 전쟁 시기에 중화민국의 수도를 점령한 일본군은 수십만 명에 이르는 민간인을 살해하였다고 해.

그뿐만 아니라 약 6주에 걸쳐 도시 전체를 파괴하고 민가도 약탈하였어.

① 만주 사변 ② 난징 대학살 ③ 신문화 운동
④ 운요호 사건 ⑤ 피의 일요일 사건

중요 **10** 다음 내용을 뒷받침하는 사례로 옳은 것을 〈보기〉에서 고른 것은?

세계 대전 과정에서 일본은 수많은 사람의 인권을 유린하는 만행을 저질렀다.

보기
ㄱ. 유대인을 계획적으로 학살하였다.
ㄴ. 다른 국가의 국민을 생체 실험에 이용하였다.
ㄷ. 원자 폭탄을 투하하여 민간인의 목숨을 빼앗았다.
ㄹ. 점령 지역의 여성들을 일본군 '위안부'로 동원하여 인권을 유린하였다.

① ㄱ, ㄴ ② ㄱ, ㄷ ③ ㄴ, ㄷ
④ ㄴ, ㄹ ⑤ ㄷ, ㄹ

11 다음 사례들에 대한 평가로 가장 적절한 것은?

- 국제 연합(UN)이 창설되었다.
- 독일과 일본에서 국제 군사 재판이 열렸다.
- 세계 곳곳에서 핵무기에 반대하는 운동이 전개되었다.

① 전체주의를 강화하기 위한 노력이다.
② 국제 평화를 유지하기 위한 노력이다.
③ 자본주의를 발전시키기 위한 노력이다.
④ 노동자의 권리를 확대하기 위한 노력이다.
⑤ 세계적인 경제 불황을 극복하기 위한 노력이다.

서술형 문제

12 다음과 같은 정치적 권리의 변화가 나타나게 된 배경을 세 가지 이상 서술하시오.

제1차 세계 대전 전후 독일, 영국, 미국 등에서 여성의 참정권이 인정되었다. 아시아와 아프리카 지역에서는 제2차 세계 대전 이후 독립을 달성하고 민주주의를 도입하는 과정에서 여성의 참정권이 인정되었다.

13 ㉠에 공통으로 들어갈 전쟁의 명칭을 쓰고, 밑줄 친 결과가 발생하게 된 원인을 두 가지 이상 서술하시오.

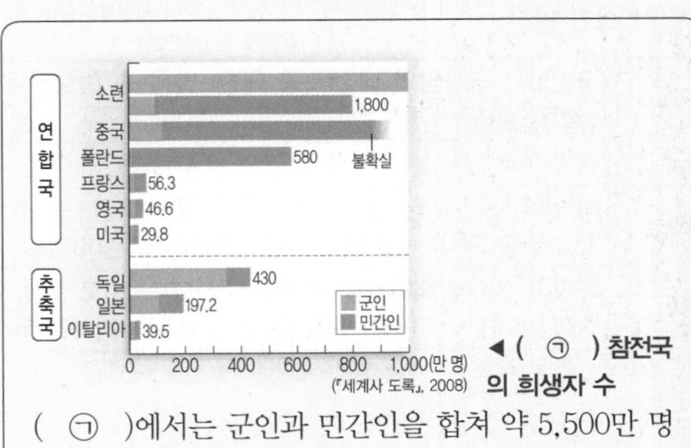

◀(㉠) 참전국의 희생자 수

(㉠)에서는 군인과 민간인을 합쳐 약 5,500만 명이 목숨을 잃는 등 엄청난 사상자가 발생하였다.

01 냉전 체제와 제3 세계의 형성 ~ 세계화와 경제 통합

내공 1 냉전 체제의 전개

1 냉전 체제의 성립

(직접적인 무력 충돌이 아닌 정치, 군사, 외교 등에서 경쟁·대립하던 상황을 말해.)

(1) 배경: 제2차 세계 대전 이후 미국과 소련이 서로 영향력을 확대하며 대립, 동유럽 여러 나라가 공산화됨

(2) 성립: 자본주의 진영(미국 중심)과 공산주의 진영(소련 중심)의 대립 심화

구분	자본주의 진영	공산주의 진영
정치	트루먼 독트린 발표(1947)	코민포름(공산당 정보국) 조직
경제	마셜 계획 추진(서유럽에 경제적 지원)	코메콘(경제 상호 원조 회의) 조직(1949)
군사	북대서양 조약 기구(NATO) 결성	바르샤바 조약 기구(WTO) 결성

(코메콘: 동유럽 공산주의 국가들의 상호 경제 지원을 위함이었어.)

> 나는 미국의 정책이 …… 자유민의 노력을 지원하는 것이어야 한다고 믿습니다. …… 우리가 그리스와 튀르키예에 원조하지 못한다면, 그 영향은 동서양을 막론하고 매우 광범위할 것입니다.

▲ **트루먼 독트린** | 미국 대통령 트루먼은 공산주의 세력의 확대를 막기 위해 유럽 국가들을 지원하기로 하였다.

▲ **철의 장막과 마셜 계획** | 트루먼은 트루먼 독트린을 통해 서유럽에 경제적 지원을 하는 마셜 계획을 추진하였다.

(철의 장막: 1946년 영국 총리 처칠은 '철의 장막'이라는 말을 사용하여 세계가 서로 다른 두 개의 진영으로 나누어졌음을 선언하였어.)

2 냉전의 확산

(1) 베를린 봉쇄: 소련의 베를린 봉쇄 → 서독(자본주의 진영)과 동독(공산주의 진영)으로 독일 분단(1949) → 베를린 장벽 설치(1961)

(베를린 봉쇄: 미국, 영국, 프랑스가 독일의 서베를린 지역을 통합하자, 동베를린을 점령하고 있던 소련이 서베를린으로 통하는 통로를 봉쇄하였어.)

(2) 냉전 속의 열전

중국	국민당과 공산당의 내전(국공 내전) 발생 → 마오쩌둥의 공산당 승리 → 중화 인민 공화국 수립(1949)
한국	광복 이후 남북 분단 → 6·25 전쟁 발발(1950)
베트남	북베트남(공산 정권)과 남베트남(미국 지원) 대립 → 베트남 전쟁 발발(1964) → 북베트남 승리, 베트남 통일(1975)
쿠바	소련이 쿠바에 핵미사일 기지 건설 시도 → 미국 반발, 핵전쟁 위기(쿠바 미사일 위기, 1962) → 소련의 미사일 철거

(공산당 승리: 패배한 장제스의 국민당 정부는 타이완으로 이동하였어.)

내공 2 제3 세계의 형성과 냉전 체제의 완화

1 아시아·아프리카의 독립

(1) 인도와 동남아시아의 독립

① 인도: 영국의 식민 지배에서 독립(1947) → 종교 갈등 지속, 인도(힌두교 국가)와 파키스탄(이슬람교 국가)으로 분리

(이후 동파키스탄은 방글라데시로 독립하였고, 불교도가 많은 스리랑카도 독립하였어.)

② 동남아시아

베트남	프랑스와 싸워 독립(제네바 협정 체결) → 남북 분단 → 베트남 전쟁 발발 → 북베트남에 의해 통일
인도네시아	일본 항복 후 공화국 수립 선언 → 네덜란드의 부정 → 네덜란드와의 전쟁을 거쳐 독립
필리핀	미국의 지원으로 공화국 수립 → 미국의 간섭에 반발하여 독립운동 전개
기타	미얀마, 캄보디아, 라오스 등 독립

(미얀마는 영국과 협상하여 독립하였고, 캄보디아와 라오스는 프랑스로부터 독립하였어.)

(2) 서아시아와 아프리카의 독립

서아시아	• 시리아·레바논·요르단: 프랑스와 영국의 위임 통치 → 제2차 세계 대전 이후 독립 • 팔레스타인 지역: 유대인이 영국, 미국 등의 지원으로 이스라엘 건국(1948) → 팔레스타인인과 인접 아랍 국가들의 반발 → 네 차례의 중동 전쟁 발발
이집트	나세르가 공화정 수립(1952) → 수에즈 운하의 국유화 선언, 운영권 회복
아프리카	리비아 독립(1951)을 시작으로 많은 나라들이 독립 → 1960년 17개국이 독립('아프리카의 해') → 서구 열강의 임의적인 국경선 설정으로 독립 과정에서 잦은 영토 분쟁이 일어남 → 오늘날 빈곤, 기아 문제 등 발생

(네 차례의 중동 전쟁: 이스라엘이 모두 승리하였어.)

(리비아 독립: 1957년 가나의 독립을 시작으로 보기도 해.)

2 제3 세계

(제1 세계(자본주의 진영)와 제 2세계(공산주의 진영)에 속하지 않은 중립 진영을 말해.)

(1) 의미: 비동맹 중립 노선을 추구한 아시아, 아프리카의 신생 독립국들

(2) 활동: 인도의 네루와 중국의 저우언라이가 '평화 5원칙' 합의(1954) → 아시아·아프리카 회의(반둥 회의)에서 아시아·아프리카 29개국 대표들이 '평화 10원칙' 결의(1955) → 제1차 비동맹 회의 개최(1961)

(유고슬라비아의 티토, 인도의 네루, 이집트의 나세르 등이 제3 세계 국가들 간의 상호 협력을 다짐하였어.)

(3) 영향: 국제적인 영향력 강화로 냉전 체제 변화에 영향

> **평화 10원칙 중 일부**
>
> 1. 기본적인 인권 및 국제 연합의 헌장을 존중한다.
> 2. 모든 국가의 주권과 영토의 보존을 존중한다.
> 3. 모든 인종과 국가 사이의 평등을 인정한다.
> 8. 국제 분쟁을 평화적인 방법으로 해결한다.

3 냉전의 완화

(1) 배경: 1960년대 중반 이후 미국과 소련의 영향력 약화

(2) 국제 질서의 다극화: 동유럽 국가들이 자유화 운동 전개, 중국과 소련의 갈등, 프랑스의 북대서양 조약 기구(NATO) 탈퇴, 제3 세계 등장, 유럽 통합 운동, 일본의 성장 등 → 양극 체제에서 다극화 체제로 변화

(3) 긴장 완화 분위기 조성: 미국의 닉슨 독트린 발표(1969), 전략 무기 제한 협정(SALT) 체결, 동독과 서독의 국제 연합(UN) 동시 가입, 소련과 서독의 불가침 협정 체결, 미국과 중국의 국교 수립(1979)

(전략 무기 제한 협정: 미국과 소련이 핵무기 감축에 합의하였어.)

- 미국은 앞으로 베트남 전쟁과 같은 군사적 개입을 피한다.
- 미국은 '태평양 국가'로서 그 지역에서 중요한 역할을 계속하지만 직접적·군사적·정치적 과잉 개입은 하지 않는다.

▲ **닉슨 독트린** | 미국의 닉슨 대통령은 아시아의 군사적 분쟁에 미국은 참여하지 않겠다고 선언하고, 베트남에서 미군을 철수하였다. 이 선언으로 냉전의 긴장이 완화되는 분위기가 조성되었다.

내공 3 냉전 체제의 해체

1 소련의 변화와 해체

(1) 배경: 1970년대 이후 공산당 관료 체제와 사회주의 경제 체제의 강화로 사회 경직, 경제 침체

(2) 고르바초프의 개혁

① 개혁(페레스트로이카)·개방(글라스노스트) 정책: 시장 경제 원리 도입, 정치 민주화 추진, 공산당 권력 축소, 언론 통제 완화, 동유럽 국가들에 대한 불간섭 선언
└ 소련이 동유럽에 개입하지 않으면서 동유럽에서는 민주화 운동이 활발하게 전개되었어.

② 몰타 회담(1989): 미국 부시 대통령과 만나 냉전 종식을 공식적으로 선언

(3) 소련의 해체: 개혁에 반대하는 공산당의 쿠데타 → 옐친의 저지 → 권력을 장악한 옐친이 소련 해체, 러시아 중심의 독립 국가 연합(CIS) 결성(1991)

2 동유럽의 변화와 독일의 통일

(1) 동유럽 공산 정권의 붕괴

배경	소련이 동유럽 국가들에 대한 불간섭 선언
전개	동유럽 국가들에서 민주화 운동 전개 → 폴란드에서 바웬사가 대통령에 선출, 헝가리에서 대통령제를 규정한 헌법 마련, 체코슬로바키아·불가리아 등에서 민주 정부 수립

└ 바웬사: 자유 노조를 설립하여 폴란드의 민주화 운동을 이끌었어.

(2) 독일의 통일: 동독에서 공산당 독재와 경제 불황에 반발하는 시위 발생, 동독 주민이 서독으로 탈출 → 베를린 장벽 붕괴(1989) → 독일 통일(1990)
└ 서독이 동독을 흡수하는 방식으로 통일을 이루었어.

3 중국의 개혁과 개방

(1) 마오쩌둥의 통치

배경	1950년대 말부터 사회주의 노선 및 국경 문제로 소련과 관계 악화
내용	• 대약진 운동: 농업의 집단화(인민공사 설립) → 무리한 계획, 자연재해 등으로 실패 • 문화 대혁명: 대약진 운동 실패로 마오쩌둥의 정치적 입지 약화 → 홍위병을 앞세워 문화 대혁명 추진 → 중국 전통문화 파괴, 많은 예술인·지식인 탄압

└ 홍위병: 문화 대혁명의 추진 세력으로, 대체로 중고등학생이었어.

(2) 덩샤오핑의 개혁

내용	마오쩌둥 사망 이후 덩샤오핑 집권 → 흑묘백묘론을 바탕으로 시장 경제 원리를 일부 도입하여 개혁·개방 정책 추진(→ 기업가와 농민의 이윤 보장, 경제특구 지정, 외국인 투자 허용 등)
결과	중국 경제의 빠른 성장 ↔ 도시와 농촌의 격차, 도시 문제와 환경 오염, 관료들의 부정부패 등 발생

└ 흑묘백묘론: '흰 고양이든 검은 고양이든 쥐만 잘 잡으면 된다.'라는 뜻으로, 인민을 잘 살게 할 수 있다면 자본주의든 공산주의든 가리지 않겠다는 의미야.

(3) 톈안먼 사건(1989): 톈안먼 광장에서 대규모의 민주화 시위 발생 → 중국 정부의 무력 진압, 많은 인명 피해 발생

(4) 오늘날의 중국: 경제 성장을 바탕으로 국제 사회에 영향력 확대, 홍콩과 마카오 환수, 베이징 올림픽 대회 개최(2008)
└ 영국으로부터 홍콩을 반환받고(1997), 포르투갈로부터 마카오를 반환받았어(1999).

내공 4 세계화와 세계 경제의 변화

1 세계화의 진전

(1) 세계화의 영향: 교통, 통신의 발달 → 국가 간 사람, 상품, 자본의 이동이 자유로워짐

(2) 자유 무역의 확대

① 브레턴우즈 회의 개최(1944): 제2차 세계 대전 중 연합국 대표들이 미국의 달러를 주거래 화폐로 결정, 국제 통화 기금(IMF)과 세계은행 설립 결정
└ 국제 통화 기금(IMF): 회원국에 달러를 기준으로 환율을 고정하고, 달러가 부족하면 빌려주는 역할을 하였어.

② 관세 및 무역에 관한 일반 협정(GATT) 체결(1947): 관세 철폐와 무역 증대를 위해 체결 → 자유 무역 확대

③ 세계 무역 기구(WTO) 결성(1995): 무역과 투자의 자유화 추구 → 자유 무역 협정(FTA) 체결이 늘어남
└ 특정 국가 간에 관세를 없애는 협정이야.

(3) 신자유주의 경제 체제의 형성

배경	1970년대에 두 차례 석유 파동 발생 → 세계 경제 불황
내용	정부의 경제 개입을 줄이고 무역의 자유화와 시장 개방 추구 → 복지 예산 삭감, 세금 감면, 국영 기업 민영화, 각종 규제 완화 등의 정책 실시 예 영국의 대처주의, 미국의 레이거노믹스

(4) 세계화의 영향

① 경제적 변화: 다국적 기업 성장, 개발 도상국의 경제 성장, 국가 간 경제 의존도 증가, 노동자의 국제 이주 증가
└ 개발 도상국의 경제 성장: 선진국이 개발 도상국에 자본을 투자하고 기술을 제공하였기 때문이야.

② 문화적 변화: 활발한 문화 이동 → 문화의 융합·창조, 문화적 차이에 따른 갈등 발생

2 지역 단위의 협력 노력

(1) 배경: 신자유주의와 세계화의 확대로 국가 간 무역 경쟁 심화 → 지역 간 협력을 강화하여 지역 공동의 이익 추구

(2) 지역별 경제 협력체: 유럽 연합(EU), 동남아시아 국가 연합(ASEAN), 아시아·태평양 경제 협력체(APEC), 아시아·유럽 정상 회의(ASEM), 북미 자유 무역 협정(NAFTA), 남미 국가 연합(UNASUR) 등
└ 유럽 연합(EU): 유럽 석탄·철강 공동체(ECSC)를 시작으로 유럽 경제 공동체(EEC), 유럽 공동체(EC)를 거쳐 1993년 출범하였고, 유로화를 공동 화폐로 사용하고 있어.

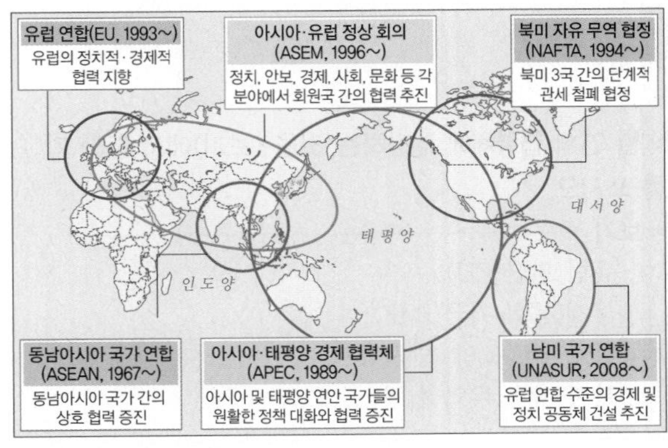

▲ **지역별 경제 공동체**

개념 확인하기

정답과 해설 12쪽

1 다음 설명이 맞으면 ○표, 틀리면 ×표를 하시오.

(1) 냉전은 미국과 소련이 직접적인 무력 충돌을 하던 상황을 말한다. (　　)

(2) 미국 대통령 트루먼은 서유럽에 경제적 지원을 하는 마셜 계획을 추진하였다. (　　)

(3) 중국에서는 국민당과 공산당의 내전이 발생하여 장제스의 국민당이 승리하였다. (　　)

(4) 소련의 베를린 봉쇄로 자본주의 진영인 서독과 공산주의 진영인 동독으로 독일이 분단되었다. (　　)

2 다음에서 설명하는 국가를 〈보기〉에서 골라 기호를 쓰시오.

보기

ㄱ. 인도　　ㄴ. 베트남　　ㄷ. 이스라엘

(1) 팔레스타인 지역에서 유대인이 영국, 미국 등의 지원을 받아 건국하였다. (　　)

(2) 제네바 협정을 체결하며 독립하였지만 남북으로 분단되어 전쟁이 일어났다. (　　)

(3) 영국의 식민 지배에서 독립한 후 종교 갈등으로 힌두교 국가와 이슬람교 국가로 분리되었다. (　　)

3 다음 빈칸에 들어갈 내용을 쓰시오.

(1) 소련의 (　　　　)는 개혁(페레스트로이카)과 개방(글라스노스트) 정책을 추진하였다.

(2) 중국의 마오쩌둥은 대약진 운동의 실패 후 홍위병을 앞세워 (　　　　)을 추진하였다.

(3) (　　　　)는 비동맹 중립 노선을 추구한 아시아, 아프리카의 신생 독립국들을 말한다.

(4) 미국의 닉슨 대통령은 (　　　　)을 발표하여 아시아의 군사적 분쟁에 미국은 개입하지 않겠다고 선언하였다.

(5) 중국의 (　　　　)은 흑묘백묘론을 바탕으로 시장 경제 원리를 일부 도입하여 개혁·개방 정책을 추진하였다.

4 지역별 경제 협력체에 해당하는 것을 〈보기〉에서 골라 기호를 쓰시오.

보기

ㄱ. 유럽 연합(EU)
ㄴ. 국제 통화 기금(IMF)
ㄷ. 바르샤바 조약 기구(WTO)
ㄹ. 북미 자유 무역 협정(NAFTA)

내공 쌓는 족집게 문제

내공 1 냉전 체제의 전개

중요 1 다음 선언이 발표된 배경으로 옳은 것은?

> 나는 미국의 정책이 …… 자유민의 노력을 지원하는 것이어야 한다고 믿습니다. …… 우리가 그리스와 튀르키예에 원조하지 못한다면, 그 영향은 동서양을 막론하고 매우 광범위할 것입니다.

① 유럽 연합(EU)이 출범하였다.
② 아프리카의 17개 국가가 독립하였다.
③ 국공 내전에서 공산당이 승리하였다.
④ 동유럽의 여러 나라가 공산화되었다.
⑤ 베트남 전쟁에서 북베트남이 승리하였다.

2 ㉠, ㉡에 들어갈 기구를 옳게 연결한 것은?

> 미국이 유럽에 대한 경제적 지원을 확대하자 소련은 이에 대항하여 사회주의 국가 간의 경제 협력을 돕는 (㉠)을/를 창설하였다. 또한 미국과 서유럽의 (㉡) 결성에 맞서 군사 동맹 기구인 바르샤바 조약 기구(WTO)를 조직하였다.

	㉠	㉡
①	코메콘	코민포름
②	코메콘	북대서양 조약 기구
③	국제 통화 기금	코민포름
④	국제 통화 기금	북대서양 조약 기구
⑤	세계 무역 기구	유럽 연합

3 (가)에 들어갈 내용으로 가장 적절한 것은?

> **역사 수행 평가 보고서**
> • 탐구 주제: 냉전 속의 열전
> – 사례1: 6·25 전쟁의 발발
> – 사례2: ＿＿＿(가)＿＿＿

① 소련의 해체
② 베를린 장벽 붕괴
③ 쿠바 핵미사일 위기
④ 동유럽의 민주화 운동
⑤ 제2차 세계 대전의 발생

출제율 ●●●●● 시험에 꼭 나오는 출제 가능성이 높은 예상 문제로, 내신 100점을 받기 위한 필수 문항들

4 밑줄 친 '이 국가'에 대한 설명으로 옳은 것은?

> 프랑스에 항전한 이 국가는 제네바 협정으로 독립을 인정받았다. 그러나 공산 정권이 들어선 북과 친미 정권이 들어선 남으로 분단되었다.

① 전쟁을 통해 통일되었다.
② 종교 갈등으로 분열되었다.
③ 수에즈 운하를 국유화하였다.
④ 아랍 국가와 네 차례 전쟁을 전개하였다.
⑤ 미국과 전략 무기 제한 협정(SALT)을 체결하였다.

내공 2 제3 세계의 형성과 냉전 체제의 완화

5 ㉠에 들어갈 내용으로 가장 적절한 것은?

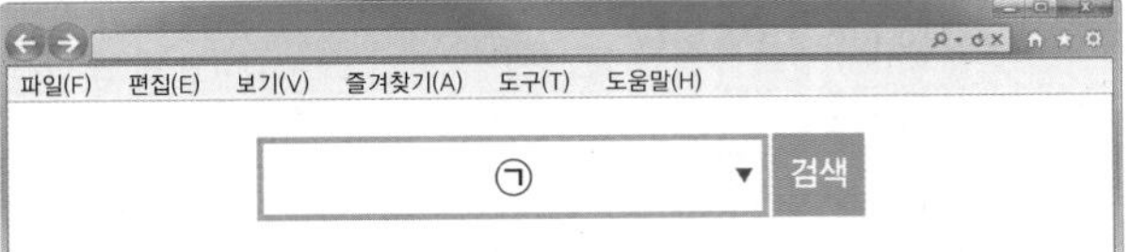

▶ 영국의 약속에 따라 유대인이 팔레스타인 지역에 국가를 세우고 아랍인을 몰아내자 주변 아랍 국가들이 격렬하게 반발하였다.

① 나세르의 공화정 수립
② 러시아 혁명과 사회주의 국가의 수립
③ 이스라엘의 건국과 중동 전쟁의 발생
④ 제2차 세계 대전 이후 시리아의 독립
⑤ 영국의 아프리카 종단 정책과 파쇼다 사건

6 (가), (나)에 들어갈 내용으로 적절하지 않은 것은?

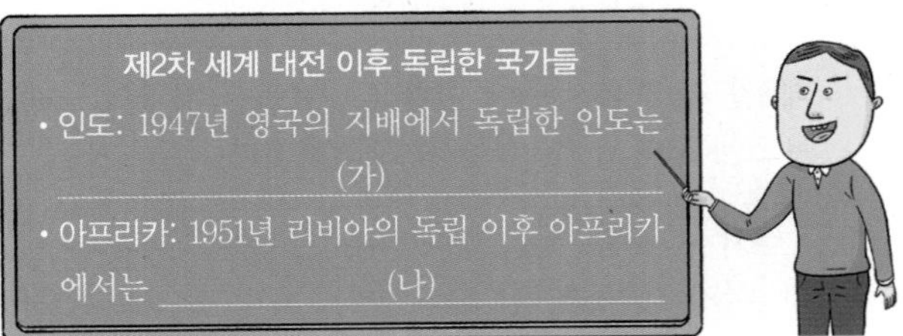

① (가) – 종교 갈등이 지속되었다.
② (가) – 네덜란드와 전쟁을 벌였다.
③ (가) – 인도와 파키스탄으로 분리되었다.
④ (나) – 1960년에 17개국이 독립하였다.
⑤ (나) – 독립 과정에서 잦은 영토 분쟁이 일어났다.

중요 **7** 다음 원칙을 채택한 세력에 대한 설명으로 옳지 않은 것은?

> • 기본적인 인권 및 국제 연합의 헌장을 존중한다.
> • 모든 국가의 주권과 영토의 보존을 존중한다.
> • 모든 인종과 국가 사이의 평등을 인정한다.
> • 국제 분쟁을 평화적인 방법으로 해결한다.

① 비동맹 중립 노선을 추구하였다.
② 몰타 회담에서 냉전 종식을 선언하였다.
③ 반둥 회의에서 평화 10원칙을 결의하였다.
⑤ 아시아·아프리카의 신생 독립국으로 구성되었다.
⑤ 국제적인 영향력 강화로 냉전 체제에 영향을 주었다.

8 밑줄 친 내용의 구체적 사례로 적절한 것을 〈보기〉에서 고른 것은?

> 1960년대 이후 미국과 소련의 영향력이 약화되면서 미국과 소련 중심의 양극화 체제에서 다극화 체제로 변화하는 움직임이 곳곳에서 나타났다.

• 보기 •
ㄱ. 6·25 전쟁의 발발
ㄴ. 소련의 베를린 봉쇄
ㄷ. 동유럽 국가들의 자유화 운동 전개
ㄹ. 프랑스의 북대서양 조약 기구(NATO) 탈퇴

① ㄱ, ㄴ ② ㄱ, ㄷ ③ ㄴ, ㄷ
④ ㄴ, ㄹ ⑤ ㄷ, ㄹ

9 다음 선언 이후 전개된 사실로 옳지 않은 것은?

> • 미국은 강대국의 핵 위협을 제외한, 내란이나 침략인 경우 아시아 각국이 스스로 협력하여 그에 대처하기를 바란다.
> • 미국은 '태평양 국가'로서 그 지역에서 중요한 역할을 계속하지만 직접적·군사적·정치적 과잉 개입은 하지 않는다.

① 미군이 베트남 전쟁에서 철수하였다.
② 중국과 미국 간의 수교가 체결되었다.
③ 일본이 하와이의 진주만을 기습 공격하였다.
④ 동독과 서독이 국제 연합(UN)에 동시 가입하였다.
⑤ 폴란드에서 바웬사가 자유 노조 운동을 전개하였다.

족집게 문제

내공 3 냉전 체제의 해체

중요 10 다음 주장을 한 인물에 대한 설명으로 옳은 것은?

> 페레스트로이카 정책은 소련과 같은 국가가 새로운 질적 상태로의 전환, 즉 권위주의적이고 관료주의적인 체제에서 벗어나 인간적이고 민주적인 사회로 평화롭게 이행하는 유일한 길이라고 생각합니다.

① 평화 10원칙에 합의하였다.
② 소비에트 정부를 수립하였다.
③ 시장 경제 원리를 도입하였다.
④ 독일과 불가침 조약을 체결하였다.
⑤ 독립 국가 연합(CIS) 결성을 선언하였다.

11 다음 상황이 나타나게 된 배경으로 옳은 것은?

> 폴란드에서 자유 노조를 이끌던 바웬사가 대통령에 선출되었고, 헝가리에서도 대통령제를 규정한 헌법이 마련되었다. 그 밖에 체코슬로바키아, 불가리아 등에서도 민주적인 정부가 세워졌으며 이들 국가들은 시장 경제 제도를 받아들였다.

① 독일이 폴란드를 침공하였다.
② 국제 연합(UN)이 출범하였다.
③ 제1차 비동맹 회의가 개최되었다.
④ 미국과 소련의 냉전 체제가 형성되었다.
⑤ 소련이 동유럽에 대한 불간섭을 선언하였다.

12 ㉠에 들어갈 사건에 대한 설명으로 옳은 것을 <보기>에서 고른 것은?

> 1950년대에 추진된 중국의 공산주의 경제 정책은 무리한 계획과 자연재해 등으로 성과를 거두지 못하였다. 이로 인해 정치적 입지가 약화된 마오쩌둥은 (㉠)을/를 일으켜 권력을 강화하였다.

보기
ㄱ. 대약진 운동이 일어나는 계기가 되었다.
ㄴ. 중국 전통문화가 파괴되는 결과를 낳았다.
ㄷ. 일본의 21개조 요구에 반발하여 발생하였다.
ㄹ. 사회주의 사상으로 무장한 홍위병이 동원되었다.

① ㄱ, ㄴ ② ㄱ, ㄷ ③ ㄴ, ㄷ
④ ㄴ, ㄹ ⑤ ㄷ, ㄹ

중요 13 밑줄 친 '이 인물'에 대한 설명으로 옳은 것은?

> 이 인물은 "흰 고양이든 검은 고양이든 쥐만 잘 잡으면 된다."라고 말하면서 중국 인민을 잘 살게 할 수 있다면 자본주의든 공산주의든 가리지 않겠다고 선언하였다. 이에 따라 이 인물은 1970년대 후반부터 여러 개혁 정책을 추진하였다.

① 삼민주의를 주장하였다.
② 공산당의 권력을 축소하였다.
③ 중화 인민 공화국을 수립하였다.
④ 인도의 네루와 평화 5원칙에 합의하였다.
⑤ 상하이 등의 도시를 경제특구로 지정하였다.

14 (가) 시기에 중국에서 있었던 일로 옳은 것은?

덩샤오핑의 흑묘백묘론 주장 ➡ (가) ➡ 홍콩·마카오 환수

① 대약진 운동이 추진되었다.
② 베이징 올림픽이 개최되었다.
③ 쑨원이 중국 동맹회를 결성하였다.
④ 톈안먼 광장에서 민주화 시위가 일어났다.
⑤ 장제스의 국민당이 타이완으로 이동하였다.

내공 4 세계화와 세계 경제의 변화

15 ㉠에 들어갈 회의에서 결정된 내용으로 옳은 것을 <보기>에서 고른 것은?

> 제2차 세계 대전 중에 연합국 대표들은 미국의 브레턴우즈에 모여 (㉠)을/를 개최하였다.

보기
ㄱ. 국가 간의 관세를 철폐한다.
ㄴ. 국제 통화 기금(IMF)을 설립한다.
ㄷ. 미국의 달러를 국제 주거래 화폐로 정한다.
ㄹ. 국제 무역 분쟁을 조정하는 기구를 설치한다.

① ㄱ, ㄴ ② ㄱ, ㄷ ③ ㄴ, ㄷ
④ ㄴ, ㄹ ⑤ ㄷ, ㄹ

중요 **16** 밑줄 친 '경제 정책'에 해당하는 내용으로 옳지 않은 것은?

> 1970년대에 국제 유가가 급격하게 상승하는 석유 파동이 두 차례 발생하였다. 많은 국가들이 경기 악화, 재정 부담 증대, 실업률 증가 등의 위기를 맞았다. 이에 미국, 영국 등에서는 새로운 경제 정책을 실시하였는데, 대처주의와 레이거노믹스가 대표적이다.

① 시장 개방 추구
② 정부의 역할 축소
③ 국영 기업의 민영화
④ 사회 복지 예산의 확대
⑤ 기업 활동에 대한 규제 완화

17 세계화에 따른 변화로 옳은 것을 〈보기〉에서 고른 것은?

> 보기
> ㄱ. 다국적 기업이 성장하였다.
> ㄴ. 문화 간 이동이 활발해졌다.
> ㄷ. 노동자의 국제 이주가 감소하였다.
> ㄹ. 국가 간 경제 의존도가 줄어들었다.

① ㄱ, ㄴ　② ㄱ, ㄷ　③ ㄴ, ㄷ
④ ㄴ, ㄹ　⑤ ㄷ, ㄹ

18 (가)에 들어갈 지역 협력체에 대한 설명으로 옳지 않은 것은?

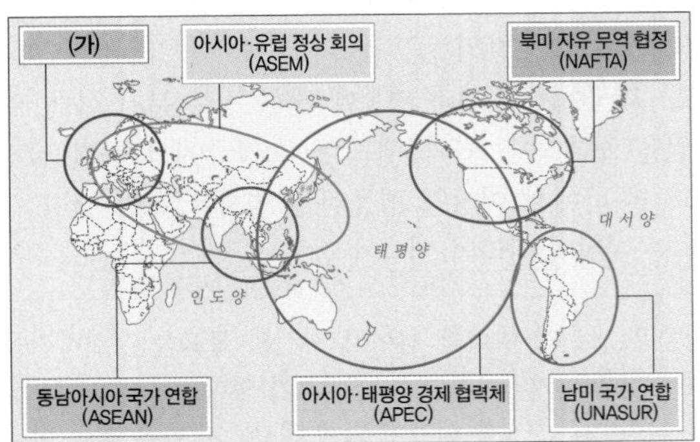

① 1993년에 출범하였다.
② 유로화를 공동 화폐로 사용한다.
③ 유럽 국가들을 중심으로 결성되었다.
④ 회원국 간 경제적 협력만을 지향한다.
⑤ 유럽 석탄·철강 공동체(ECSC)에서 시작하였다.

서술형 문제

19 지도를 보고 물음에 답하시오.

(1) 미국이 실시한 (가) 계획을 쓰시오.

(2) (1)의 내용과 이에 대한 소련의 경제적 측면에서의 대응을 서술하시오.

20 다음을 읽고 물음에 답하시오.

> • 소련의 (㉠)은/는 1985년 공산당 서기장에 당선되어 개혁·개방 정책을 추진하였다.
> • 중국의 (㉡)은/는 마오쩌둥 사망 이후 집권하여 흑묘백묘론을 바탕으로 개혁을 추진하였다.

(1) ㉠, ㉡에 들어갈 인물을 각각 쓰시오.

(2) (1)의 두 인물이 실시한 개혁·개방 정책의 공통점과 차이점을 서술하시오.

21 1989년에 중국에서 일어난 민주화 시위를 쓰고, 그 전개 과정을 서술하시오.

02 탈권위주의 운동과 대중문화 발달

내공 1 탈권위주의 운동

1 탈권위주의 운동의 등장

(1) 배경: 대중 교육 확산에 따른 시민 의식의 성장, 냉전 체제로 이념 대립 심화, 산업화로 물질 만능주의 확산, 자본주의 체제에 대한 반감 등

(2) 내용: 1960년대 전후 젊은 학생들을 중심으로 기성세대가 만든 권위주의적 질서와 체제에 저항하는 탈권위주의 운동 전개

오랜 시간 계속되어 오던 관습이나 기존의 정치 체제로부터 벗어나고자 하는 움직임을 말해.

(3) 탈권위주의 운동의 특징

① 세계 각지로 확산: 인종 차별에 대한 저항 운동, 반전·반핵 시위를 통해 세계 각지로 확산

② 사회의 다양한 문제 비판: 국가의 권위적·일방적인 정책 추진, 가부장적 가족 질서와 여성 차별 등의 문제 비판

2 탈권위주의 운동의 전개

(1) 민권 운동

① 흑인 민권 운동

백인들은 흑인의 참정권 행사를 방해하였으며, 학교, 열차, 공공시설 등에서 흑백 분리 정책을 펼쳤어.

배경	제2차 세계 대전 이후에도 백인 중심의 사회 질서 유지, 흑인 차별 정책 지속 → 흑인의 인권을 보장하기 위한 민권 운동 전개 흑인이 백인과 동등한 시민권을 얻기 위한 민권 운동을 주도하였지.
전개	• 미국: 마틴 루서 킹이 흑인에 대한 차별을 반대하는 시위 전개, 워싱턴 행진 주도 → 민권법 통과(흑인과 백인 사이의 법적 차별 철폐, 1964), 투표권법 발효(흑인의 투표권 보장, 1965) • 남아프리카 공화국: 1950년대부터 넬슨 만델라 등이 인종 분리 정책인 아파르트헤이트에 저항하는 활동 전개 → 흑인에 대한 인종 차별을 금지하는 법 제정

> • 나에게는 꿈이 있습니다. 내 아이들이 피부색을 기준으로 사람을 평가하지 않고 인격을 기준으로 사람을 평가하는 나라에서 살게 되는 꿈입니다. – 마틴 루서 킹의 연설 중
>
> • 나는 백인이 지배하는 사회에 맞서 싸웠고, 또한 흑인이 지배하는 사회에도 반대해 싸웠다. 나는 모든 사람이 함께 조화를 이루고 동등한 기회를 누리는 민주적이고 자유로운 사회에 대한 이상을 간직하고 있다. – 넬슨 만델라의 연설 중

▲ 마틴 루서 킹, 넬슨 만델라 등은 인종 차별에 맞서 저항 운동을 이끌며 백인과 흑인 사이의 차별을 없애고자 하였다.

② 민주화 운동: 세계 각지에서 독재 정권에 대항한 민주화 운동 전개

한국	4·19 혁명(1960)을 시작으로 독재에 저항하는 운동이 지속적으로 전개
멕시코	국민들이 정권의 억압 정책에 항의(1968)
에스파냐	1970년대 프랑코의 독재 정권에 맞서 전국적인 시위 전개
동유럽	1980년대 이후 자유와 민주주의를 요구하는 운동 확산

(2) 학생 운동

제2차 세계 대전 이후 경제적 풍요 속에서 고등 교육을 이수하였으며, 탈권위주의 운동을 주도하고 확산시켰지.

① 배경: 베이비붐 세대 등장, 대학 교육이 권위적·일방적으로 기성세대의 가치관 강요 → 1960년대 이후 학생들이 기성세대에 저항, 자유로운 공동체 지향

② 전개

미국, 독일	1964년부터 대학생들이 대학 내 정치 발언의 자유를 요구하는 운동 전개
이탈리아	학생들이 대학의 민주화를 요구하며 대학 점거
프랑스	1968년 대학생들과 노동자들이 중심이 되어 68 운동(68 혁명) 전개 → 유럽, 미국, 일본 등 전 세계로 확산 '금지하는 모든 것을 금지하라.' 등의 구호를 내세웠어.

③ 특징: 표현의 자유·평화·인종 차별과 여성 차별 철폐 등 개인의 자유와 권리 신장을 적극적으로 주장, 민권 운동·여성 운동·환경 운동 등 다양한 사회 운동의 성장에 기여, 반전 운동으로 확대

1968년 프랑스의 대학생들이 대학 개혁과 민주화를 주장하며 대규모 시위를 벌이자 노동자들도 총파업을 벌이며 동참하면서 68 운동(68 혁명)이 일어났어.

▲ **68 운동(68 혁명) 당시 시위 모습** | 68 운동은 정부의 실정과 사회 모순에 저항하였던 체제 저항 운동으로, 세계 각지의 체제 저항 운동으로 이어져 많은 사회 변화를 이끌어 내었다.

두 차례의 세계 대전 이후 여성들도 고등 교육을 받고 취업의 기회를 누리게 되었으며, 참정권을 획득하여 정치적 지위를 인정받았어. 그럼에도 여성에 대한 사회적·문화적 차별은 지속되었어.

(3) 여성 운동

① 배경: 제2차 세계 대전 이후에도 여성에 대한 사회적·문화적 차별 지속 → 남성 중심의 사회 질서와 성차별에 반대하는 여성 운동 전개

② 전개: 1960년대 이후 여성 운동 활발 → 출산·육아를 위한 휴직 보장과 교육·취업의 기회균등 요구, 직장 내 성차별에 저항, 신체적 자기 결정권 주장, 동일 노동·동일 임금 등의 개혁 법안 발의 등

③ 성과: 각국에서 여성과 평등에 관한 정부 부처 설립, 여성 인권을 보호하는 법과 제도 신설(영국에서 차별 금지법 통과, 미국에서 여성의 평등권을 명시한 헌법 개정 시행 등) → 여성의 권리와 이익이 점차 신장

현재까지도 여성 운동이 지속되고 있어.

> 여성들은 남편과 아이를 넘어서 자신의 목표를 성취하기를 원하는 것을 이기적이라고 느낄 필요가 없다. …… 여성은 성숙한 성인이나 진정한 인간이 되게 허락받지 않은 것이 아니라, 거짓되고, 유아적인 형태의 여성성을 비판 없이 받아들인 결과 남편과 아이들을 위한 삶을 살게 되는 것이다.
>
> – 베티 프리단, 『여성성의 신화』

▲ 미국의 여성 운동가였던 베티 프리단은 여성이 사회 활동을 통해 질적인 양성평등을 이루어야 한다고 주장하였다.

내공 2 대중 사회의 형성과 대중문화의 발달

1 대중 사회의 형성

비슷한 생활 양식과 생각을 공유하는 불특정 다수를 뜻해.

(1) 배경: 제2차 세계 대전 이후 산업화·도시화의 가속화, 경제 성장, 교육 수준 향상, 대량 생산 체제 구축, 대중의 구매력 향상, 보통 선거 확산, 민주주의 발전 등

이로 인해 대중의 정치적 영향력이 커졌어.

(2) 형성: 대중이 사회의 주체가 되어 영향력을 행사하는 대중 사회 형성

신문, 라디오, 텔레비전, 인터넷 등 많은 사람에게 대량의 정보를 전달하는 수단이야.

(3) 대중 사회의 성장: 대중이 대중 매체를 통해 정보 획득, 여론 형성에 참여 → 정치·경제·사회·문화 등 모든 면에서 대중의 영향력 증대

(4) 대중 사회의 성장에 따른 부작용: 사회적 연대감 약화로 극단적 개인주의의 발생, 물질 만능주의 형성에 따른 여러 가지 사회 문제 발생

2 대중문화의 등장과 발달

(1) 대중문화의 등장: 대중 사회의 출현, 대중 매체의 발달 → 대다수 사람이 쉽게 접하고 즐기는 대중문화 등장

(2) 대중문화의 특징: 대중 매체에 의해 대량 생산됨, 다수의 소비를 전제로 상업화됨 → 생산 과정에서 대중의 취향과 정서 반영

대중이 상업적인 형태의 문화를 누리면서 대중문화가 확산되었지.

(3) 대중문화의 발달

젊은 세대가 새롭게 소비의 주체로 성장하면서 대중문화가 기존 사회 질서에 저항하는 성격을 띠게 되었어.

20세기 전반	1920년대 라디오의 보급으로 대중문화 전파 시작 → 영화, 텔레비전의 등장으로 대중문화가 빠르게 확산
20세기 후반	• 1960년대 탈권위주의 운동의 흐름 속에서 청년 문화 형성 → 청바지·로큰롤·장발 등 유행(개성과 정체성 표현), 히피 문화 확산(자유로운 감성과 즐거움 추구) • 20세기 후반부터 이동 전화, 인터넷의 보급으로 실시간 쌍방향 소통 가능 → 대중이 문화의 생산자로 적극 참여하게 되어 대중문화가 더욱 발전

당시 청년들은 넥타이와 정장으로 대표되는 기성세대의 옷차림을 거부하였지.

◀ **우드스톡 페스티벌의 모습** | 1969년 미국 뉴욕에서 열린 우드스톡 페스티벌은 반전, 평화, 자유를 노래한 축제로 당시 청년 문화가 잘 반영되어 있다.

(4) 대중문화 발달의 영향

① 예술과 사상의 변화: 20세기 중반 이후 인간의 자유를 추구하는 철학 발달, 포스트모더니즘 경향 등장

개성, 자율성, 다양성을 추구하였어.

② 여러 가지 문제점 발생: 문화의 획일화 현상 발생, 지나친 흥미 추구, 문화 생산자에 의한 정보 조작 우려, 전통문화와 정신적 가치의 급속한 파괴 등

특정 지역의 문화가 대중 매체를 통해 전 세계에 퍼지면서 각 지역의 문화가 고유성을 잃고 획일화되기도 하였어.

◀ **앤디 워홀의 「마릴린 먼로」** | '팝 아트'를 이끌었던 앤디 워홀은 유명한 상품이나 유명인을 복제하여 만든 작품을 통해 대중문화의 획일성을 비판하였다.

개념 확인하기

정답과 해설 14쪽

1 다음 괄호 안의 내용 중 알맞은 말에 ○표를 하시오.

(1) 1960년대 전후 권위주의적 체제에 (동조, 저항)하는 탈권위주의 운동이 전개되었다.

(2) 1964년 미국에서 (민권법, 와그너법)이 통과되면서 흑인과 백인 사이의 법적인 차별이 철폐되었다.

2 다음 인물과 그에 대한 설명을 연결하시오.

(1) 넬슨 만델라 • • ㉠ 워싱턴 행진 주도

(2) 마틴 루서 킹 • • ㉡ 아파르트헤이트에 저항

3 다음 설명이 맞으면 ○표, 틀리면 ×표를 하시오.

(1) 에스파냐에서는 1970년대 프랑코의 독재 정권에 맞서 전국적인 시위가 전개되었다. ( )

(2) 학생 운동은 민권 운동, 여성 운동 등 다양한 사회 운동이 성장하는 밑거름이 되었다. ( )

(3) 독일에서는 1968년 대학생들과 노동자들을 중심으로 68 운동(68 혁명)이 전개되었다. ( )

(4) 제2차 세계 대전 이후 전개된 여성 운동은 남성 중심의 사회 질서와 성차별에 찬성하였다. ( )

4 불특정 다수인 대중이 주체가 되어 영향력을 행사하는 사회인 (㉠)는 신문, 라디오, 텔레비전, 인터넷 등의 (㉡)가 발달하면서 더욱 성장하였다.

5 다음 빈칸에 들어갈 내용을 쓰시오.

(1) ( )는 대다수 사람이 쉽게 접하고 즐길 수 있는 문화로, 대중 매체에 의해 대량으로 생산된다.

(2) 1960년대 탈권위주의 운동이 확산되는 흐름 속에서 형성된 ( )의 사례로는 청바지와 로큰롤의 유행, 히피 문화의 확산 등을 들 수 있다.

6 대중문화가 발달하면서 나타난 문제점을 〈보기〉에서 골라 기호를 쓰시오.

보기
ㄱ. 지나친 흥미 추구
ㄴ. 문화의 획일화 현상 발생
ㄷ. 포스트모더니즘 경향 등장
ㄹ. 문화 생산자에 의한 정보 조작 불가

족집게 문제

내공 1 탈권위주의 운동

1 (가)에 들어갈 대답으로 적절하지 않은 것은?

① 시민 의식의 성장을 배경으로 등장하였어.
② 기존의 정치 체제에서 벗어나려는 움직임이었어.
③ 1960년대 전후 기성세대를 중심으로 전개되었어.
④ 인종 차별에 대한 저항 운동을 통해 세계 각지로 확산되었어.
⑤ 가부장적 가족 질서를 비롯한 사회의 여러 문제를 비판하였어.

중요 **2** ㉠에 들어갈 인물에 대한 설명으로 옳은 것을 〈보기〉에서 고른 것은?

> 나에게는 꿈이 있습니다. 내 아이들이 피부색을 기준으로 사람을 평가하지 않고 인격을 기준으로 사람을 평가하는 나라에서 살게 되는 꿈입니다. -(㉠)의 연설 중

• 보기 •
ㄱ. 대약진 운동을 전개하였다.
ㄴ. 워싱턴 행진을 주도하였다.
ㄷ. 독립 국가 연합(CIS)을 결성하였다.
ㄹ. 미국에서 민권법이 통과되는 데 기여하였다.

① ㄱ, ㄴ ② ㄱ, ㄷ ③ ㄴ, ㄷ
④ ㄴ, ㄹ ⑤ ㄷ, ㄹ

3 다음과 같은 탈권위주의 운동이 전개된 국가로 옳은 것은?

> 1950년대부터 넬슨 만델라 등이 아파르트헤이트 정책에 저항하였다.

① 독일 ② 미국 ③ 멕시코
④ 에스파냐 ⑤ 남아프리카 공화국

4 다음 사실들을 토대로 한 탐구 주제로 옳은 것은?

> • 1960년 한국에서 4·19 혁명이 전개되었다.
> • 1968년 멕시코 국민들이 정권의 억압에 항의하였다.
> • 1970년대 에스파냐에서 독재 정권에 맞서 전국적인 시위가 전개되었다.

① 소련의 해체 ② 민주화 운동의 전개
③ 레이거노믹스의 등장 ④ 국제 연합(UN)의 창설
⑤ 브레턴우즈 회의의 개최

중요 **5** 밑줄 친 '이 사건'에 대한 설명으로 옳은 것을 〈보기〉에서 고른 것은?

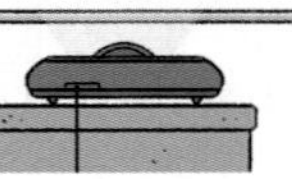

사진은 1968년 프랑스에서 '금지하는 모든 것을 금지하라.' 등의 구호를 내세우며 전개된 이 사건의 모습을 보여 줍니다.

• 보기 •
ㄱ. 대학 개혁과 민주화에 반대하였다.
ㄴ. 대학생들과 노동자들을 중심으로 전개되었다.
ㄷ. 유럽, 미국, 일본 등 전 세계적으로 확산되었다.
ㄹ. 드골이 영국에서 망명 정부를 세우는 배경이 되었다.

① ㄱ, ㄴ ② ㄱ, ㄷ ③ ㄴ, ㄷ
④ ㄴ, ㄹ ⑤ ㄷ, ㄹ

6 다음 상황에서 전개된 여성 운동에 대한 설명으로 옳지 않은 것은?

> 제2차 세계 대전 이후 여성들도 고등 교육의 혜택을 받고, 취업의 기회를 누릴 수 있게 되었다. 하지만 여성에 대한 사회적·문화적 차별은 여전히 지속되었다.

① 여성의 신체적 자기 결정권을 주장하였다.
② 출산·육아를 위한 휴직 보장을 요구하였다.
③ 동일 노동·동일 임금 등의 개혁 법안을 발의하였다.
④ 영국에서 여성의 참정권 획득을 위한 활동이 펼쳐졌다.
⑤ 미국에서 여성의 평등권을 명시한 헌법 개정이 이루어지는 성과를 가져왔다.

출제율 ●●●●● 시험에 꼭 나오는 출제 가능성이 높은 예상 문제로, 내신 100점을 받기 위한 필수 문항들

내공 2 대중 사회의 형성과 대중문화의 발달

7 밑줄 친 '이 사회'가 형성된 배경으로 옳은 것을 〈보기〉에서 고른 것은?

> 제2차 세계 대전 이후 대중이 사회의 주체가 되어 영향력을 행사하는 이 사회가 형성되었다.

보기
ㄱ. 대중의 구매력이 낮아졌다.
ㄴ. 세계 각국의 경제가 성장하였다.
ㄷ. 산업화와 도시화가 가속화되었다.
ㄹ. 대중의 정치적 영향력이 약화되었다.

① ㄱ, ㄴ ② ㄱ, ㄷ ③ ㄴ, ㄷ ④ ㄴ, ㄹ ⑤ ㄷ, ㄹ

중요 **8** ㉠~㉤의 답변 중 옳은 것은?

▶ 지식 Q&A
대중문화에 대해 알려 주세요.

▶ 답변하기
└→ ㉠ 특정 계층만이 접할 수 있는 문화예요.
└→ ㉡ 생산 과정에서 대중의 취향을 반영해요.
└→ ㉢ 대중 매체에 의해 대량으로 생산되지는 않아요.
└→ ㉣ 텔레비전이 보급되면서 전파되기 시작하였어요.
└→ ㉤ 실시간 쌍방향 소통이 가능해지면서 쇠퇴하였어요.

① ㉠ ② ㉡ ③ ㉢ ④ ㉣ ⑤ ㉤

9 다음 자료들을 활용하여 진행한 탐구 활동으로 가장 적절한 것은?

- 히피 문화의 특징이 표현된 문헌
- 우드스톡 페스티벌의 모습을 담은 영상
- 1960년대 청바지를 입고 장발을 한 청년의 사진

① 대중 매체의 발달 과정을 정리한다.
② 대중 사회가 형성된 배경을 알아본다.
③ 물질 만능주의가 형성된 이유를 찾아본다.
④ 기성세대의 문화를 대표하는 사례를 탐구한다.
⑤ 탈권위적인 청년 문화를 보여 주는 사례를 조사한다.

10 (가)에 들어갈 내용으로 가장 적절한 것은?

▲ 앤디 워홀의 「마릴린 먼로」

'팝 아트'를 이끌었던 앤디 워홀은 유명한 상품이나 유명인을 복제하여 만든 작품을 통해 ____(가)____ 현상을 비판하였다.

① 문화가 획일화되는
② 포스트모더니즘 경향이 대두되는
③ 전통문화와 정신적 가치가 파괴되는
④ 인간의 자유를 추구하는 철학이 발달하는
⑤ 문화 생산자의 의도에 따라 정보가 조작되는

서술형 문제

11 다음 자료를 보고 물음에 답하시오.

역사 용어 사전
- (㉠): 1960년대 전후 젊은 학생들이 중심이 되어 기성세대가 만든 권위주의적 질서와 체제에 저항하였던 운동으로, 민권 운동, 학생 운동, 여성 운동 등의 형태로 전개되었다.

(1) ㉠에 들어갈 용어를 쓰시오.

(2) (1)이 등장하게 된 배경을 세 가지 이상 서술하시오.

12 밑줄 친 부분에 해당하는 문제점을 두 가지 이상 서술하시오.

> 대중문화가 발달하면서 새로운 장르들이 나타나기도 하였지만, 여러 가지 문제점이 발생하기도 하였다.

03 현대 세계의 문제 해결을 위한 노력

내공 1 현대 세계의 다양한 문제

1 지역 분쟁과 국제 갈등

(1) 지역 분쟁: 냉전 체제 해체 이후 인종, 종교, 부족의 차이 등으로 발생

인종 차별	많은 국가들이 다인종 사회를 이룸 → 유학생이나 이주 노동자들이 차별받는 문제 발생
종교 및 민족 간 갈등	• 카슈미르 분쟁: 인도가 분리 독립할 때 이슬람교도가 대부분이었던 카슈미르 지방이 인도에 강제 편입되면서 인도와 파키스탄 사이의 무력 충돌 발생 • 팔레스타인 분쟁: 이스라엘 건국을 둘러싸고 이스라엘과 팔레스타인의 갈등 지속 • 아프리카의 내전: 르완다, 콩고, 수단 등에서 내전 발생 → 수많은 주민이 학살되거나 희생당함 (르완다: 후투족과 투치족 사이에 내전이 일어났어.)
기타	9·11 테러와 '테러와의 전쟁', 이라크 전쟁 등

(2) 난민 문제: 박해나 지역 간 분쟁 등을 피해 다른 지역으로 탈출하는 난민 발생 → 피난 과정에서 사상자 발생, 난민 수용 국가에서 민족 간 갈등 발생 (난민 발생: 주로 분쟁이 잦은 아프리카와 서아시아 지역에서 발생해.)

(3) 대량 살상 무기 문제: 핵무기·생화학 무기 개발 및 보유국 증가 → 핵전쟁의 위험, 핵 실험 과정에서 방사능 오염 등 피해 발생 ─ 세계 곳곳에서 반전 평화 운동이 전개되었어.

2 빈곤 문제

배경	• 신자유주의 경제 체제와 세계화의 확대로 국가 간 경제 교류가 활발해짐 → 국가 간의 경제적 차이 심화 • 내전 등 사회 혼란으로 개발 도상국의 경제 성장 지체
문제	• 기아: 자연재해·분쟁·빈곤 등으로 인한 식량 생산 차질, 식량 분배의 불평등으로 발생 • 남북문제: 북반구의 선진 공업국과 남반구의 개발 도상국 사이의 경제적 격차로 발생 (선진 공업국: 높은 기술과 자본을 가진 선진국에 세계의 부가 집중되고 있어.)

대서양
태평양
인도양
0°
(국제 통화 기금, 2015)
1인당 국내 총생산(달러)
35,000 이상 / 15,000 이상 / 10,000 이상 / 5,000 이상 / 3,500 이상 / 1,800 이상 / 900 이상 / 900 미만 / 자료 없음.

▲ **1인당 국내 총생산** | 선진국이 몰려 있는 북반구와 개발 도상국이 많이 있는 남반구의 1인당 국내 총생산이 차이 나는 것을 볼 수 있다.

3 질병 문제

(1) 아프리카·아시아 개발 도상국의 질병 문제: 영양 부족과 면역력 약화 등으로 다양한 질병 발생, 의료 시설과 의약품 부족 등 → 세계적 차원의 도움 필요

(2) 새로운 질병 확산: 중증 급성 호흡기 증후군(SARS), 조류 인플루엔자 등 새로운 질병이 전 세계로 빠르게 확산

(세계적 차원의 도움: 전 세계 어린이들의 생명과 건강을 위해 국제 연합 아동 기금(UNICEF)이 활동하고 있어.)

4 환경 문제

(1) 등장 배경: 산업화와 인구 증가로 전 세계의 자원 소비량과 폐기물의 양 급증

(2) 현황

① 지구 온난화: 화석 연료 사용 등으로 온실가스 배출 증가 → 지구 온난화로 빙하가 녹아 해수면 높이 상승

② 사막화: 무분별한 삼림 파괴, 황폐화되는 땅 증가 예 아랄해 등 (아랄해: 농지 개간과 댐 건설 등의 영향을 받아 하천의 수량이 감소하여 점점 사막으로 변하고 있어.)

③ 기타: 극심한 가뭄과 폭염 등 기상 이변, 열대림 파괴, 생물종 감소, 미세 먼지 발생에 따른 공기 오염, 오존층 파괴

내공 2 현대 세계의 문제 해결을 위한 노력

1 국제 사회의 노력

(1) 지역 분쟁과 국제 갈등 해결

① 국제 연합(UN)의 활동: 전문 기구와 산하 단체를 통해 세계 각지의 분쟁 문제 해결을 위해 노력 → 평화 유지군(PKF)을 분쟁 지역에 파견, 난민 기구 조직(1950), 난민 협약 체결(1951), '세계 난민의 날' 지정 등

② 대량 살상 무기 문제 해결 노력: 핵 확산 금지 조약(NPT)·생물 무기 금지 협약(BWC)·화학 무기 금지 협약(CWC) 등 국제 협약 체결 → 대량 살상 무기의 사용과 개발 금지 (핵 확산 금지 조약: 핵무기 보유 국가는 핵무기 관련 기술을 전파하지 않고, 핵무기가 없는 국가는 핵무기를 개발하지 않는다는 내용을 담고 있어.)

③ 반전 평화 운동: 1960년대 베트남 전쟁에 반대하는 움직임이 전 세계적으로 확산, 미국의 이라크 침공 반대 운동 등 전개

(2) 빈곤 문제 해결: 국제 부흥 개발 은행(IBRD)·국제 통화 기금(IMF)을 통해 개발 도상국에 기술 및 자금 지원 등

(3) 질병 문제 해결: 세계 보건 기구(WHO)의 긴급 구호 활동, 국경 없는 의사회(MSF) 등 비정부 기구(NGO)의 활동

(4) 환경 문제 해결: 온실가스 배출량을 줄이기 위한 국제 협약 체결, 화석 연료를 대체할 신·재생 에너지 개발 사업 추진, 그린피스·지구의 벗·세계 자연 기금(WWF) 등 비정부 기구(NGO)의 활동 (비정부 기구: 이윤 추구를 목표로 하지 않는 자발적 단체로, 민간인들이 조직하였어.)

1992년		1997년		2015년
환경과 개발에 관한 공동 선언(리우 선언) 발표	➡	교토 의정서 체결(선진국에 온실가스 감축 의무 부과)	➡	파리 기후 협정 체결(온실가스 감축 의무 대상국 확대)

▲ **기후 변화 협상의 전개**

2 우리의 자세

난민에게 관심을 기울이고 열린 마음을 갖도록 함, 빈곤 지역을 돕는 기부에 동참, 국제적인 자원 봉사 활동에 참여, 다문화·다인종 사회에 대한 인정과 존중하는 태도 함양, 에너지 절약 및 재활용품 분리수거 실천 등

개념 확인하기

정답과 해설 15쪽

1 다음 괄호 안의 내용 중 알맞은 말에 ○표를 하시오.

(1) 아프리카의 (르완다, 이라크)에서는 내전이 일어나 수많은 사람이 희생되었다.

(2) 인도와 파키스탄은 (카슈미르 지역, 팔레스타인 지역)을 둘러싸고 계속해서 무력 충돌을 벌이고 있다.

(3) 오늘날 많은 국가가 다인종 사회를 이루었지만 여전히 (성차별, 인종 차별)로 이주 노동자들이 차별받는 문제가 발생하고 있다.

2 북반구의 선진 공업국과 남반구의 개발 도상국 사이의 경제적 격차로 발생하는 문제를 ( )라고 한다.

3 빈곤 문제가 확산된 배경으로 옳은 것을 〈보기〉에서 골라 기호를 쓰시오

보기
ㄱ. 화석 연료의 사용 증가
ㄴ. 개발 도상국의 사회 혼란
ㄷ. 신자유주의와 세계화의 확대
ㄹ. 비정부 기구(NGO)의 활동 증대

4 다음 빈칸에 들어갈 내용을 쓰시오.

(1) 국제 연합(UN)은 분쟁 지역에 ( )(PKF)을 파견하고 있다.

(2) 1997년에 온실가스 배출량을 줄이기 위해 세계 각국이 모여 ( )를 체결하였다.

(3) 국제 사회는 대량 살상 무기 문제를 해결하기 위해 ( ) 조약(NPT) 등을 체결하였다.

(4) 그린피스, 세계 자연 기금 등 ( )(NGO)는 환경 문제 해결을 위해 다양한 방법으로 노력하고 있다.

5 다음 설명이 맞으면 ○표, 틀리면 ×표를 하시오.

(1) 오늘날과 같은 다문화·다인종 사회에서는 서로 간의 차이를 인정하고 존중하는 태도가 필요하다. ( )

(2) 환경 문제 해결을 위해서는 에너지 절약, 재활용품 분리수거 등을 실천하는 것보다 국제기구나 단체에 먼저 가입해야 한다. ( )

내공 쌓는 족집게 문제

내공 1 현대 세계의 다양한 문제

1 다음 학습 목표에 부합하는 내용으로 옳은 것을 〈보기〉에서 고른 것은?

• 학습 목표: 냉전이 끝난 후 세계 곳곳에서 인종, 종교, 부족의 차이 등으로 발생한 분쟁을 말할 수 있다.

보기
ㄱ. 베를린이 봉쇄되었다.
ㄴ. 이스라엘과 팔레스타인이 갈등을 겪었다.
ㄷ. 중국에서 국민당과 공산당의 내전이 발생하였다.
ㄹ. 르완다에서 후투족과 투치족 사이에서 내전이 발생하였다.

① ㄱ, ㄴ ② ㄱ, ㄷ ③ ㄴ, ㄷ
④ ㄴ, ㄹ ⑤ ㄷ, ㄹ

주관식

2 ㉠에 들어갈 용어를 쓰시오.

박해나 분쟁 등을 피해 다른 지역으로 탈출하는 사람들을 (㉠)(이)라고 한다. 그런데 이들이 주변 국가들로 피난하면서 사상자가 생기고, 이들을 수용한 국가에서 민족 간 갈등이 생기기도 하였다.

중요 **3 지도를 통해 알 수 있는 현대 세계 문제가 발생한 배경으로 가장 적절한 것은?**

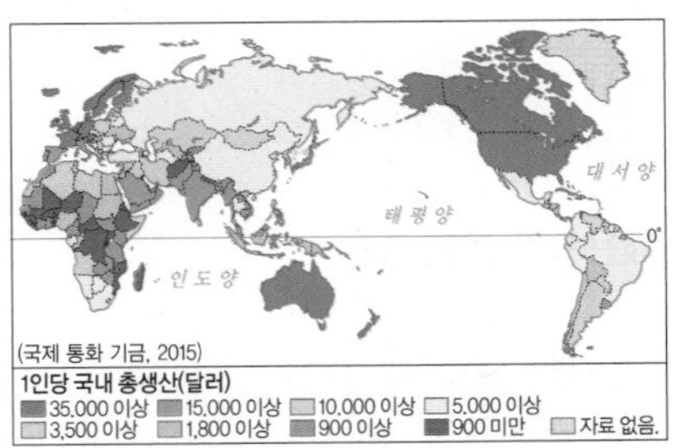

① 의료 시설과 의약품이 부족하기 때문이다.
② 전 세계의 자원 소비량이 급증하였기 때문이다.
③ 대량 살상 무기를 사용하는 국가가 늘어나고 있기 때문이다.
④ 신자유주의와 세계화의 확대로 국가 간의 경제적 차이가 커졌기 때문이다.
⑤ 아프리카 여러 지역에서 발생한 내전으로 많은 주민들이 학살당하는 일이 벌어졌기 때문이다.

4 ㉠에 들어갈 현대 세계의 환경 문제로 가장 적절한 것은?

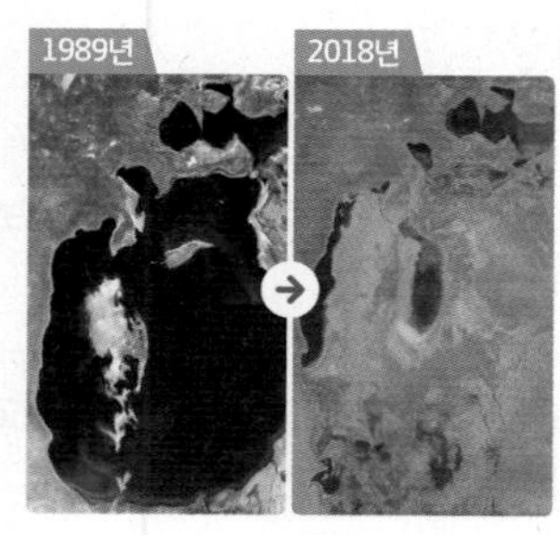

왼쪽 사진의 중앙아시아의 아랄해는 세계에서 네 번째로 큰 호수였지만, 농지 개간과 댐 건설 등의 영향으로 호수의 물이 줄어들면서 (㉠)이/가 점차 가속화되고 있다.

① 사막화
② 지구 온난화
③ 생물종 감소
④ 열대림 파괴
⑤ 오존층 파괴

내공 2 현대 세계의 문제 해결을 위한 노력

5 다음에서 설명하는 단체로 옳은 것은?

여러 전문 기구와 산하 단체들을 통해 세계 각지의 분쟁, 빈곤, 인권과 관련된 문제를 해결하기 위해 노력하고 있으며, 평화 유지군(PKF)을 분쟁 지역에 파견하거나 난민 기구를 통해 난민들의 생계를 지원하고 있다.

① 국제 연합(UN)
② 국제 통화 기금(IMF)
③ 세계 보건 기구(WHO)
④ 세계 자연 기금(WWF)
⑤ 국제 부흥 개발 은행(IBRD)

중요 6 (가)에 들어갈 내용으로 옳은 것은?

대량 살상 무기 문제
- 피해: 핵전쟁의 위험 증가, 핵 실험 과정에서 무고한 민간인 희생과 방사능 오염 등 피해 발생
- 해결을 위한 국제 사회의 대책: ______(가)______

① 난민촌 건설
② 교토 의정서 체결
③ 세계화 반대 시위 전개
④ 화석 연료의 사용 감소
⑤ 핵 확산 금지 조약(NPT) 체결

7 교사의 질문에 대한 학생의 대답으로 적절하지 않은 것은?

① 파리 기후 협정을 체결하였어요.
② 지역별 경제 공동체를 결성하였어요.
③ 환경과 개발에 관한 공동 선언을 발표하였어요.
④ 그린피스, 지구의 벗 등 비정부 기구가 활동하고 있어요.
⑤ 화석 연료를 대체할 신·재생 에너지 개발 사업을 추진하고 있어요.

서술형 문제

8 세계 곳곳에서 다음과 같은 운동이 일어나게 된 배경을 서술하시오.

▲ 런던에서 열린 이라크 전쟁 반대 시위(2003)

▲ 독일에서 전개된 반핵 시위(2011)

9 다음 제시된 단체들의 공통점을 서술하시오.

• 그린피스 • 지구의 벗 • 국경 없는 의사회

시험 하루 전!! 끝내주는~

내공 점검

핵심 문제 Ⅳ 제국주의 침략과 국민 국가 건설 운동(1회)

01 유럽과 아메리카의 국민 국가 체제(1)

1 (가)에 들어갈 내용으로 적절한 것은?

> 찰스 1세는 의회를 해산하고 한동안 소집하지 않다가 전쟁 비용을 마련하기 위해 의회를 다시 소집하였다. 의회는 세금 부과에 반대하며 국왕의 실정을 비판하였다. 국왕은 의회를 탄압하였고, 이로 인해 ___(가)___

① 명예혁명이 발생하였다.
② 권리 청원이 승인되었다.
③ 청교도 혁명이 일어났다.
④ 러다이트 운동이 전개되었다.
⑤ 테니스코트의 서약이 발표되었다.

2 다음과 같은 법을 제정한 인물에 대한 설명으로 옳은 것은?

> 영국과 영국 식민지로 들어오는 수입품의 수송은 영국이나 상품 생산국의 선박을 이용해야 한다.

① 남북 전쟁을 일으켰다.
② 독재 정치를 실시하였다.
③ 루이 16세를 처형하였다.
④ 바스티유 감옥을 습격하였다.
⑤ 식민지 대표들과 대륙 회의를 열었다.

3 교사의 질문에 대한 학생의 대답으로 가장 적절한 것은?

① 공화정이 수립되었어요.
② 찰스 2세가 즉위하였어요.
③ 내각 책임제가 실시되었어요.
④ 입헌 군주제의 토대가 마련되었어요.
⑤ 왕당파와 의회파 사이에 내전이 일어났어요.

4 다음은 미국에서 있었던 일들이다. (가)~(라)와 관련된 설명으로 옳지 않은 것은?

> (가) 파리 조약 체결
> (나) 독립 선언문 발표
> (다) 보스턴 차 사건 발발
> (라) 아메리카 합중국 수립

① (가) – 영국이 13개 식민지의 독립을 인정하였다.
② (나) – 북아메리카 13개 식민지의 대표들이 발표하였다.
③ (다) – 식민지 주민들이 보스턴 항구에 정박해 있던 영국 상선을 습격하였다.
④ (라) – 세계 최초의 공화정을 수립하였다.
⑤ (다) – (나) – (가) – (라) 순으로 일어났다.

5 (가)에 들어갈 내용으로 옳은 것은?

> **역사 인물 카드**
>
> 
>
> • 이름: 링컨
> • 생몰 연대: 1809~1865년
> • 주요 활동
> – 미국의 대통령으로 활동
> – ___(가)___

① 철혈 정책 추진
② 농노 해방령 발표
③ 노예 해방 선언 발표
④ 중북부 이탈리아 병합
⑤ 시칠리아와 나폴리 점령

6 다음 선언에 대한 설명으로 옳은 것은?

> 제1조 인간은 자유롭게 그리고 평등한 권리를 가지고 태어났다.
> 제2조 자유, 재산, 안전, 그리고 압제에 대한 저항권은 인간이 가진 불가침의 권리이다.
> 제3조 모든 주권의 원천은 국민에게 있다.

① 사회주의의 영향을 받았다.
② 미국 혁명의 전개 과정에서 발표되었다.
③ 국민 의회가 결성되는 데 직접적인 영향을 주었다.
④ 파리 시민들이 바스티유 감옥을 습격하는 계기가 되었다.
⑤ 자유와 평등, 재산권 보호, 국민 주권 등 프랑스 혁명의 이념이 담겨 있다.

7 밑줄 친 '프랑스 황제'에 대한 설명으로 옳지 않은 것은?

> **역사 신문**
>
> **유럽 대륙의 항구가 봉쇄되다!**
>
> 프랑스 황제는 유럽 대륙의 어느 국가도 영국과 교역을 하지 못하도록 유럽 대륙의 항구를 봉쇄하겠다고 선언하였다.

① 국립 은행을 설립하였다.
② 국민 공회가 수립되면서 처형되었다.
③ 국민 투표를 통해 황제로 즉위하였다.
④ 쿠데타를 일으켜 총재 정부를 무너뜨렸다.
⑤ 새로운 시민 사회의 규범을 담은 법전을 편찬하였다.

02 유럽과 아메리카의 국민 국가 체제(2)

[8~9] 다음은 사건의 흐름에 따라 세계사를 기술한 책이다. 이를 보고 물음에 답하시오.

> 나폴레옹이 몰락한 후 유럽 각국의 대표들은 전후의 혼란을 수습하기 위해 오스트리아의 재상 메테르니히의 주도로 빈 회의를 열었다.
>
> 2월 혁명의 영향으로 유럽의 여러 국가에서 자유주의와 민족주의 운동이 일어났고, 오스트리아에서 메테르니히가 추방되면서 빈 체제는 사실상 무너졌다.

8 밑줄 친 '빈 회의'에서 결정한 내용으로 옳은 것은?

① 대표 없는 곳에 과세할 수 없다.
② 도시의 중산 계급까지 선거권을 확대한다.
③ 비인간적인 노예제를 공식적으로 폐지한다.
④ 국왕은 의회의 승인 없이 세금을 징수할 수 없다.
⑤ 유럽 각국의 영토와 정치 체제를 프랑스 혁명 이전으로 되돌린다.

9 책의 찢어진 부분에 들어갈 내용으로 가장 적절한 것은?

① 미국에서 남북 전쟁이 발발하였다.
② 프랑스의 루이 16세가 삼부회를 소집하였다.
③ 프랑스에서 루이 필리프가 왕으로 추대되었다.
④ 러시아의 알렉산드르 2세가 농노 해방령을 발표하였다.
⑤ 프로이센의 빌헬름 1세가 황제로 즉위하면서 독일 제국의 수립을 선포하였다.

10 영국에서 다음 사항을 요구하며 자유주의 운동을 전개한 배경으로 옳은 것은?

> • 성년 남자의 보통 선거권 보장
> • 무기명 비밀 투표
> • 의원의 재산 자격 제한 폐지
> • 인구 비례에 따른 평등 선거구 설정
> • 매년 선거 실시
>
> – 인민헌장, 1838

① 곡물법과 항해법이 폐지되었다.
② 왕당파와 의회파 사이에 내전이 발생하였다.
③ 제1차 선거법 개정에 대한 노동자들의 불만이 커졌다.
④ 영국 사정에 어두운 하노버 공 조지 1세가 즉위하였다.
⑤ 공장법이 제정되어 어린이와 부녀자의 노동 시간에 제한이 생겼다.

11 ㉠, ㉡ 국가의 통일 운동에 대한 설명으로 옳지 않은 것은?

(㉠)의 문제는 연설이나 다수결로 해결할 수 없으며, 오직 철과 피에 의해서만 해결할 수 있습니다.

▲ 비스마르크

▲ 가리발디

나는 공화주의자이지만, (㉡)의 통일을 이루기 위해 모든 점령지를 사르데냐 왕인 비토리오 에마누엘레 2세에게 바치겠노라!

① ㉠ – 관세 동맹을 통해 경제적 통합을 먼저 이루었다.
② ㉠ – 프랑크푸르트 의회에서 통일 방안을 논의하였다.
③ ㉡ – 카보우르가 중북부 지역을 병합하였다.
④ ㉡ – 프로이센을 중심으로 통일 운동이 전개되었다.
⑤ ㉠, ㉡ – 통일 과정에서 오스트리아를 격파하였다.

12 (가), (나)에 해당하는 국가를 옳게 연결한 것은?

> (가) 흑인 노예들은 프랑스에 저항하여 라틴 아메리카 최초의 독립국을 세웠다.
> (나) 아메리카 대륙에 대한 유럽의 간섭과 식민지 건설을 허용하지 않겠다는 먼로주의를 발표하는 등 라틴 아메리카의 독립을 지원하였다.

	(가)	(나)		(가)	(나)
①	멕시코	미국	②	멕시코	영국
③	브라질	미국	④	아이티	미국
⑤	아이티	영국			

03 유럽의 산업화와 제국주의

13 밑줄 친 상황의 배경으로 옳지 않은 것은?

> 18세기 후반부터 유럽에서는 기계의 발명과 기술의 혁신으로 생산력이 급증하였다. 이러한 산업상의 혁명은 영국에서 가장 먼저 시작되었다.

① 석탄과 철 등 지하자원이 풍부하였다.
② 명예혁명으로 정치 안정이 이루어졌다.
③ 정부가 적극적으로 산업화를 주도하였다.
④ 모직물 공업의 발달로 자본이 축적되었다.
⑤ 인클로저 운동으로 일터를 잃은 농민들이 공장에 노동력을 제공하였다.

14 다음과 같은 상황 속에서 나타난 영국의 모습으로 적절하지 않은 것은?

> 19세기 런던 뒷골목은 온갖 쓰레기와 오물이 버려져 있으며, 집들이 다닥다닥 붙어 있는 주거 환경은 열악하고 지저분할 수밖에 없다. 노동자들의 삶도 비참하기는 마찬가지이다.

▲ 영국 런던의 주택가

① 도시화가 진행되었다.
② 빈부의 격차가 줄어들었다.
③ 자본가가 노동자를 고용하여 상품을 생산하였다.
④ 노동자들이 저임금을 받으며 장시간 노동에 시달렸다.
⑤ 일자리를 빼앗긴 노동자들이 기계 파괴 운동을 벌였다.

15 다음 글을 통해 알 수 있는 제국주의 열강들의 식민지 개척 목적으로 옳은 것을 〈보기〉에서 고른 것은?

> 나는 런던 이스트엔드의 실업자 집회에 가서 "빵을 달라."라는 절절한 연설만 듣고 오다가 문득 제국주의의 중요성을 깨달았다. 우리는 영국의 4천만 국민을 피비린내 나는 내란으로부터 구하기 위해 새로운 영토를 개척해야만 한다.
> – 세실 로즈, 『유언집』

• 보기 •
ㄱ. 원료 공급지 확보
ㄴ. 종교의 자유 확대
ㄷ. 상품 판매 시장 확대
ㄹ. 사회주의 사상의 전파

① ㄱ, ㄴ ② ㄱ, ㄷ ③ ㄴ, ㄷ
④ ㄴ, ㄹ ⑤ ㄷ, ㄹ

16 다음은 제국주의 열강의 아시아·태평양 지역 침략에 대한 필기 내용이다. ㉠~㉣ 중 옳은 것을 고른 것은?

> • 영국: 인도네시아 대부분 차지 ………… ㉠
> • 미국: 필리핀, 괌, 하와이 차지 ………… ㉡
> • 독일: 마셜 제도, 캐롤라인 제도 등 지배 ……… ㉢
> • 프랑스: 총독을 파견하여 인도 직접 통치 ……… ㉣

① ㉠, ㉡ ② ㉠, ㉢ ③ ㉡, ㉢
④ ㉡, ㉣ ⑤ ㉢, ㉣

17 지도는 19세기 열강의 아프리카 침략을 나타낸 것이다. (가) 지역에서 일어난 사건에 대한 설명으로 옳은 것은?

① 프랑스와 독일이 두 차례 대립하였다.
② 베를린 회의가 개최되는 계기가 되었다.
③ 아프리카의 여러 국가가 독립하는 배경이 되었다.
④ 영국이 인도로 가는 최단 항로를 확보할 수 있었다.
⑤ 영국의 종단 정책과 프랑스의 횡단 정책이 충돌하였다.

18 (가)에 들어갈 대답으로 적절한 것은?

① 동유 운동을 추진하였기 때문이야.
② 브나로드 운동을 전개하였기 때문이야.
③ 카르티니가 여성 교육을 강조하였기 때문이야.
④ 근대적 개혁을 추진하여 강력한 군대를 양성하였기 때문이야.
⑤ 마흐디(구세주) 운동의 전개 과정에서 민족의식이 성장하였기 때문이야.

04 서아시아와 인도의 국민 국가 건설 운동

19 다음 헌법이 제정된 사건에 대한 설명으로 옳지 않은 것은?

> • 모든 오스만인은 개인의 자유를 누린다.
> • 출판은 법률이 허용하는 범위 내에서 자유이다.
> • 적법하게 취득한 재산은 보장을 받는다.

① 보수 세력의 반발을 받았다.
② 민족과 종교에 따른 차별을 폐지하였다.
③ 오스만 제국의 위기를 극복하고자 실시되었다.
④ 유럽 열강의 간섭으로 큰 성과를 얻지 못하였다.
⑤ 술탄 압둘 하미드 2세의 전제 정치가 발단이 되었다.

20 ㉠에 들어갈 운동에 대한 설명으로 옳은 것은?

▲ 사우디아라비아 국기

(㉠) 당시 사용되었던 깃발을 바탕으로 제작된 사우디아라비아의 국기 위쪽에는 '알라 외에는 신이 없고, 무함마드는 예언자이다.'라는 『쿠란』의 구절이 쓰여 있다.

① 크리오요들이 주도하였다.
② 세포이의 항쟁으로 이어졌다.
③ 아랍 민족주의와 결합하였다.
④ 서양식 의회를 개설하고자 하였다.
⑤ 빈 체제가 성립되는 계기가 되었다.

21 지도와 같은 침략을 받은 국가에서 있었던 일로 옳은 것은?

① 벵골 분할령이 발표되었다.
② 담배 불매 운동이 전개되었다.
③ 청년 튀르크당이 혁명을 일으켰다.
④ 무함마드 알리가 총독으로 임명되었다.
⑤ 영국과 프랑스가 플라시 전투를 벌였다.

22 (가) 시기에 이집트에서 있었던 일로 옳은 것은?

무함마드 알리가 이집트 총독에 임명됨 ➡ (가) ➡ 아라비 파샤가 민족 운동을 이끎

① 수에즈 운하가 건설됨
② 나폴레옹의 침략을 받음
③ 이집트가 영국의 보호국이 됨
④ 영국이 벵골 지역 통치권을 차지함
⑤ 영국으로부터 담배 독점 판매권을 회수함

23 다음 사건에 대한 설명으로 옳지 않은 것은?

역사 신문

용병들, 영국의 지배 방식에 분노하다

영국군이 지급한 탄약 주머니에 돼지기름과 소기름이 칠해져 있다는 소문이 돌자 동인도 회사의 용병들이 이를 종교 탄압으로 여기고 항쟁을 일으켰다.

① 대규모 민족 운동으로 확산되었다.
② 무굴 황제가 폐위되는 원인이 되었다.
③ 영국 상품 배척을 강령으로 내걸었다.
④ 내부 분열과 영국군의 반격으로 실패하였다.
⑤ 영국 국왕이 인도 황제를 겸하는 계기가 되었다.

24 밑줄 친 '이 단체'에 대한 설명으로 옳은 것을 〈보기〉에서 고른 것은?

왼쪽 사진의 이 단체는 영국이 인도인을 회유하기 위해 영국식 교육을 받은 중상류층 인도인을 중심으로 1885년에 결성하였다.

보기
ㄱ. 세포이의 항쟁을 일으켰다.
ㄴ. 초기에는 영국의 인도 지배를 인정하였다.
ㄷ. 벵골 분할령 발표 이후 반영 운동에 앞장섰다.
ㄹ. 무력 혁명으로 정권을 잡고 헌법을 부활시켰다.

① ㄱ, ㄴ ② ㄱ, ㄷ ③ ㄴ, ㄷ
④ ㄴ, ㄹ ⑤ ㄷ, ㄹ

핵심 문제

25 다음 법령의 발표가 끼친 영향으로 옳은 것은?

> 벵골은 인구가 많고 면적이 넓어 통치하는 데 어려움이 많다. 행정의 효율성을 높이기 위해 벵골 지방을 동서로 나누어 통치할 것이다.

① 와하브 운동이 전개되었다.
② 인도 국민 회의가 결성되었다.
③ 영국령 인도 제국이 수립되었다.
④ 영국 상품 불매 운동이 벌어졌다.
⑤ 영국의 동인도 회사가 설립되었다.

05 동아시아의 국민 국가 건설 운동

26 다음 조약이 체결된 배경으로 옳은 것은?

> • 상하이 등 5개 항구를 개항하고 홍콩을 영국에 넘김
> • 중국 내 외국인 범죄자에 대한 치외 법권 인정
> • 영국에 막대한 배상금 지불
> • 공행 제도 폐지

① 청일 전쟁이 발생하였다.
② 애로호 사건이 발생하였다.
③ 태평천국 운동이 실패하였다.
④ 임칙서가 광저우에서 아편을 몰수하였다.
⑤ 영국이 프랑스와 연합하여 청과 전쟁을 벌였다.

27 다음 주장을 내세운 중국의 근대화 운동에 대한 설명으로 옳은 것은?

> • 만주족을 몰아내고 한족의 국가를 세우자.
> • 신분이나 남녀의 차별 없이 백성에게 토지를 골고루 나누어 주자.

① 한인 관료들이 주도하였다.
② 크리스트교의 영향을 받았다.
③ 입헌 군주제를 목표로 삼았다.
④ 운요호 사건의 결과로 일어났다.
⑤ 청일 전쟁에서 패배하면서 한계가 드러났다.

28 교사의 질문에 대한 학생의 대답으로 가장 적절한 것은?

① 삼민주의를 내세웠어요.
② 캉유웨이 등이 주도하였어요.
③ 난징 조약의 체결로 마무리되었어요.
④ 의용군과 외국 군대에 의해 진압되었어요.
⑤ 중체서용의 논리를 바탕으로 진행되었어요.

29 (가), (나) 사이에 일어난 일로 옳은 것은?

> (가) 이홍장, 증국번 등의 한인 관료들이 부국강병 정책을 추진하였다.
> (나) 산둥성을 중심으로 조직된 의화단이 선교사, 교회, 철도 등을 공격하였다.

① 신축 조약이 체결되었다.
② 청과 영국이 난징 조약을 체결하였다.
③ 홍수전이 태평천국 운동을 전개하였다.
④ 메이지 유신을 모방한 개혁이 일어났다.
⑤ 쑨원이 도쿄에서 중국 동맹회를 조직하였다.

30 다음 사건이 일어난 시기를 연표에서 옳게 고른 것은?

> 러일 전쟁 이후 일본이 대한 제국의 외교권을 박탈하고 대한 제국을 강제로 병합하였다.

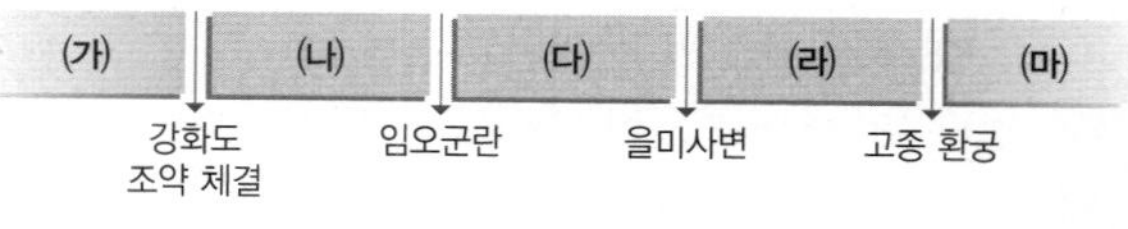

① (가) ② (나) ③ (다) ④ (라) ⑤ (마)

01 유럽과 아메리카의 국민 국가 체제(1)

1 다음은 영국 혁명 과정에서 있었던 일들이다. (가)~(라)를 일어난 순서대로 옳게 나열한 것은?

(가) 크롬웰이 죽자 다시 왕정이 시작되었다.
(나) 의회파와 왕당파 간의 내전이 발생하였다.
(다) 메리와 윌리엄 3세가 공동 왕으로 추대되었다.
(라) 의회가 찰스 1세에게 권리 청원을 승인받았다.

① (가) – (다) – (나) – (라) ② (가) – (다) – (라) – (나)
③ (나) – (다) – (라) – (가) ④ (라) – (가) – (다) – (나)
⑤ (라) – (나) – (가) – (다)

2 밑줄 친 '혁명'에 대한 설명으로 옳지 않은 것은?

그림으로 보는 역사

그림은 혁명 당시 5인의 기초 의원이 대륙 회의 의장에게 독립 선언문을 제출하는 모습을 그린 것이다.

① 프랑스 혁명에 영향을 주었다.
② 라틴 아메리카 독립운동에 영향을 주었다.
③ 노동자 계층으로까지 선거권이 확대되었다.
④ 자유와 평등의 이념을 실현한 시민 혁명이었다.
⑤ 영국의 지배에서 벗어나고자 한 독립 혁명이었다.

3 (가) 시기에 미국에서 있었던 사실로 옳지 않은 것은?

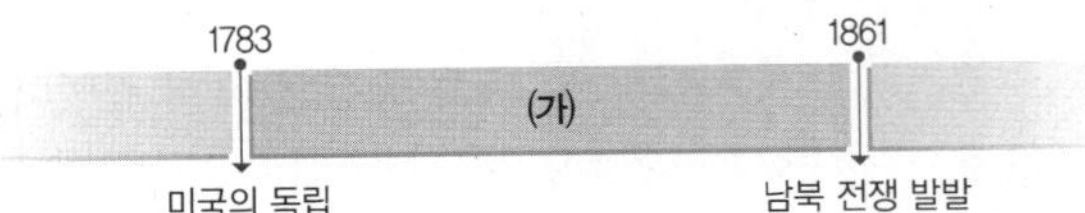

① 대륙 횡단 철도가 개통되었다.
② 남부와 북부가 노예 제도로 대립하였다.
③ 연방제, 삼권 분립 등을 규정한 헌법이 제정되었다.
④ 노예제 확대에 반대한 링컨이 대통령에 당선되었다.
⑤ 서부 개척과 영토 매입으로 대서양과 태평양 연안까지 영토를 확대하였다.

4 (가)에 들어갈 내용으로 가장 적절한 것은?

프랑스 혁명

• 배경: (가)
• 발단: 전쟁과 왕실의 사치로 국가 재정 악화 → 루이 16세의 전국 신분회(삼부회) 소집 → 삼부회 표결 방식 문제로 신분 간 대립

① 구제도의 모순
② 젠트리의 성장
③ 영국의 중상주의 정책 강화
④ 제임스 2세의 전제 정치 강화
⑤ 샤를 10세의 보수적인 정책 추진

5 다음은 프랑스 혁명 정부의 변천을 나타낸 것이다. ㉠에 들어갈 혁명 정부의 활동으로 옳은 것은?

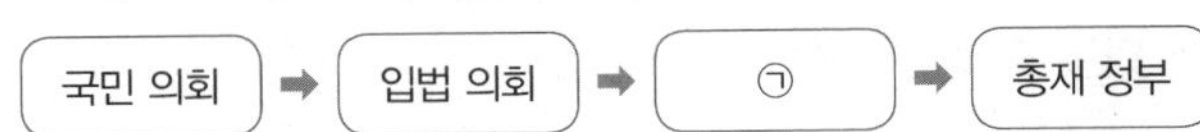

① 봉건제 폐지를 선언하였다.
② 인간과 시민의 권리 선언을 발표하였다.
③ 보통 선거제에 기초한 헌법을 제정하였다.
④ 오스트리아, 프로이센 등과 전쟁을 벌였다.
⑤ 입헌 군주제와 재산에 따른 제한 선거 등을 규정한 헌법을 제정하였다.

02 유럽과 아메리카의 국민 국가 체제(2)

6 ㉠~㉣의 답변 중 옳은 것을 고른 것은?

▶ 지식 Q&A

2월 혁명이 프랑스와 주변 지역에 끼친 영향에 대해 알려 주세요.

▶ 답변하기

↳ ㉠ 프랑스에서 입헌 군주제가 수립되었어요.
↳ ㉡ 자유주의와 민족주의 운동이 탄압받았어요.
↳ ㉢ 독일과 이탈리아에서 통일 국가 수립 운동이 추진되었어요.
↳ ㉣ 오스트리아에서 메테르니히가 추방되어 빈 체제가 붕괴되었어요.

① ㉠, ㉡ ② ㉠, ㉢ ③ ㉡, ㉢
④ ㉡, ㉣ ⑤ ㉢, ㉣

7 다음 내용을 뒷받침하는 사례로 적절하지 않은 것은?

> 영국에서는 프랑스와 달리 의회를 중심으로 점진적 개혁이 이루어지면서 자유주의가 발전하였다.

① 선거법이 개정되어 부패 선거구가 없어졌다.
② 국교를 믿지 않는 가톨릭교도에 대한 차별을 폐지하였다.
③ 시민들이 7월 혁명을 일으켜 입헌 군주제를 수립하였다.
④ 곡물법과 항해법을 폐지하여 정부의 경제 규제를 완화하였다.
⑤ 공장법이 제정되어 어린이와 부녀자의 노동 시간에 제한을 두었다.

8 다음과 같은 정책이 추진된 국가의 통일 과정에서 있었던 일로 옳은 것은?

> 언론이나 다수결로 당면한 문제가 해결되지 않습니다. 문제의 해결은 무엇보다도 '철과 피'를 통해서 가능한 것입니다.

① 가리발디가 나폴리와 시칠리아를 점령하였다.
② 관세 동맹을 통해 경제적 통합을 먼저 이루었다.
③ 프랑스의 지원을 받아 통일 전쟁에서 승리하였다.
④ 카보우르가 오스트리아와의 전쟁에서 승리하였다.
⑤ 사르데냐 왕국을 중심으로 통일 운동이 전개되었다.

9 밑줄 친 '개혁'에 해당하는 내용으로 옳은 것을 〈보기〉에서 고른 것은?

> 크림 전쟁 패배 이후 러시아가 낙후되어 있다고 생각한 알렉산드르 2세는 개혁을 실시하였다.

보기
ㄱ. 지방 의회 구성 ㄴ. 농노 해방령 발표
ㄷ. 브나로드 운동 추진 ㄹ. 시베리아 횡단 철도 건설

① ㄱ, ㄴ ② ㄱ, ㄷ ③ ㄴ, ㄷ
④ ㄴ, ㄹ ⑤ ㄷ, ㄹ

10 라틴 아메리카 독립운동의 배경으로 옳지 않은 것은?

① 프랑스 혁명의 이념이 전파되었다.
② 영국이 중상주의 정책을 강화하였다.
③ 영국이 새로운 상품 시장의 확보를 위해 독립운동을 지원하였다.
④ 미국이 먼로 선언을 통해 아메리카 대륙에 대한 유럽의 간섭을 배제하였다.
⑤ 나폴레옹 전쟁으로 라틴 아메리카 대륙에 대한 에스파냐의 간섭이 약해졌다.

03 유럽의 산업화와 제국주의

11 ㉠~㉢에 들어갈 국가를 옳게 연결한 것은?

> (㉠)에서 시작된 산업 혁명은 여러 국가로 퍼졌고, (㉡)은/는 남북 전쟁 이후 풍부한 지하자원과 노동력을 바탕으로 산업이 빠르게 발전하였다. 통일을 이룬 (㉢)은/는 정부가 적극적으로 산업화를 주도하여 중화학 공업이 크게 발전하였다.

	㉠	㉡	㉢
①	독일	영국	프랑스
②	미국	프랑스	독일
③	영국	미국	독일
④	영국	독일	프랑스
⑤	프랑스	미국	독일

12 ㉠에 따른 사회 변화로 볼 수 없는 것은?

> 왼쪽 사진은 사회·경제적 대변혁이 나타난 (㉠) 시기 면직물 공장의 모습으로, 공장제 기계 공업이 발달하여 면직물이 대량으로 생산되었음을 보여 준다.

① 빈부 격차가 심화되었다.
② 자본주의 경제 체제가 확립되었다.
③ 사회 구조가 농업 중심 사회로 변화하였다.
④ 노동자들이 낮은 임금과 장시간 노동에 시달렸다.
⑤ 도시에서 주택 부족, 환경·위생 문제가 발생하였다.

13 밑줄 친 '이 사상'으로 옳은 것은?

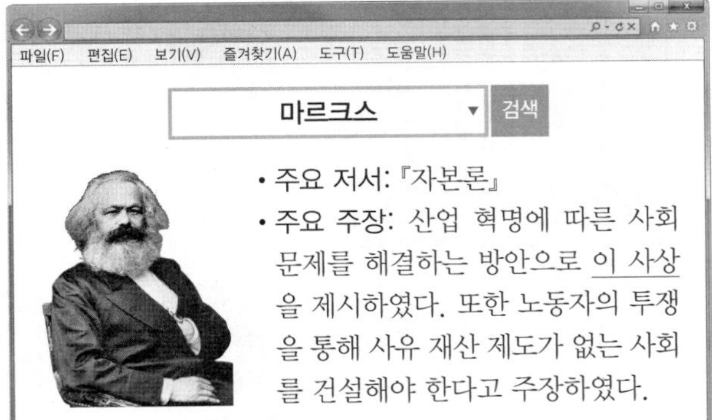

• 주요 저서: 『자본론』
• 주요 주장: 산업 혁명에 따른 사회 문제를 해결하는 방안으로 <u>이 사상</u>을 제시하였다. 또한 노동자의 투쟁을 통해 사유 재산 제도가 없는 사회를 건설해야 한다고 주장하였다.

① 공리주의 ② 민족주의 ③ 사실주의
④ 사회주의 ⑤ 자유주의

14 19세기 유럽 문화에 대한 탐구 활동으로 적절하지 <u>않은</u> 것은?

① 라듐 발견의 영향을 알아본다.
② 실증주의자의 주장을 살펴본다.
③ 다윈의 학문적 성과를 파악한다.
④ 낭만주의 양식의 특징을 분석한다.
⑤ 계몽사상이 등장한 배경을 조사한다.

15 다음에 나타난 사상을 배경으로 일어난 일로 옳은 것은?

▲ 빅터 길럼의 「백인의 짐」

그림은 영국과 미국을 상징하는 인물들이 식민지인들을 짊어지고 정상의 '문명'을 향해 오르고 있는 장면이다. 정상의 '문명의 여신'이 두 손에 '교육'과 '자유'를 들고 있다.

① 라틴 아메리카의 아이티가 독립하였다.
② 영국에서 러다이트 운동이 전개되었다.
③ 미국에서 보스턴 차 사건이 발생하였다.
④ 러시아에서 데카브리스트의 봉기가 발생하였다.
⑤ 제국주의 국가들이 아시아와 아프리카를 분할 점령하였다.

16 다음은 어느 국가에 대한 발표 주제이다. (가)에 들어갈 내용으로 적절한 것은?

• 1모둠: 베트남의 지배권을 확보하다
• 2모둠: 모로코를 둘러싸고 독일과 대립하다
• 3모둠: (가)

① 아프리카 횡단 정책을 추진하다
② 마셜 제도와 캐롤라인 제도를 점령하다
③ 에스파냐를 물리치고 필리핀을 차지하다
④ 포르투갈을 밀어내고 인도네시아를 차지하다
⑤ 수에즈 운하를 매입하고 이집트를 보호국화하다

17 다음 대화의 주제가 된 국가로 옳은 것은?

① 독일 ② 미국 ③ 영국
④ 벨기에 ⑤ 네덜란드

18 다음에서 설명하는 국가에서 전개된 민족 운동의 내용으로 옳은 것은?

동남아시아의 여러 개의 섬으로 이루어진 국가로, 네덜란드의 식민 지배를 받으며, 고무·사탕수수 등의 플랜테이션을 강요받았다.

① 호세 리살이 민족 운동을 주도하였다.
② 통킹 의숙을 설립하여 문맹 퇴치를 위해 노력하였다.
③ 메넬리크 2세가 강력한 군대를 육성하는 등 근대적 개혁을 추진하였다.
④ 지식인들과 이슬람교도 상인들이 외국 자본과 크리스트교에 반대하는 운동을 벌였다.
⑤ 외국인들을 몰아내고 모든 사람이 평등한 새로운 이슬람 세계를 만들자는 운동을 벌였다.

04 서아시아와 인도의 국민 국가 건설 운동

19 밑줄 친 '이 단체'가 주도한 활동으로 옳은 것은?

오스만 제국의 개혁이 실패로 돌아가자, 술탄 압둘 하미드 2세는 헌법을 폐지하고 의회를 해산한 뒤 전제 정치를 강화하였다. 이에 반발한 젊은 장교와 관료, 지식인들은 이 단체를 결성하였다.

① 헌법을 부활시켰다.
② 탄지마트를 실시하였다.
③ 노예 해방을 선언하였다.
④ 수에즈 운하를 건설하였다.
⑤ 와하브 운동을 전개하였다.

20 (가) 운동에 대한 설명으로 옳은 것을 〈보기〉에서 고른 것은?

보기
ㄱ. 아랍 고전을 연구하였다.
ㄴ. 튀르크 민족주의를 내세웠다.
ㄷ. 이슬람교 본래의 순수성을 되찾고자 하였다.
ㄹ. 오스만 제국에 저항하는 운동으로 발전하였다.

① ㄱ, ㄴ ② ㄱ, ㄷ ③ ㄴ, ㄷ
④ ㄴ, ㄹ ⑤ ㄷ, ㄹ

21 ㉠에 들어갈 민족 운동에 대한 설명으로 옳지 않은 것은?

1890년 이란의 국왕이 근대화 자금을 마련하기 위해 영국 상인에게 담배 독점 판매권을 주자, 알 아프가니는 각지의 이슬람교 지도자들에게 편지를 보내 (㉠)에 나서 줄 것을 호소하였다.

① 입헌 혁명의 계기가 되었다.
② 이란의 민족의식을 고취하였다.
③ 성직자의 영향력이 확대되는 결과를 낳았다.
④ 사우디아라비아 왕국의 건설에 영향을 주었다.
⑤ 왕과 외세에 반대하는 저항 운동으로 발전하였다.

22 교사의 질문에 대한 학생의 대답으로 적절하지 않은 것은?

① 영국과 프랑스의 내정 간섭을 받았어요.
② 아라비 파샤가 민족 운동을 이끌었어요.
③ 무함마드 알리가 근대화를 추진하였어요.
④ 오스만 제국으로부터 자치권을 인정받았어요.
⑤ 미드하트 파샤가 서양식 의회를 개설하였어요.

23 (가)에 들어갈 내용으로 옳은 것을 〈보기〉에서 고른 것은?

역사 수행 평가 보고서
- 주제: 세포이의 항쟁
- 전개: 세포이들의 무장 투쟁 → 각계각층의 사람들이 참여, 대규모 민족 운동으로 확산
- 결과: (가)

보기
ㄱ. 영국령 인도 제국이 수립됨
ㄴ. 영국이 무굴 황제를 폐위함
ㄷ. 영국이 벵골 지역의 통치권을 차지함
ㄹ. 영국이 형식적으로 인도의 자치를 인정함

① ㄱ, ㄴ ② ㄱ, ㄷ ③ ㄴ, ㄷ
④ ㄴ, ㄹ ⑤ ㄷ, ㄹ

24 영국이 벵골 지역을 지도와 같이 분할하고자 한 이유로 옳은 것은?

① 인도인을 회유하기 위함이다.
② 세포이의 항쟁을 진압하기 위함이다.
③ 인도 국민 회의를 결성하기 위함이다.
④ 인도인에게 아편과 면화 재배를 강요하기 위함이다.
⑤ 종교 갈등을 통해 민족 운동의 힘을 분산하기 위함이다.

05 동아시아의 국민 국가 건설 운동

25 다음 사건이 일어난 시기를 연표에서 옳게 고른 것은?

청의 관리가 광저우에 정박해 있던 애로호에 올라 밀수 혐의로 선원을 체포하던 중 영국 국기를 강제로 내린 사건이 일어났다.

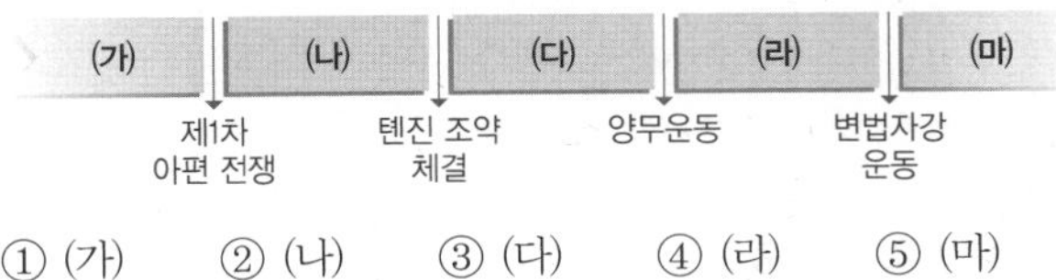

① (가) ② (나) ③ (다) ④ (라) ⑤ (마)

26 제시된 인물에 대한 설명으로 옳은 것은?

만주족을 몰아내고 한족의 국가를 세웁시다.

① 중체서용을 내세웠다.
② 아편 전쟁을 일으켰다.
③ 신해혁명을 주도하였다.
④ 외국에 유학생을 파견하였다.
⑤ 토지 균등 분배와 남녀평등을 주장하였다.

27 밑줄 친 '이 정부'에서 실시한 정책으로 옳은 것을 〈보기〉에서 고른 것은?

▲ 이와쿠라 사절단

이 정부에서는 이와쿠라 도모미를 주축으로 사절단을 꾸려 미국과 유럽 국가들을 방문하게 하였다. 이들은 선진국의 제도와 문물을 시찰하고 귀국하였다.

보기
ㄱ. 신분제를 폐지하였다.
ㄴ. 번을 없애고 현을 설치하였다.
ㄷ. 산킨코타이 제도를 실시하였다.
ㄹ. 미일 수호 통상 조약을 체결하였다.

① ㄱ, ㄴ ② ㄱ, ㄷ ③ ㄴ, ㄷ
④ ㄴ, ㄹ ⑤ ㄷ, ㄹ

28 (가) 시기에 일본에서 있었던 일로 옳은 것은?

메이지 정부가 수립됨 ➡ (가) ➡ 일본 제국 헌법이 제정됨

① 러일 전쟁이 발생함
② 미일 화친 조약을 체결함
③ 자유 민권 운동이 전개됨
④ 일본이 랴오둥반도를 청에 반환함
⑤ 지방의 하급 무사들을 중심으로 존왕양이 운동이 일어남

29 ㉠에 들어갈 전쟁에 대한 설명으로 옳은 것은?

① 포츠머스 조약의 체결로 종결되었다.
② 조선에 대한 지배권을 두고 일어났다.
③ 일본이 류큐를 병합하는 계기가 되었다.
④ 청의 아편 단속을 배경으로 시작되었다.
⑤ 일본이 영국과 미국의 지원을 받으면서 전개되었다.

30 (가)에 들어갈 답변으로 적절하지 않은 것은?

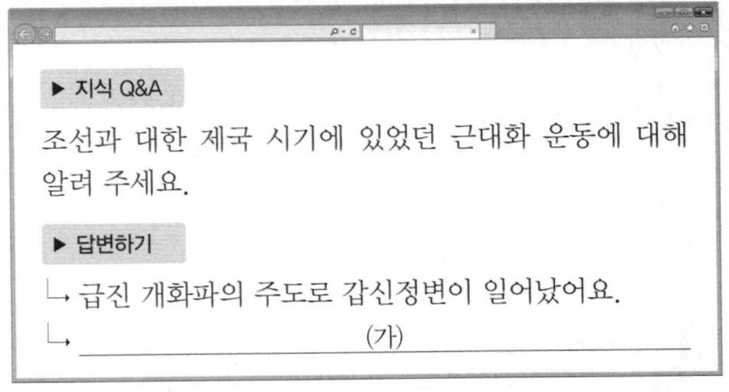

① 자주 국권 운동이 전개되었어요.
② 독립 협회가 만민 공동회를 개최하였어요.
③ 전봉준이 농민들을 모아 외세에 저항하였어요.
④ 유생들을 중심으로 위정척사 운동이 전개되었어요.
⑤ 신분제와 과거제 폐지 등의 내용을 담은 갑오개혁이 추진되었어요.

01 세계 대전과 국제 질서의 변화(1)

1 (가)에 들어갈 대답으로 적절한 것을 〈보기〉에서 고른 것은?

보기
ㄱ. 전체주의 세력이 등장하였어.
ㄴ. 3국 동맹과 3국 협상 간의 갈등이 심해졌어.
ㄷ. 미국에서 시작된 대공황이 전 세계로 확산되었어.
ㄹ. 발칸반도에서 범슬라브주의와 범게르만주의가 대립하여 긴장이 고조되었어.

① ㄱ, ㄴ ② ㄱ, ㄷ ③ ㄴ, ㄷ
④ ㄴ, ㄹ ⑤ ㄷ, ㄹ

2 (가), (나)에 대한 설명으로 옳은 것은?

(가) 사라예보 사건 (나) 무제한 잠수함 작전

① (가)는 제1차 세계 대전이 종결된 직후에 일어난 사건이다.
② (가)는 오스트리아·헝가리 제국이 세르비아에 선전 포고를 하는 결과를 가져왔다.
③ 제2차 세계 대전 중에 (나)의 성공으로 프랑스가 해방되었다.
④ (나)는 미국이 제1차 세계 대전에 참전한 것을 계기로 전개되었다.
⑤ (가)는 (나)를 배경으로 발생하였다.

3 다음에서 설명하는 국가로 옳은 것은?

• 1882년에 체결된 3국 동맹에 참여하였다.
• 제1차 세계 대전에서 연합국 편에 가담하였다.

① 독일 ② 영국
③ 이탈리아 ④ 오스만 제국
⑤ 오스트리아·헝가리 제국

4 다음 사진전에 전시될 작품의 제목으로 적절하지 <u>않은</u> 것은?

초대장
제1차 세계 대전의 특징과 과정을 볼 수 있는 사진전에 초대합니다. 참석 부탁드립니다.
• 일시: 20○○. ○. ○.
• 장소: △△중학교 다목적실

① 참호에서 적진을 살피는 군인들
② 공장에서 군수품을 만드는 여성들
③ 포탄을 막아 내기 위해 발명된 탱크
④ 원자 폭탄 투하로 폐허가 된 히로시마
⑤ 무제한 잠수함 작전에 동원된 U보트 잠수함

5 다음 사건의 결과로 옳은 것은?

러시아에서 새롭게 수립된 임시 정부가 개혁을 미루고 전쟁을 지속하자 레닌이 이끄는 볼셰비키가 무장봉기를 일으켰다.

① 3국 협상이 체결되었다.
② 러일 전쟁이 발발하였다.
③ 소비에트 정부가 수립되었다.
④ 피의 일요일 사건이 일어났다.
⑤ 차르 니콜라이 2세가 언론의 자유 보장을 약속하였다.

6 다음 자료를 활용한 탐구 활동으로 가장 적절한 것은?

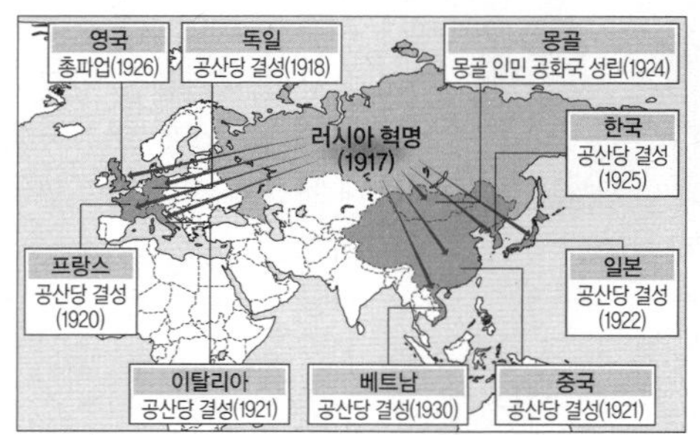

① 사회주의의 확산 배경을 알아본다.
② 빈 체제가 성립된 계기를 조사한다.
③ 포츠담 회담에서 결정된 사항들을 검색한다.
④ 산업 혁명으로 변화한 사회의 모습을 정리한다.
⑤ 알렉산드르 2세가 추진한 개혁의 내용을 살펴본다.

7 밑줄 친 '이 인물'에 대한 설명으로 옳은 것은?

> 레닌의 뒤를 이어 집권한 이 인물은 급격한 군비 확장과 중공업 육성책을 실시하였다. 이를 위해 그는 신경제 정책(NEP)을 버리고, 전면적인 사회주의 경제 정책을 추진하였다.

① 뉴딜 정책을 추진하였다.
② 14개조 평화 원칙을 내세웠다.
③ 러시아 3월 혁명을 주도하였다.
④ 공산당 독재 체제를 강화하였다.
⑤ 제1차 세계 대전 중 독일과 강화 조약을 체결하였다.

8 ㉠, ㉡에 들어갈 용어를 옳게 연결한 것은?

> 제1차 세계 대전이 끝나자 연합국은 전후 문제를 처리하기 위해 (㉠)을/를 개최하였다(1919). 그 결과 승전국과 독일 사이에 (㉡)이 체결되면서 패전국 독일에 전쟁 책임을 묻고, 그 대가로 막대한 배상금을 지불하게 하는 베르사유 체제가 성립하였다.

	㉠	㉡
①	얄타 회담	베르사유 조약
②	얄타 회담	켈로그·브리앙 조약
③	워싱턴 회의	켈로그·브리앙 조약
④	파리 강화 회의	로카르노 조약
⑤	파리 강화 회의	베르사유 조약

9 다음 선언이 발표된 민족 운동의 배경으로 옳은 것은?

> 베르사유 평화 회담이 열렸을 때 우리가 희망하고 경축한 것은 세계에 정의가 있고 공리가 있다고 한 것이 아니었겠습니까? 칭다오를 돌려주고 중국과 일본 사이의 밀약 …… 불평등 조약까지 취소하는 것이 바로 공리이고 정의입니다. …… 산둥이 망하면 중국도 망합니다. …… 국민 대회를 열고 뜻을 굽히지 않겠다고 전국에 전보로 알리는 것이 오늘의 급무입니다.
>
> – 전 베이징 학생 톈안먼 선언, 1919

① 제1차 국공 합작이 결렬되었다.
② 일본이 21개조 요구를 강요하였다.
③ 국민당과 공산당이 연합하여 항일 투쟁에 나섰다.
④ 마오쩌둥이 이끄는 공산당이 대장정에 나서 국민당 정부에 대항하였다.
⑤ 국민당과 공산당이 군벌과 제국주의 세력을 타도하기 위해 연합하였다.

10 (가)~(마)에 들어갈 질문으로 옳은 것은?

질문	정답
(가)	간디
(나)	네루
(다)	장제스
(라)	호찌민
(마)	수카르노

① (가) – 인도네시아 국민당을 결성한 인물은?
② (나) – 비폭력·불복종 운동으로 영국에 맞선 인물은?
③ (다) – 군벌 세력을 제압하고 중국을 통일한 인물은?
④ (라) – 인도의 완전한 독립을 주장하며 무력으로 저항한 인물은?
⑤ (마) – 베트남 공산당을 조직하여 프랑스에 맞서 민족 운동을 이끈 인물은?

11 다음 가상 인터뷰의 밑줄 친 정책을 시행한 목적으로 적절한 것은?

> • 기자: 튀르키예 공화국의 초대 대통령에 선출되신 것을 정말 축하드립니다. 앞으로 어떤 일을 하실 예정인가요?
> • 무스타파 케말: 저는 <u>정치와 종교의 분리, 여성 참정권 부여, 문자 개혁</u> 등을 시행할 예정입니다.

① 근대화를 추진하기 위해
② 독립 전쟁을 전개하기 위해
③ 술탄 제도를 폐지하기 위해
④ 신문화 운동을 전개하기 위해
⑤ 와프드당 중심의 반영 운동을 전개하기 위해

02 세계 대전과 국제 질서의 변화(2)

12 다음 상황에 대한 각국의 대응 방안으로 옳은 것을 <보기>에서 고른 것은?

> 1929년 뉴욕 증권 거래소 주가가 갑자기 큰 폭으로 떨어졌다. 많은 회사와 은행이 문을 닫았으며, 실업자가 늘어났다. 이러한 경제 위기는 여러 국가로 퍼져 나갔다.

보기
ㄱ. 영국 – 블록 경제 형성
ㄴ. 일본 – 보호 무역 체제 약화
ㄷ. 미국 – 정부가 생산 활동에 적극 개입
ㄹ. 프랑스 – 군비 증강 및 대외 팽창 추진

① ㄱ, ㄴ ② ㄱ, ㄷ ③ ㄴ, ㄷ
④ ㄴ, ㄹ ⑤ ㄷ, ㄹ

13 ㉠에 들어갈 용어로 옳은 것은?

▲ 무솔리니(왼쪽)와 히틀러(오른쪽)

▲ 나치스 친위대 | 나치스의 무장 조직으로 히틀러의 대외 침략을 도왔다.

① 사회주의 ② 자본주의 ③ 전체주의
④ 제국주의 ⑤ 민족 자결주의

14 (가) 시기에 있었던 사실로 옳은 것을 〈보기〉에서 고른 것은?

대공황 발생 ➡ (가) ➡ 독소 불가침 조약 체결

보기
ㄱ. 히틀러가 일당 독재를 수립하였다.
ㄴ. 일본이 연합국에 무조건 항복을 선언하였다.
ㄷ. 독일, 이탈리아, 일본이 방공 협정을 체결하였다.
ㄹ. 무솔리니가 로마 진군을 통해 정권을 장악하였다.

① ㄱ, ㄴ ② ㄱ, ㄷ ③ ㄴ, ㄷ
④ ㄴ, ㄹ ⑤ ㄷ, ㄹ

15 밑줄 친 '기습 공격'이 일어난 배경으로 옳은 것은?

> 1941년 12월 7일, 치욕스러운 날로 기억될 어제, 일본의 해군과 공군은 미합중국을 용의주도하게 <u>기습 공격</u>하였습니다. …… 일본은 태평양 전역을 기습 공격한 셈입니다.
> – 루스벨트 대통령의 연설 중

① 소련이 만주로 진격하였다.
② 일본이 미군정의 관리를 받게 되었다.
③ 일본에서 국제 군사 재판이 개최되었다.
④ 미국이 일본에 원자 폭탄을 투하하였다.
⑤ 미국이 일본의 동남아시아 침략에 경제 봉쇄로 맞섰다.

16 ㉠, ㉡에 들어갈 용어를 옳게 연결한 것은?

> 세계의 전쟁사 제2차 세계 대전 편
> 전쟁 초기에는 독일과 일본이 우세하였다. 하지만 1942년 미국이 (㉠)에서 일본에 승리하고, 1943년 소련이 (㉡)에서 독일에 승리하면서 연합국이 승기를 잡았다.

	㉠	㉡
①	플라시 전투	스탈린그라드 전투
②	미드웨이 해전	플라시 전투
③	미드웨이 해전	스탈린그라드 전투
④	스탈린그라드 전투	플라시 전투
⑤	스탈린그라드 전투	미드웨이 해전

17 (가)에 들어갈 내용으로 옳은 것을 〈보기〉에서 고른 것은?

> 제2차 세계 대전이 끝나기 전부터 국제 사회는 전후 처리 문제를 논의하였는데, 미국과 영국은 1941년에 대서양 헌장을 발표하여 (가)

보기
ㄱ. 일본의 주권 회복을 결정하였다.
ㄴ. 한국의 독립을 최초로 약속하였다.
ㄷ. 전후 평화 수립의 원칙을 정하였다.
ㄹ. 국제 연합(UN)의 창설을 결정하였다.

① ㄱ, ㄴ ② ㄱ, ㄷ ③ ㄴ, ㄷ
④ ㄴ, ㄹ ⑤ ㄷ, ㄹ

18 제1차 세계 대전과 제2차 세계 대전을 비교한 내용으로 옳지 <u>않은</u> 것은?

	구분	제1차 세계 대전	제2차 세계 대전
①	배경	제국주의 국가 간 대립	전체주의 국가의 출현
②	발발 계기	독일의 폴란드 침공	사라예보 사건 발발
③	대결 구도	연합국 대 동맹국	연합국 대 추축국
④	미국의 참전 계기	독일의 무제한 잠수함 작전	일본의 진주만 미군 기지 공격
⑤	승전국	연합국	연합국

03 민주주의의 확산 ~ 인권 회복과 평화 확산을 위한 노력

19 ㉠~㉤에 들어갈 내용으로 옳은 것은?

> 제1차 세계 대전 이후 대부분의 유럽 국가들은 헌법과 의회를 갖춘 (㉠)을/를 채택하였다. (㉡)에서는 바이마르 공화국이 수립되었으며, 오스트리아·헝가리 제국은 (㉢)(으)로 해체되어 왕정이 사라졌고 많은 민주 공화국이 탄생하였다. 또한 (㉣)은/는 시리아, 이라크 등으로 분리되었으며, 패전국의 식민지였던 폴란드, 체코슬로바키아 등이 (㉤) 원칙에 따라 독립하였다.

① ㉠ – 제정 ② ㉡ – 영국
③ ㉢ – 로카르노 조약 ④ ㉣ – 오스만 제국
⑤ ㉤ – 자유방임주의

20 다음 상황들을 종합하여 내릴 수 있는 결론으로 가장 적절한 것은?

> • 1910년대 후반 독일에서 여성의 참정권이 허용되었다.
> • 1920년 미국에서 성별에 관계없이 누구나 선거할 수 있다는 내용이 헌법에 명시되었다.
> • 영국에서 여성의 참정권이 1918년에 부분적으로 허용되었고, 1928년에 전면적으로 허용되었다.

① 보통 선거가 점차 정착되었다.
② 여성의 사회 참여가 감소하였다.
③ 노동자의 권리가 크게 확대되었다.
④ 자본주의가 본격적으로 발달하였다.
⑤ 여성의 사회적·경제적 역할이 축소되었다.

21 다음에서 설명하는 조직으로 옳은 것은?

> • 창설 목적: 노동 조건의 개선을 통한 사회 정의 확립
> • 특징
> – 국제 연맹의 하위 기구
> – 노동자들의 권리 확보를 위한 중요한 역할 담당

① 볼셰비키 ② 소비에트 ③ 코민테른
④ 인민 전선 ⑤ 국제 노동 기구(ILO)

22 (가), (나) 사건에 대한 설명으로 옳은 것을 〈보기〉에서 고른 것은?

> (가) 홀로코스트 (나) 난징 대학살

• 보기 •
ㄱ. (가)는 독일의 나치당이 주도하였다.
ㄴ. (가)는 국제 연합(UN)이 창설되면서 시작되었다.
ㄷ. (나)는 만주국이 세워지는 결과를 가져왔다.
ㄹ. (나)는 난징을 점령한 일본군이 수십만 명의 민간인을 학살한 사건이다.

① ㄱ, ㄴ ② ㄱ, ㄹ ③ ㄴ, ㄷ
④ ㄴ, ㄹ ⑤ ㄷ, ㄹ

23 (가)에 들어갈 내용으로 적절한 것은?

> 제2차 세계 대전이 끝난 후 전쟁 범죄를 반인도적 범죄 행위로 규정한 연합국은 ______(가)______하여 평화를 깨뜨리고 반인도적인 전쟁 범죄를 저지른 독일의 책임자들을 처벌하였다.

① 독일 드레스덴을 폭격
② 바이마르 헌법을 제정
③ 뉘른베르크 재판을 개최
④ 켈로그·브리앙 조약을 체결
⑤ 극동 국제 군사 재판을 개최

24 다음 대화의 주제가 되는 국제기구에 대한 설명으로 옳지 않은 것은?

> • 학생 1: 우리가 발표할 이 국제기구에 대해 이야기해 볼까?
> • 학생 2: 대서양 헌장의 정신을 바탕으로 창설되었어.
> • 학생 3: 국제 분쟁의 조정과 중재를 위해 안전 보장 이사회를 두고 있어.

① 강대국이 대부분 참여하였다.
② 제2차 세계 대전 이후 창설되었다.
③ 국제 평화와 안전 유지를 목표로 하였다.
④ 국제 분쟁의 해결을 위해 군사력을 동원할 수 있었다.
⑤ 베르사유 조약에 근거하여 창설된 국제 평화 기구였다.

대단원별

핵심 문제 V 세계 대전과 사회 변동(2회)

01 세계 대전과 국제 질서의 변화(1)

1 (가)에 들어갈 내용으로 적절한 것은?

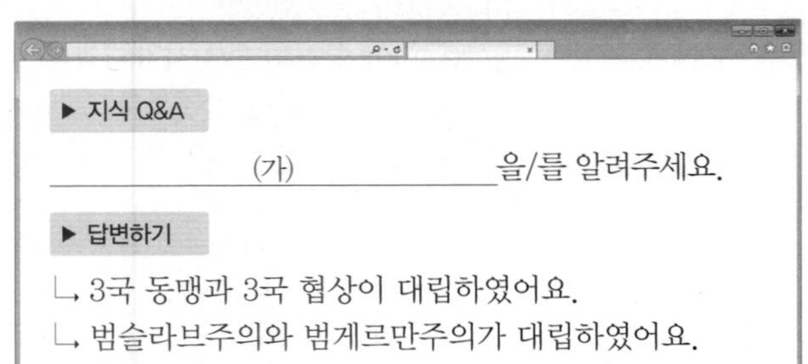

① 러시아 혁명의 결과　② 태평양 전쟁의 결과
③ 빈 체제의 성립 배경　④ 파리 강화 회의의 결과
⑤ 제1차 세계 대전의 배경

2 다음은 제1차 세계 대전과 관련한 사건들이다. (가)~(마)를 일어난 순서대로 옳게 나열한 것은?

> (가) 사라예보 사건이 발생하였다.
> (나) 불가리아와 오스만 제국이 항복하였다.
> (다) 독일이 동부 전선에서 러시아를 격파하였다.
> (라) 러시아가 독일과 강화를 맺고 전선에서 이탈하였다.
> (마) 독일 공화국 정부가 연합국과 휴전 조약을 체결하였다.

① (가) – (나) – (마) – (다) – (라)
② (가) – (다) – (라) – (나) – (마)
③ (다) – (라) – (나) – (마) – (가)
④ (마) – (가) – (다) – (라) – (나)
⑤ (마) – (다) – (라) – (가) – (나)

3 다음 글을 통해 알 수 있는 제1차 세계 대전의 특징으로 가장 적절한 것은?

> 제1차 세계 대전은 깊숙이 방어용 구덩이를 파고 서로 대치하는 양상을 띠었고, 승패를 알 수 없는 교착 상태에 빠졌다.

① 참호전이 전개되었다.
② 국가의 모든 자원이 총동원되었다.
③ 반인륜적인 전쟁 범죄가 발생하였다.
④ 신무기가 등장하면서 막대한 인명 피해가 발생하였다.
⑤ 유럽 열강의 식민지 주민들이 참전하면서 전 세계로 확대되었다.

4 (가) 시기에 러시아에서 있었던 사실로 옳은 것은?

> 차르 니콜라이 2세의 개혁 중단
> ⬇
> (가)
> ⬇
> 전제 군주제 붕괴

① 3국 동맹 체결　② 소비에트 결성
③ 볼셰비키의 무장봉기　④ 제1차 세계 대전 종결
⑤ 제2차 세계 대전 발발

5 (가), (나) 사건에 대한 설명으로 옳은 것을 <보기>에서 고른 것은?

> (가) 러시아 3월 혁명　　(나) 러시아 11월 혁명

보기
ㄱ. (가)를 배경으로 임시 정부가 타도되었다.
ㄴ. (가)는 전쟁 중지, 식량 배급을 주장하며 전개되었다.
ㄷ. (나)는 전제 군주제가 수립되는 결과를 가져왔다.
ㄹ. (나)는 임시 정부가 전쟁을 지속한 것을 계기로 일어났다.

① ㄱ, ㄴ　② ㄱ, ㄷ　③ ㄴ, ㄷ
④ ㄴ, ㄹ　⑤ ㄷ, ㄹ

6 (가)에 들어갈 내용으로 적절한 것은?

러시아 혁명 이후에는 어떤 상황이 전개되었는지 궁금해.
혁명에 대한 반발로 경제난이 계속되었다고 하더라.
그러자 레닌은 (가) 하는 신경제 정책(NEP)을 시행하였어.

① 지주의 토지를 몰수
② 농업의 집단화를 추진
③ 정권에 대한 비판을 금지
④ 주요 산업 시설을 국유화
⑤ 자본주의 요소를 일부 도입

7 ㉠에 들어갈 조약에 대한 설명으로 옳은 것을 〈보기〉에서 고른 것은?

위 그림은 제1차 세계 대전의 승전국인 연합국과 독일 사이에 맺어진 (㉠)을/를 풍자하고 있다. 그림에는 승전국들이 독일에게 거액의 평화 (조)약을 먹이는 상황이 나타나 있으며, 말풍선에는 '좋든 싫든 먹어야 할 걸.'이라는 내용이 쓰여 있다.

보기
ㄱ. 워싱턴 회의의 결과로 체결되었다.
ㄴ. 독일에 대한 보복적 성격이 강하였다.
ㄷ. 독일의 영토 축소, 군비 제한 등을 명시하였다.
ㄹ. 국제 분쟁을 해결하는 수단으로 무력을 사용하지 않기로 합의하였다.

① ㄱ, ㄴ ② ㄱ, ㄷ ③ ㄴ, ㄷ
④ ㄴ, ㄹ ⑤ ㄷ, ㄹ

8 밑줄 친 '이 기구'에 대한 설명으로 옳은 것은?

국제 분쟁을 평화적으로 해결하기 위한 국제 평화 기구로 1920년에 <u>이 기구</u>가 창설되었다.

① 미국과 소련은 불참하였다.
② 국제 노동 기구(ILO)의 산하 기구였다.
③ 침략국을 제재할 수 있는 군사력을 보유하였다.
④ 국제 공산당 조직으로 사회주의 확산에 기여하였다.
⑤ 대서양 헌장의 정신을 바탕으로 창설된 국제기구였다.

9 (가), (나) 사건에 대한 설명으로 옳지 <u>않은</u> 것은?

(가) 5·4 운동 (나) 제1차 국공 합작

① (가) – 베이징 대학생들이 주도하였다.
② (가) – 21개조 요구 철회를 주장하였다.
③ (가) – 파리 강화 회의에서 일본이 산둥반도의 이권을 차지한 것을 배경으로 전개되었다.
④ (나) – 중일 전쟁을 계기로 결렬되었다.
⑤ (나) – 군벌과 제국주의 타도를 목적으로 하였다.

10 스크랩북의 ㉠에 공통으로 들어갈 인물로 옳은 것은?

• 주제: 국산품 애용 등을 호소하며 비폭력적인 방법으로 인도의 반영 운동을 이끈 (㉠)의 활동
• 첨부 자료

▲ 물레를 돌리는 (㉠)

▲ 소금 행진 중인 (㉠)

① 간디 ② 네루 ③ 호찌민
④ 마오쩌둥 ⑤ 무스타파 케말

11 표는 제1차 세계 대전 이후 각국에서 전개된 민족 운동을 정리한 것이다. ㉠~㉤에 들어갈 내용으로 옳은 것은?

국가	내용
(㉠)	일제의 지배에 저항하는 3·1 운동 전개
필리핀	독립운동 이후 (㉡)이/가 독립 약속
(㉢)	청년 장교들이 쿠데타를 일으켜 입헌 군주제 실시
오스만 제국	(㉣)이/가 독립 전쟁 전개
이집트	(㉤) 중심의 반영 운동 전개

① ㉠ – 베트남 ② ㉡ – 미국 ③ ㉢ – 인도네시아
④ ㉣ – 수카르노 ⑤ ㉤ – 국민당

02 세계 대전과 국제 질서의 변화(2)

12 (가)에 들어갈 답변으로 적절한 것은?

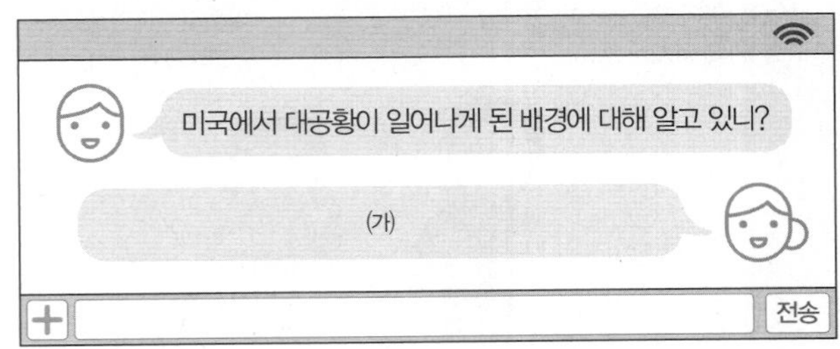

① 전체주의 세력이 집권하였어.
② 테네시강 유역 개발 공사를 추진하였어.
③ 기업의 과잉 생산으로 재고가 누적되었어.
④ 수입량을 줄여 자국의 산업을 보호하였어.
⑤ 자유방임의 경제 원칙을 수정한 정책을 추진하였어.

13 다음 내용을 활용한 보고서의 제목으로 가장 적절한 것은?

> 미국은 국가가 경제에 적극적으로 개입하여 조정자의 역할을 하는 뉴딜 정책을 추진하였다. 한편, 영국과 프랑스 등은 본국과 식민지를 하나로 묶는 블록 경제를 만들고, 보호 무역 체제를 강화하였다.

① 공화정의 수립 ② 사회주의 개혁
③ 대공황의 위기 극복 ④ 베르사유 체제의 성립
⑤ 제2차 세계 대전의 전후 처리

14 다음 자료들과 관련 깊은 사상에 대한 설명으로 옳은 것을 〈보기〉에서 고른 것은?

> • 국가를 떠나서는 인간과 영혼의 가치도 존재하지 않는다. …… 국민이 국가를 발생시키는 것이 아니라, 국가가 국민을 창조한다. …… - 무솔리니, 『파시즘 독트린』
> • 민족주의 국가는 인종을 모든 생활의 중심에 두어야 한다. 국가는 인종의 순수성을 유지하기 위해 노력해야 한다. …… - 히틀러, 『나의 투쟁』

보기
ㄱ. 시민의 자유를 제한하였다.
ㄴ. 제2차 세계 대전을 배경으로 등장하였다.
ㄷ. 일당 독재 체제의 한계를 극복하고자 하였다.
ㄹ. 국가의 이익을 강조하는 대신 개인의 희생을 강요하였다.

① ㄱ, ㄴ ② ㄱ, ㄹ ③ ㄴ, ㄷ
④ ㄴ, ㄹ ⑤ ㄷ, ㄹ

15 밑줄 친 '이 조직'의 활동으로 옳은 것은?

독일에서는 대공황을 계기로 히틀러가 이끄는 이 조직이 정권을 차지하였어.

이 조직은 비밀경찰을 이용하여 국민을 감시하였다고 해.

① 소비에트 정부를 수립하였다.
② 로마 진군을 통해 정권을 장악하였다.
③ 전체주의 세력에 맞서 저항 운동을 전개하였다.
④ 세계 각지의 반제국주의 독립운동을 지원하였다.
⑤ 인종주의 정책을 시행하여 유대인을 탄압하였다.

16 ㉠에 공통으로 들어갈 사건을 다룬 영화에서 볼 수 있는 등장인물의 모습으로 적절하지 않은 것은?

> 역사 신문
>
> (㉠)이/가 시작되다
>
> 대외 침략에 나선 독일은 소련과 비밀리에 불가침 조약을 맺고 폴란드를 점령하였다. 그러자 영국과 프랑스가 독일에 전쟁을 선포하면서 (㉠)이/가 시작되었다.

① 아우슈비츠 수용소에 갇힌 유대인
② 독일의 무차별 공습에 항전하는 영국군
③ 아프리카에서 독일군을 몰아내는 연합군
④ 무제한 잠수함 작전을 지휘하는 독일군 장교
⑤ 미드웨이 해전에서 일본군에 맞서 싸우는 미군

17 다음은 제2차 세계 대전의 과정을 일어난 순서대로 쓴 책이다. 찢어진 부분에 들어갈 내용으로 옳은 것은?

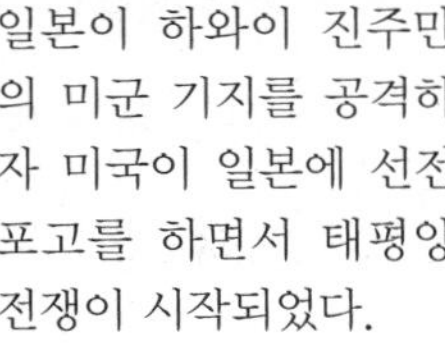

일본이 하와이 진주만의 미군 기지를 공격하자 미국이 일본에 선전 포고를 하면서 태평양 전쟁이 시작되었다.

미국이 일본 히로시마와 나가사키에 원자 폭탄을 떨어뜨리자 마지막까지 저항하던 일본이 항복을 선언하였다.

① 추축국이 성립되었다.
② 샌프란시스코 강화 회의가 개최되었다.
③ 연합군이 노르망디 상륙 작전을 전개하였다.
④ 일본이 만주 사변을 일으켜 만주국을 세웠다.
⑤ 독일이 국제 연맹에서 탈퇴한 후 재무장을 선언하였다.

18 다음에서 설명하는 국가로 옳은 것은?

> • 스탈린그라드 전투에서 승리하였다.
> • 일본에 선전 포고를 하고 만주로 진격하였다.
> • 전후 처리 결과에 따라 독일의 일부를 점령하였다.

① 미국 ② 소련 ③ 영국
④ 폴란드 ⑤ 프랑스

03 민주주의의 확산 ~ 인권 회복과 평화 확산을 위한 노력

19 다음 과제를 수행한 내용으로 적절하지 않은 것은?

- 과제: 제1차 세계 대전 이후 유럽 사회의 모습 조사

① 대부분 국가들이 공화정을 채택하였다.
② 독일에서는 바이마르 헌법이 제정되었다.
③ 패전국의 식민지들이 민족 자결주의 원칙에 따라 독립하였다.
④ 전후 세계 경제 질서를 주도하며 1920년대 자본주의를 발전시켰다.
⑤ 오스트리아·헝가리 제국이 해체된 후 많은 민주 공화국이 탄생하였다.

20 (가)에 들어갈 내용으로 가장 적절한 것은?

- 탐구 주제: ________(가)________
- 관련 자료

▲ 미국의 여성 참정권 운동

▲ 제1차 세계 대전 당시 방독면을 만드는 여성 노동자

① 뉴딜 정책의 성과
② 민주주의의 쇠퇴 과정
③ 자본주의의 성장 배경
④ 노동자의 권리 확대 과정
⑤ 여성 참정권의 확대 배경

21 다음 활동들이 전개된 공통적인 목적으로 옳은 것은?

- 프랑스에서 인민 전선이 수립되었다.
- 에스파냐에서 인민 전선 정부가 수립되었다.
- 독일에서 히틀러와 나치당의 억압 속에 일반 국민이 저항 활동을 수행하였다.

① 와그너법을 제정하기 위해서이다.
② 많은 식민지를 확보하기 위해서이다.
③ 일당 독재 체제를 강화하기 위해서이다.
④ 국제 노동 기구(ILO)를 설립하기 위해서이다.
⑤ 전체주의에 맞서 민주주의를 수호하기 위해서이다.

22 (가)에 들어갈 사례로 옳은 것만을 〈보기〉에서 있는 대로 고른 것은?

두 차례의 세계 대전에서 ________(가)________ 등과 같은 대량 학살이 일어나 많은 사상자가 발생하였다.

보기
ㄱ. 미국의 원자 폭탄 투하
ㄴ. 연합국의 독일 드레스덴 폭격
ㄷ. 독일의 나치당이 일으킨 홀로코스트
ㄹ. 러시아 정부군이 일으킨 피의 일요일 사건

① ㄱ, ㄴ　② ㄱ, ㄹ　③ ㄷ, ㄹ
④ ㄱ, ㄴ, ㄷ　⑤ ㄴ, ㄷ, ㄹ

23 다음 사례들을 통해 추론할 수 있는 제2차 세계 대전의 특징으로 가장 적절한 것은?

- 나치 독일은 유대인, 사회적 약자, 소수 인종 등을 사회에서 제거하였다.
- 독일과 일본은 의학적 지식을 얻는다는 명분을 내세워 생체 실험을 자행하였다.
- 일본은 침략 전쟁을 확대하면서 한국, 중국 등지의 젊은이들을 군인이나 노동자로 강제 동원하였다.

① 심각한 인권 침해가 발생하였다.
② 식민지 주민들의 경제력이 향상되었다.
③ 민간인 거주 지역에 대한 폭격이 이루어졌다.
④ 대량 살상 무기가 사용되어 많은 사상자가 발생하였다.
⑤ 점령국이 식민지 주민의 정치적 권리 보장을 위해 노력하였다.

24 ㉠~㉤에 대한 설명으로 옳지 않은 것은?

평화 유지를 위한 노력
1. ㉠ 국제 연합(UN) 창설
2. 뉘른베르크 재판과 ㉡ 극동 국제 군사 재판 개최
3. ㉢ 카이로 회담, 얄타 회담, 포츠담 회담 개최
4. 전쟁의 기록이 담긴 ㉣ 박물관 건립
5. ㉤ 로카르노 조약 체결

① ㉠ – 국제 연맹과 달리 군사적 제재 수단을 지녔다.
② ㉡ – 일본 천황이 제외된 채 진행되었다.
③ ㉢ – 제1차 세계 대전의 전후 처리 문제를 논의하였다.
④ ㉣ – 전쟁에 대한 경각심을 갖도록 하고자 세워졌다.
⑤ ㉤ – 국경선을 합의하였다.

대단원별 핵심 문제 VI 현대 세계의 전개와 과제(1회)

01 냉전 체제와 제3 세계의 형성 ~ 세계화와 경제 통합

1 ㉠에 들어갈 용어에 대한 탐구 활동으로 적절하지 않은 것은?

> (㉠)은/는 제2차 세계 대전 이후 자본주의 진영과 공산주의 진영이 직접적인 무력 충돌보다는 정치, 군사, 외교 등에서 경쟁과 대립을 유지하던 상황을 말한다.

① 만주 사변의 결과를 알아본다.
② 코민포름이 조직된 과정과 역할을 파악한다.
③ 베를린 봉쇄에 대한 연합국의 대응을 찾아본다.
④ 북대서양 조약 기구(NATO)가 수립되는 과정을 살펴본다.
⑤ 소련이 쿠바에 핵미사일 기지를 건설한 목적을 조사한다.

2 (가) 계획에 대한 설명으로 옳은 것은?

① 국영 기업의 민영화를 추진하였다.
② 제3 세계 형성에 중심적 역할을 하였다.
③ 사회주의 국가들이 붕괴되는 계기가 되었다.
④ 두 차례의 석유 파동을 극복하기 위해 실시되었다.
⑤ 유럽에 공산주의가 확산되는 것을 막기 위해 시행되었다.

3 (가)에 들어갈 내용으로 가장 적절한 것은?

> 미국이 자본주의 진영의 집단 방어 체제인 북대서양 조약 기구(NATO)를 결성하자, 이에 대응하여 소련은 (가)

① 개혁·개방 정책을 추진하였다.
② 독립 국가 연합(CIS)을 결성하였다.
③ 전략 무기 제한 협정(SALT)을 체결하였다.
④ 군사 동맹인 바르샤바 조약 기구(WTO)를 결성하였다.
⑤ 아시아의 군사적 분쟁에 개입하지 않겠다고 선언하였다.

4 ㉠, ㉡에 해당하는 국가를 옳게 연결한 것은?

> • (㉠): 제네바 협정을 체결하여 프랑스로부터 독립하였지만, 곧 남북 전쟁이 발생하였다.
> • (㉡): 북쪽은 소련과 중국의 지원을, 남쪽은 미국과 국제 연합의 지원을 받아 6·25 전쟁을 치렀다.

	㉠	㉡
①	한국	인도
②	한국	베트남
③	베트남	중국
④	베트남	한국
⑤	인도네시아	한국

5 다음 선언을 한 인물에 대한 설명으로 옳은 것을 〈보기〉에서 고른 것은?

> **보기**
> ㄱ. 트루먼 독트린을 발표하였다.
> ㄴ. 글라스노스트 정책을 시행하였다.
> ㄷ. 제1차 비동맹 회의에 참석하였다.
> ㄹ. 왕정을 몰아내고 공화정을 수립하였다.

① ㄱ, ㄴ ② ㄱ, ㄷ ③ ㄴ, ㄷ
④ ㄴ, ㄹ ⑤ ㄷ, ㄹ

6 (가)에 들어갈 답변으로 가장 적절한 것은?

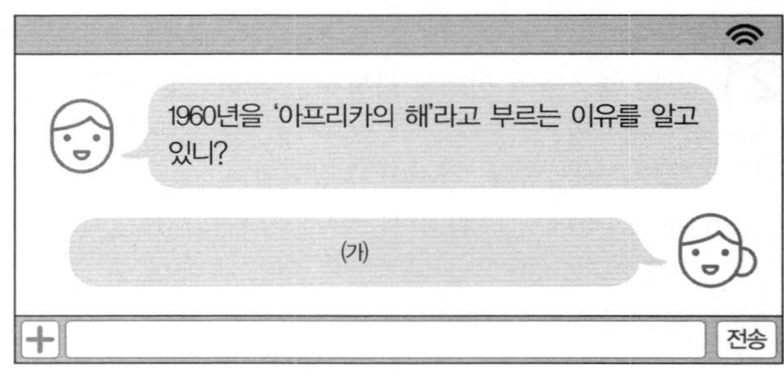

① 제3 세계를 형성하였기 때문이야.
② 리비아가 독립을 이루었기 때문이야.
③ 아프리카의 17개국이 독립하였기 때문이야.
④ 냉전 체제의 변화에 영향을 주었기 때문이야.
⑤ 독립 과정에서 잦은 영토 분쟁이 발생하였기 때문이야.

7 밑줄 친 '회의'의 결과로 옳은 것은?

> **역사 신문**
>
> **평화 10원칙이 채택되다**
>
> 인도네시아 반둥에서 인도, 미얀마, 중국 등 아시아·아프리카 29개국이 참여한 회의가 열렸다. 참가국들은 세계 대전 이후 미국과 소련 중심의 냉전 체제의 고착에 반대하면서 '평화 10원칙'을 채택하였다.

① 트루먼 독트린이 발표되었다.
② 제3 세계의 형성이 공식화되었다.
③ 자유 무역 협정(FTA)이 체결되었다.
④ 인도가 영국의 지배에서 벗어나 독립하였다.
⑤ 서방 국가의 지원을 받아 이스라엘이 건국되었다.

8 다음 선언을 바탕으로 한 탐구 주제로 가장 적절한 것은?

> • 미국은 앞으로 베트남 전쟁과 같은 군사적 개입을 피한다.
> • 미국은 '태평양 국가'로서 그 지역에서 중요한 역할을 계속하지만 직접적, 군사적, 정치적 과잉 개입은 하지 않는다.

① 냉전 체제의 완화 계기
② 아시아에서 일어난 열전
③ 제3 세계의 형성과 전개
④ 이스라엘의 건국과 중동 전쟁
⑤ 트루먼 독트린과 마셜 계획 발표

9 (가)에 들어갈 내용으로 적절하지 않은 것은?

> ▶ 지식 Q&A
>
> 고르바초프가 공산당 서기장에 당선된 이후 시행한 정책에 대해 알려 주세요.
>
> ▶ 답변하기
>
> └, 개혁(페레스트로이카)과 개방(글라스노스트) 정책을 추진하였어요.
>
> └, ______(가)______

① 언론 통제를 완화하였어요.
② 평화 5원칙에 합의하였어요.
③ 공산당의 권력을 축소하였어요.
④ 시장 경제 제도를 받아들였어요.
⑤ 동유럽 국가들에 간섭하지 않겠다고 선언하였어요.

10 ㉠에 들어갈 인물에 대한 설명으로 옳은 것은?

> 우리 홍위병들은 (㉠)의 뜻을 받들어 중국 전통문화와 자본주의를 타파할 것이다!

① 삼민주의를 주장하였다.
② 중화민국 수립을 선포하였다.
③ 개혁·개방 정책을 실시하였다.
④ 대약진 운동의 실패로 입지가 약화되었다.
⑤ 국공 내전에서 패배하여 타이완으로 이동하였다.

11 밑줄 친 '개혁'의 내용으로 옳은 것을 〈보기〉에서 고른 것은?

> **역사 인물 카드**
>
> 
>
> • 이름: 덩샤오핑
> • 출생: 1904년
> • 어록: 흑묘백묘론('검은 고양이든 흰 고양이든 쥐만 잘 잡으면 된다.'라는 주장으로 그가 추구하는 개혁의 방향이 담겨 있음)

보기

ㄱ. 경제특구를 설치한다.
ㄴ. 인민공사를 설립한다.
ㄷ. 기업가와 농민의 이윤을 보장한다.
ㄹ. 공산당의 권력을 축소하고 언론 통제를 완화한다.

① ㄱ, ㄴ ② ㄱ, ㄷ ③ ㄴ, ㄷ
④ ㄴ, ㄹ ⑤ ㄷ, ㄹ

12 다음 설명에 해당하는 정책의 등장 배경으로 옳은 것은?

> • 1979년 영국 총리가 된 대처가 지나친 사회 복지 정책이 성장을 부진하게 하였다면서 저비용, 고효율을 목표로 추진하였다.
> • 1980년대 미국 레이건 정부가 정부의 기능을 축소해야 경제가 발전할 수 있다며 추진하였다.

① 소련이 해체되었다.
② 두 차례의 석유 파동이 발생하였다.
③ 대공황으로 세계 경제가 위축되었다.
④ 중국이 개혁·개방 정책을 실시하였다.
⑤ 동유럽에서 민주화 운동이 전개되었다.

13 다음 기구들의 공통점으로 적절한 것은?

- 유럽 연합(EU)
- 북미 자유 무역 협정(NAFTA)
- 동남아시아 국가 연합(ASEAN)

① 사회주의 국가들이 결성하였다.
② 제3 세계의 국가들이 참여하였다.
③ 국제 질서의 양극화를 심화하였다.
④ 지역 단위의 경제 협력을 목표로 구성되었다.
⑤ 공산주의 경제 체제가 확대되면서 성립되었다.

02 탈권위주의 운동과 대중문화 발달

14 ㉠에 들어갈 용어에 대한 설명으로 옳은 것을 〈보기〉에서 고른 것은?

주제: (㉠)의 의미와 특징
1. 의미: 오랜 시간 계속되어 오던 관습이나 기존의 정치 체제로부터 벗어나고자 하는 움직임
2. 특징: 세계 각지로 확산, 사회의 다양한 문제 비판

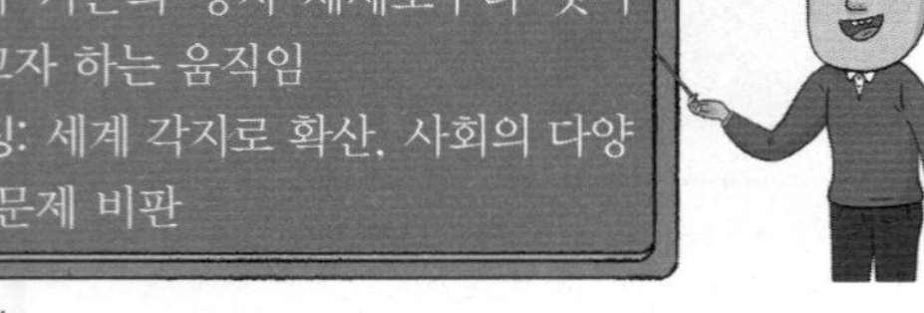

보기
ㄱ. 냉전 체제가 성립되는 배경이 되었다.
ㄴ. 권위주의적 질서와 체제를 지지하였다.
ㄷ. 물질 만능주의의 확산을 계기로 등장하였다.
ㄹ. 민권 운동, 학생 운동 등의 형태로 전개되었다.

① ㄱ, ㄴ ② ㄱ, ㄷ ③ ㄴ, ㄷ
④ ㄴ, ㄹ ⑤ ㄷ, ㄹ

15 다음 퀴즈의 정답으로 옳은 것은?

★ 역사 인물 퀴즈 ★

이 인물은 연설에서 "나는 백인이 지배하는 사회에 맞서 싸웠고, 또한 흑인이 지배하는 사회에도 반대해 싸웠다."라고 말하였습니다. 남아프리카 공화국에서 아파르트헤이트 정책에 맞서 흑인 민권 운동을 주도한 이 인물은 누구일까요?

① 나세르 ② 넬슨 만델라 ③ 베티 프리단
④ 마틴 루서 킹 ⑤ 무함마드 아흐마드

16 다음 학습 목표에 부합하는 내용으로 옳지 않은 것은?

- 학습 목표: 1960년대 이후 전개된 학생 운동에 대해 설명할 수 있다.

① 반전 운동으로 이어지지는 못하였다.
② 표현의 자유를 적극적으로 주장하였다.
③ 다양한 사회 운동이 성장하는 밑거름이 되었다.
④ 대학 교육이 기성세대의 가치관을 강요한 것을 배경으로 전개되었다.
⑤ 미국과 독일의 대학생들이 대학 내 정치 발언의 자유를 요구하는 운동 등으로 나타났다.

17 다음 자료에 대한 분석으로 가장 적절한 것은?

여성들은 남편과 아이를 넘어서 자신의 목표를 성취하기를 원하는 것을 이기적이라고 느낄 필요가 없다. …… 여성은 성숙한 성인이나 진정한 인간이 되게 허락받지 않은 것이 아니라, 거짓되고, 유아적인 형태의 여성성을 비판 없이 받아들인 결과 남편과 아이들을 위한 삶을 살게 되는 것이다.
– 베티 프리단, 『여성성의 신화』

① 대학의 민주화를 요구하였다.
② 독재 정권에 대항할 것을 강조하였다.
③ 인종 차별을 철폐할 것을 강조하였다.
④ 남성 중심의 사회 질서를 유지할 것을 주장하였다.
⑤ 질적인 양성평등을 이루고자 노력할 것을 주장하였다.

18 다음 내용을 활용한 보고서의 주제로 적절한 것은?

제2차 세계 대전 이후 세계 각국에서 경제가 성장하고 교육 수준이 향상되었다. 기술의 발달로 제품의 대량 생산이 이루어졌으며, 노동자의 임금이 올라가고 정부의 사회 보장 정책이 확대되어 대중들의 구매력도 높아졌다. 이와 더불어 보통 선거가 확산되고 민주주의가 발전하면서 대중의 정치적 영향력이 커졌다.

① 대중문화의 문제점
② 대중 매체의 발달 과정
③ 대중 사회의 형성 배경
④ 대중 사회의 성장에 따른 부작용
⑤ 대중문화의 발달에 따른 사상의 변화

19 (가)에 들어갈 내용으로 옳은 것을 〈보기〉에서 고른 것은?

> ＿＿(가)＿＿(으)로 특정 계층이 아닌 대다수의 사람들이 쉽게 접하고 즐기는 대중문화가 등장하였다.

• 보기 •
ㄱ. 대중 매체의 발달
ㄴ. 대중 사회의 출현
ㄷ. 히피 문화의 유행
ㄹ. 포스트모더니즘 경향의 등장

① ㄱ, ㄴ ② ㄱ, ㄷ ③ ㄴ, ㄷ
④ ㄴ, ㄹ ⑤ ㄷ, ㄹ

20 다음은 대중문화에 대한 설명이다. ㉠~㉤ 중 옳지 않은 것은?

> 1920년대에 전파되기 시작한 대중문화는 이후 ㉠ 영화와 텔레비전의 등장으로 빠르게 확산되었다. 1960년대에는 젊은 세대가 소비의 주체로 성장하면서 대중문화가 ㉡ 기존의 사회 질서를 옹호하는 성격을 띠게 되었다. 20세기 후반부터는 이동 전화와 인터넷의 보급으로 ㉢ 실시간 쌍방향 소통이 가능해지면서 대중이 ㉣ 문화의 생산자로서 대중문화에 적극 참여하게 되었다. 한편, 대중문화가 발달하는 과정에서 문화 생산자의 의도대로 ㉤ 정보가 조작되는 문제점이 발생하기도 하였다.

① ㉠ ② ㉡ ③ ㉢ ④ ㉣ ⑤ ㉤

03 현대 세계의 문제 해결을 위한 노력

21 사진을 통해 알 수 있는 현대 세계의 당면 과제로 가장 적절한 것은?

◀ 내전을 피해 고향을 떠난 시리아 어린이

① 인종 차별로 이주 노동자들이 차별받고 있다.
② 무분별한 개발로 해양과 대기가 오염되고 있다.
③ 지역 간 분쟁이 일어나면서 난민이 증가하고 있다.
④ 온실가스 배출 증가로 지구 온난화 현상이 지속되고 있다.
⑤ 핵 실험을 하는 과정에서 방사능 오염에 따른 피해가 발생하고 있다.

22 ㉠에 들어갈 문제로 옳은 것은?

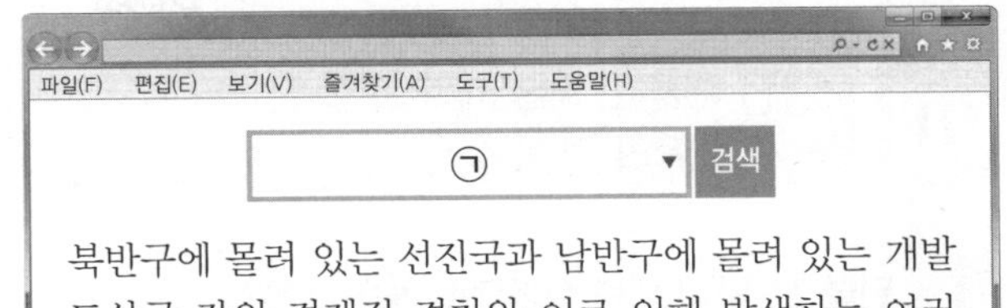

북반구에 몰려 있는 선진국과 남반구에 몰려 있는 개발 도상국 간의 경제적 격차와 이로 인해 발생하는 여러 가지 문제를 말한다.

① 남북문제 ② 난민 문제
③ 이념 문제 ④ 환경 문제
⑤ 인종 차별 문제

23 다음 사례를 통해 파악할 수 있는 국제 사회의 모습으로 가장 적절한 것은?

> • 1992년에 환경과 개발에 관한 공동 선언(리우 선언)을 발표하였다.
> • 1997년에 교토 의정서를 채택하였다.
> • 2015년에 파리 기후 협정을 체결하였다.

① 난민의 생계를 지원하였다.
② 개발 도상국에 기술 및 자금을 지원하였다.
③ 분쟁 지역에 평화 유지군(PKF)을 파견하였다.
④ 질병 퇴치 연구 활동 및 긴급 구호 활동을 하였다.
⑤ 환경 문제 해결을 위해 다양한 국제 협약을 체결하였다.

24 현대 세계의 문제를 해결하기 위해 우리가 갖추어야 할 자세로 적절하지 않은 것은?

① 사회적 소수자를 차별하지 않도록 한다.
② 난민에게 관심을 기울이는 자세를 갖는다.
③ 에너지 절약 및 재활용품 분리수거를 실천한다.
④ 다문화·다인종 사회에 대해 존중하는 태도를 함양한다.
⑤ 환경 문제 해결을 위한 작은 실천보다는 우선적으로 환경 운동 단체에 가입한다.

핵심 문제 Ⅵ 현대 세계의 전개와 과제(2회)

01 냉전 체제와 제3 세계의 형성 ~ 세계화와 경제 통합

1 밑줄 친 '나'에 대한 설명으로 옳은 것은?

> 나는 미국의 정책이 …… 자유민의 노력을 지원하는 것이어야 한다고 믿습니다. …… 우리가 그리스와 튀르키예에 원조하지 못한다면, 그 영향은 동서양을 막론하고 매우 광범위할 것입니다.

① 코민포름을 조직하였다.
② 뉴딜 정책을 실시하였다.
③ 몰타 회담에 참석하였다.
④ 서유럽에 경제적 지원을 하였다.
⑤ 베트남에 파병된 미군의 철수를 결정하였다.

2 (가)에 들어갈 내용으로 가장 적절한 것은?

> **역사 수행 평가 보고서**
> • 주제: 독일의 분단 과정
> • 전개: 소련이 독일의 서방 지역 점령지와 베를린 사이의 교통로를 봉쇄함
> • 결과: (가)

① 베를린 장벽이 설치됨
② 서독이 동독을 흡수 통일함
③ 국민당과 공산당 사이에 내전이 발생함
④ 동독과 서독이 국제 연합(UN)에 동시 가입함
⑤ 동독에서 공산당 독재에 반발하는 시위가 일어남

3 인도가 지도와 같이 분열된 이유로 옳은 것은?

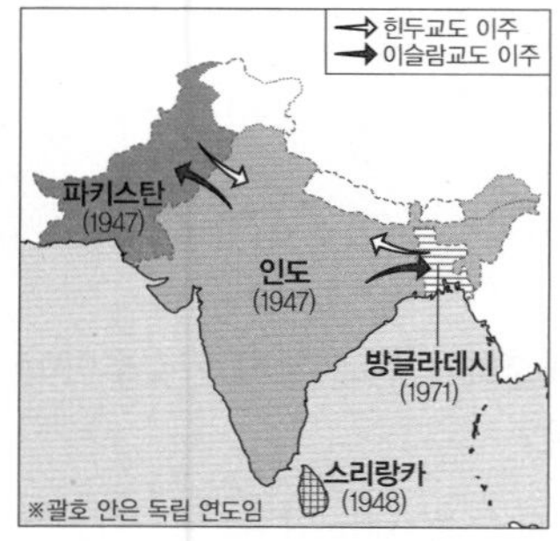

① 제네바 협정이 체결되었다.
② 자원을 둘러싼 분쟁이 발생하였다.
③ 지역 간에 종교 갈등이 지속되었다.
④ 자본주의 진영과 공산주의 진영이 대립하였다.
⑤ 서구 열강이 임의적으로 국경선을 설정하였다.

4 교사의 질문에 대한 학생의 대답으로 가장 적절한 것은?

> • 주제: 중동 전쟁의 발생
> • 내용: 팔레스타인 지역에서 네 차례의 중동 전쟁이 발발하여 이스라엘이 모두 승리하였다.

① 시리아가 독립하였어요.
② 유대인이 이스라엘을 건국하였어요.
③ 공산주의 진영에서 코메콘이 조직되었어요.
④ 서구 열강이 임의적으로 국경선을 나누었어요.
⑤ 프랑스와 영국이 서아시아의 국가를 위임 통치하였어요.

5 ㉠에 들어갈 세력에 대한 설명으로 옳은 것은?

> 인도의 네루와 중국의 저우언라이가 평화 5원칙에 합의
> ⬇
> (㉠) 세력의 대표들이 아시아·아프리카 회의(반둥 회의)를 개최하여 평화 10원칙을 결의
> ⬇
> 제1차 비동맹 회의 개최, (㉠) 간 상호 협력을 다짐

① 신자유주의 정책을 지지하였다.
② 미국과 소련의 냉전 질서에 반대하였다.
③ 사회주의 정치 체제를 유지하려 하였다.
④ 소련이 주도하는 코민포름에 참여하였다.
⑤ 국제 통화 기금(IMF) 설립에 합의하였다.

6 다음 자료를 통해 추론할 수 있는 사실로 가장 적절한 것은?

> • 비동맹 중립주의를 표방하는 아시아·아프리카 국가들이 등장하였다.
> • 소련과 중국 사이에서 사회주의 노선을 둘러싸고 분쟁이 발생하였다.
> • 프랑스가 독자 노선을 표방하며 북대서양 조약 기구(NATO)에서 탈퇴하였다.

① 사회주의 국가들이 몰락하였다.
② 국가 간의 경제 통합이 가속화되었다.
③ 중국이 시장 경제 체제를 도입하였다.
④ 유럽에 대한 미국의 영향력이 확대되었다.
⑤ 냉전의 양극 체제가 다극화 체제로 변화하였다.

7 밑줄 친 '이 인물'에 대한 설명으로 옳은 것은?

> 1970년대 이후 경기 침체에 빠져 있던 소련에서 이 인물이 공산당 서기장에 당선되었다. 이 인물은 개혁(페레스트로이카)과 개방(글라스노스트) 정책을 추진하여 시장 경제 제도를 받아들이고 민주화를 추진하였다.

① 자유 노조 운동을 전개하였다.
② 신자유주의 정책을 시행하였다.
③ 독립 국가 연합(CIS)을 결성하였다.
④ 몰타 회담을 통해 냉전의 종식을 선언하였다.
⑤ 농업의 집단화를 위해 인민공사를 설립하였다.

8 1980년대 후반 동유럽에서 다음 상황이 나타나게 된 배경으로 옳은 것은?

▲ 민주화를 요구하는 폴란드 노동자들

▲ 독재자에 반대하는 루마니아 시민들

① 서독이 동독을 흡수 통일하였다.
② 바르샤바 조약 기구(WTO)가 결성되었다.
③ 소련이 동유럽에 대한 불간섭을 선언하였다.
④ 아프리카에서 17개국이 한해에 독립을 이루었다.
⑤ 파리 강화 회의에서 민족 자결주의가 제창되었다.

9 (가)에 들어갈 대답으로 적절한 것을 〈보기〉에서 고른 것은?

• 보기 •

ㄱ. 중국 전통문화가 파괴되었어.
ㄴ. 홍콩과 마카오를 돌려받았어.
ㄷ. 홍위병을 앞세워 추진되었어.
ㄹ. 정치 민주화를 요구한 사건이었어.

① ㄱ, ㄴ ② ㄱ, ㄷ ③ ㄴ, ㄷ
④ ㄴ, ㄹ ⑤ ㄷ, ㄹ

10 다음 사건이 일어난 시기를 연표에서 옳게 고른 것은?

> 백만여 명의 군중이 톈안먼 광장에서 민주화를 요구하며 시위를 전개하였다. 중국 정부는 이를 무력 진압하여 수천 명의 인명 피해가 발생하였다.

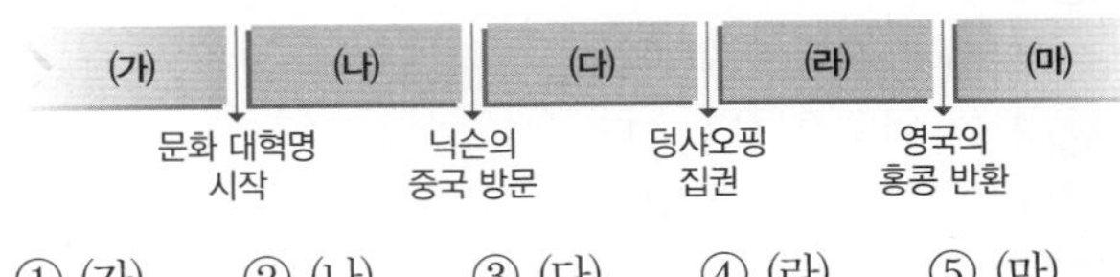

① (가) ② (나) ③ (다) ④ (라) ⑤ (마)

11 (가)에 들어갈 내용으로 옳은 것은?

> **역사 신문**
>
> **미국 달러, 국제 기준 화폐 결정**
>
> 제2차 세계 대전 중에 세계 경제 질서를 논의하기 위해 브레턴우즈에서 회의가 개최되었다. 회의에 참석한 제2차 세계 대전의 연합국은 미국의 달러를 주거래 화폐로 정하고, ______(가)______

① 마셜 계획을 승인하였다.
② 평화 5원칙에 합의하였다.
③ 신자유주의 정책을 추진하였다.
④ 국제 통화 기금(IMF)을 창설하였다.
⑤ 관세 및 무역에 관한 일반 협정을 체결하였다.

12 밑줄 친 '이 기구'로 옳은 것은?

> 이 기구는 '관세 및 무역에 관한 일반 협정(GATT)'의 뒤를 이어 1995년에 설립된 국제기구로, 세계 무역 자유화의 확대와 국제 무역 분쟁 조정 등의 역할을 수행하고 있다.

① 유럽 연합(EU)
② 세계 무역 기구(WTO)
③ 북미 자유 무역 협정(NAFTA)
④ 동남아시아 국가 연합(ASEAN)
⑤ 아시아·태평양 경제 협력체(APEC)

13 다음 인물이 실시한 경제 정책의 내용으로 옳지 않은 것은?

① 세금을 감면한다.
② 금융 규제를 완화한다.
③ 복지 비용을 삭감한다.
④ 국영 기업을 민영화한다.
⑤ 정부의 경제 개입을 늘린다.

02 탈권위주의 운동과 대중문화 발달

14 밑줄 친 내용을 뒷받침하는 사례로 옳지 않은 것은?

> 20세기 후반 냉전 체제로 이념 대립이 깊어지고 산업화로 물질 만능주의가 널리 퍼지자 <u>기존 체제에서 벗어나 자유를 추구하는 다양한 사회 운동</u>이 나타났다.

① 한국에서 4·19 혁명이 전개되었다.
② 남아프리카 공화국에서 아파르트헤이트가 시행되었다.
③ 유럽 등지에서 여성이 신체적 자기 결정권을 주장하였다.
④ 동유럽 곳곳에서 민주주의를 요구하는 운동이 전개되었다.
⑤ 멕시코에서 학생들과 재야인사들이 민주화 운동을 일으켰다.

15 (가)에 들어갈 내용으로 옳은 것을 〈보기〉에서 고른 것은?

> 제2차 세계 대전 이후 흑인의 인권을 보장받기 위한 민권 운동이 활발하게 일어났다. 특히 미국에서는 마틴 루서 킹 목사가 '법 앞에서의 평등'을 외치며 흑인 차별에 반대하는 시위를 이끌었다. 그 결과 미국에서는 ______(가)______ 되었다.

보기
ㄱ. 민권법이 통과
ㄴ. 투표권법이 발효
ㄷ. 마셜 계획이 추진
ㄹ. 흑백 분리 정책이 시행

① ㄱ, ㄴ ② ㄱ, ㄷ ③ ㄴ, ㄷ
④ ㄴ, ㄹ ⑤ ㄷ, ㄹ

16 다음 사건과 관련하여 작성한 신문 기사의 제목으로 가장 적절한 것은?

> 1968년 5월 프랑스 대학생들은 자신들을 억누르는 권위와 권력, 체제에 반대하면서 시위를 벌였다. 노동자들도 임금 인상과 노동 조건 개선 등을 요구하며 대규모 파업을 통해 이에 동참하면서 시위는 사회 변혁 운동으로 발전하였다.

① 차티스트 운동, 선거권 확대를 꿈꾸다
② 5·4 운동, 21개조 승인의 철폐를 요구하다
③ 넬슨 만델라, 백인과 흑인의 공존을 도모하다
④ 68 운동, 금지하는 모든 것을 금지할 것을 외치다
⑤ 베티 프리단, 양성평등을 위한 법률과 제도 개선을 요구하다

17 ㉠~㉤ 중 옳지 않은 것은?

> **탐구 주제: 20세기 후반 이후의 여성 운동**
> 1. 배경: 제2차 세계 대전 이후 여성에 대한 사회적·문화적 차별 지속 ········ ㉠
> 2. 내용
> – 교육·취업의 기회균등 요구 ········ ㉡
> – 직장 내에서 겪는 성차별에 저항 ········ ㉢
> 3. 성과
> – 영국에서 차별 금지법 통과 ········ ㉣
> – 미국에서 와그너법 제정 ········ ㉤

① ㉠ ② ㉡ ③ ㉢ ④ ㉣ ⑤ ㉤

18 ㉠~㉢에 대한 설명으로 옳은 것을 〈보기〉에서 고른 것은?

> 제2차 세계 대전 이후 ㉠ <u>대중 사회</u>가 형성되면서 다수의 취향을 충족하는 ㉡ <u>대중문화</u>도 발달하였다. 특히 ㉢ <u>대중 매체</u>가 활발히 보급되어 누구나 다양한 장르의 대중문화를 쉽고 빠르게 접할 수 있게 되었다.

보기
ㄱ. ㉠의 성장으로 극단적 개인주의가 사라졌다.
ㄴ. ㉡은 다수의 개인이 소비하는 형태의 문화이다.
ㄷ. 대중은 ㉢을 통해 여론 형성에 참여하였다.
ㄹ. ㉢이 발달함에 따라 ㉠에서 대중의 정치적 영향력이 점차 감소하였다.

① ㄱ, ㄴ ② ㄱ, ㄹ ③ ㄴ, ㄷ
④ ㄴ, ㄹ ⑤ ㄷ, ㄹ

19 (가)에 들어갈 답변으로 적절하지 않은 것은?

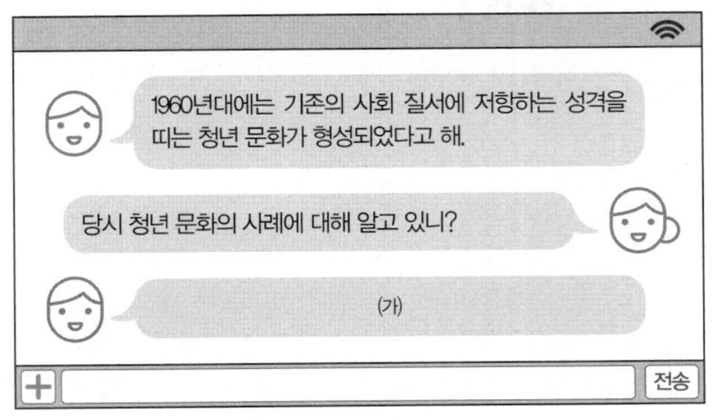

① 히피 문화가 확산되었어.
② 넥타이와 정장이 유행하였어.
③ 로큰롤이 세계적으로 인기를 얻었어.
④ 청년들이 청바지로 개성을 표현하였어.
⑤ 반전과 평화를 노래한 우드스톡 페스티벌이 개최되었어.

03 현대 세계의 문제 해결을 위한 노력

20 다음은 어느 역사책의 목차이다. ㉠~㉤ 중 목차의 내용으로 옳지 않은 것은?

제1부 지역 분쟁과 국제 갈등

1. ㉠ 남북문제 …… 11쪽
2. ㉡ 9·11 테러 …… 12쪽
3. ㉢ 르완다 내전 …… 14쪽
4. ㉣ 이라크 전쟁 …… 16쪽
5. ㉤ 팔레스타인 분쟁 …… 18쪽

① ㉠　② ㉡　③ ㉢　④ ㉣　⑤ ㉤

21 ㉠에 들어갈 내용으로 옳은 것은?

인도가 영국으로부터 분리 독립할 때 이슬람교도가 대부분이었던 (㉠) 지방이 인도에 강제 편입되면서 인도와 파키스탄 사이에 무력 충돌이 발생하고 있다.

① 수단　② 콩고　③ 르완다
④ 카슈미르　⑤ 팔레스타인

22 다음은 수행 평가 보고서 작성을 위한 인터넷 조사 계획서이다. (가)에 들어갈 내용으로 적절한 것은?

주제: (가)
■ 단원: Ⅵ. 현대 세계의 전개와 과제
　– 현대 세계의 문제 해결을 위한 노력
■ 수집 자료

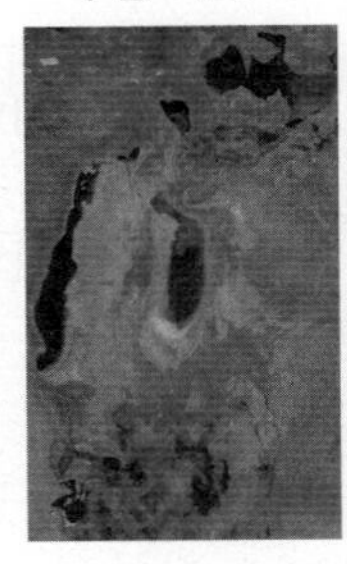
▲ 아랄해의 사막화

▲ 빙하가 녹아 살 곳이 사라지는 북극곰

① 남북문제의 발생
② 지역 분쟁의 발생
③ 난민 문제의 원인
④ 질병 문제의 해결 노력
⑤ 세계의 다양한 환경 문제

23 다음에서 설명하는 단체로 옳은 것은?

국제 연합(UN)에 속한 각 국가가 파견한 부대로 구성되며 주로 레바논, 수단 등 분쟁 지역에 파견되어 평화 유지를 위해 활동한다.

① 지구의 벗
② 국경 없는 의사회(MSF)
③ 국제 부흥 개발 은행(IBRD)
④ 국제 연합 평화 유지군(PKF)
⑤ 국제 연합 아동 기금(UNICEF)

24 다음과 같은 단체들에 대한 설명으로 옳은 것은?

• 그린피스　• 세계 자연 기금　• 국경 없는 의사회

① 협력을 통해 지역 공동의 이익을 추구한다.
② 국제 연합(UN)의 산하 단체로 활동하고 있다.
③ 현대 문제 해결을 위해 민간인들이 힘을 합쳐 조직하였다.
④ 환경 보호를 목적으로 활동하는 국제적인 환경 보호 단체이다.
⑤ 공정한 무역을 통한 국가 간 빈부 격차 차이를 해소하기 위해 조직되었다.

서술형 문제

01 유럽과 아메리카의 국민 국가 체계(1)

1 (가), (나)에서 설명하는 혁명의 명칭을 각각 쓰고, 이러한 혁명이 일어난 공통적인 원인을 서술하시오.

> (가) 의회파와 왕당파 사이에 일어난 내전에서 의회파가 승리하여 공화정을 수립하였다.
> (나) 의회가 제임스 2세를 폐위시키고 그의 딸 메리와 윌리엄 3세를 공동 왕으로 추대하였다.

2 다음은 어느 혁명의 전개 과정에서 발표된 선언문의 일부이다. 이 혁명의 명칭을 쓰고, 혁명의 의의와 영향을 서술하시오.

> 모든 인간은 평등하게 태어났고, 창조주는 양도할 수 없는 권리를 인간에게 부여하였으며, 거기에는 생명권과 자유권 및 행복 추구권이 포함되어 있다. 이러한 권리를 보장하기 위해 인간은 정부를 만들었으며, 정부의 정당한 권력은 통치를 받는 사람들의 동의로부터 나온다. 어떤 정부라도 이 목적을 훼손하는 경우에는 언제든지 새로운 정부를 수립할 수 있는 권리가 국민에게 있다.

3 나폴레옹에 대한 다음 평가를 참고하여 나폴레옹 전쟁의 의의를 서술하시오.

> 나폴레옹은 프랑스 혁명의 정신을 현실 정치 속에 실현하고 유럽 전역에 근대적인 질서를 확대하고 있다. 그는 '살아 있는 세계정신'이다. – 헤겔

02 유럽과 아메리카의 국민 국가 체계(2)

4 다음을 읽고 물음에 답하시오.

> (가) 부르봉 왕조의 전체 정치에 반발한 파리 시민들이 샤를 10세를 추방하고 루이 필리프를 왕으로 세웠다.
> (나) 새로운 왕정이 소수 부유한 시민에게만 선거권을 부여하자 중소 시민층과 노동자들이 선거권 확대를 요구하며 혁명을 일으켰다.

(1) (가), (나)에 해당하는 혁명을 명칭을 각각 쓰시오.

(2) (가), (나) 혁명의 결과 수립된 정치 체제를 각각 서술하시오.

5 밑줄 친 부분에 해당하는 내용을 세 가지 서술하시오.

> 멕시코와 브라질 등 라틴 아메리카의 국가들은 19세기 전반에 독립을 이루었다. 그러나 <u>독립 이후 라틴 아메리카는 곧바로 국민 국가로 발전하지 못하고 많은 어려움을 겪었다</u>.

03 유럽의 산업화와 제국주의

6 다음 사실들이 산업 혁명 시기의 산업 발달에 끼친 영향을 세 가지 서술하시오.

> • 모스가 유선 전신을, 벨이 전화기를 발명하였다.
> • 스티븐슨이 증기 기관차를 실용화하고, 폴턴은 증기선을 상업적 목적으로 이용하는 데 성공하였다.

7 다음 글에 나타난 논리가 제국주의를 어떻게 정당화하였는지 서술하시오.

> 사회는 단순한 상태에서 복잡한 상태로 진화하며, 더 발달된 사회가 덜 발달된 사회를 지배하는 적자생존의 원칙이 적용된다. – 허버트 스펜서

04 서아시아와 인도의 국민 국가 건설 운동

8 다음을 읽고 물음에 답하시오.

> 19세기에 들어 영국과 러시아를 비롯한 강대국의 압박을 받던 오스만 제국은 1839년부터 (㉠)(이)라고 불리는 근대적 개혁을 추진하였다.

(1) ㉠에 들어갈 근대적 개혁의 명칭을 쓰시오.

(2) (1)의 내용을 세 가지 서술하시오.

9 (가) 운하를 쓰고, 이 운하의 건설이 이집트에 미친 경제적·정치적 영향을 그 배경과 관련지어 서술하시오.

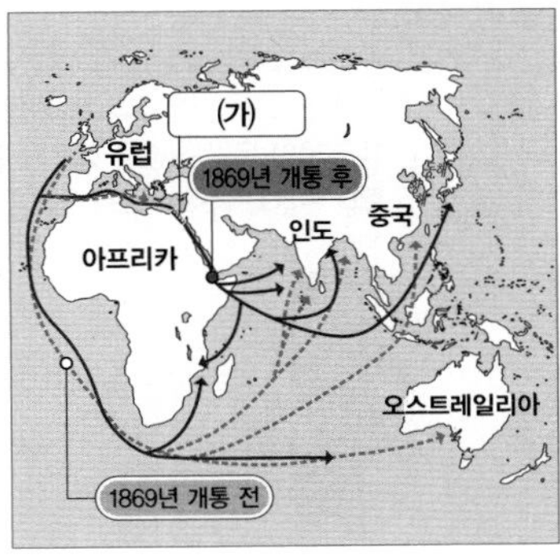

10 다음을 읽고 물음에 답하시오.

> (㉠)이/가 발표되자 영국에 협조적이었던 인도 국민 회의는 영국 상품 배척, 자치 획득(스와라지), 국산품 애용(스와데시), 국민 교육 실시를 주장하며 반영 운동에 앞장섰다. 이 운동은 계층과 종교의 차이를 넘어서는 대규모 민족 운동으로 발전하였다.

(1) ㉠에 들어갈 영국의 정책을 쓰시오.

(2) (1)의 내용과 영국이 이 정책을 시행한 이유를 서술하시오.

05 동아시아의 국민 국가 건설 운동

11 영국과 청의 무역 형태가 다음과 같이 변화하게 된 배경을 서술하시오.

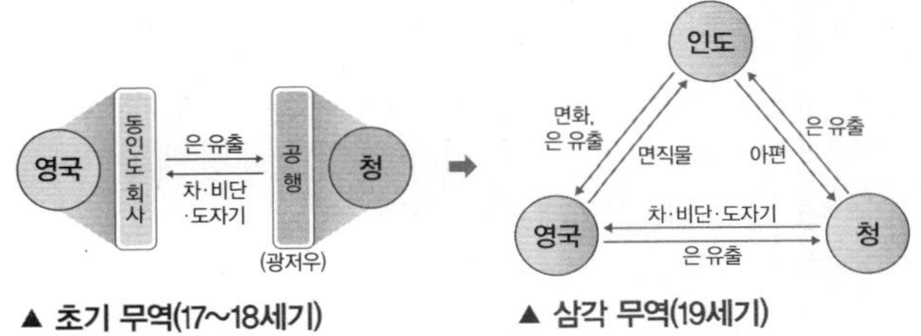

▲ 초기 무역(17~18세기) ▲ 삼각 무역(19세기)

12 (가)에 들어갈 메이지 정부의 조치와 그 한계를 서술하시오.

> 메이지 유신이 진행되는 가운데, 헌법을 제정하고 서양의 의회 제도를 도입하자는 자유 민권 운동이 일어났다. 이에 ________(가)________

01 세계 대전과 국제 질서의 변화(1)

1 다음 자료를 보고 물음에 답하시오.

역사 신문

보스니아의 사라예보에 방문한 오스트리아·헝가리 제국의 황태자 부부가 세르비아 청년에게 암살당하는 사건이 일어났다. 이를 계기로 오스트리아·헝가리 제국이 세르비아에 전쟁을 선포하면서 (㉠)이/가 일어났다.

(1) 밑줄 친 사건의 명칭을 쓰시오.

(2) ㉠에 들어갈 전쟁의 명칭을 쓰고, 그 배경을 두 가지 서술하시오.

2 밑줄 친 부분에 해당하는 내용을 세 가지 서술하시오.

제1차 세계 대전은 산업 혁명으로 이룬 기술의 진보가 인명을 대량 살상하는 데 이용되었다는 점에서 인류 역사의 큰 비극이었다. 이러한 제1차 세계 대전은 이전의 전쟁과는 다른 특징을 보였다.

3 ㉠에 들어갈 사건을 쓰고, 그 결과를 두 가지 서술하시오.

러시아 (㉠)의 배경과 전개

1. 배경: 차르의 개혁 성과 미흡, 제1차 세계 대전으로 경제난과 많은 인명 피해 발생
2. 전개: 전쟁 중지, 식량 배급 등을 요구하는 봉기 발생 → 노동자와 병사들의 소비에트 결성

4 ㉠에 들어갈 조약의 명칭을 쓰고, 그 특징을 밑줄 친 내용과 관련지어 서술하시오.

1919년에 개최된 파리 강화 회의의 결과로 독일의 영토 축소, 군비 제한, 식민지 상실, 막대한 배상금 지불 등을 규정한 (㉠)이/가 체결되면서 베르사유 체제가 성립되었다.

5 다음을 읽고 물음에 답하시오.

중국에서 5·4 운동 이후 ㉠ 국민당과 공산당이 연합하였으나, 이 연합은 장제스가 중국을 통일하는 과정에서 결렬되었다. 하지만, 중일 전쟁 시기에 국민의 요구에 따라 ㉡ 국민당과 공산당이 다시 연합하였다.

(1) ㉠, ㉡에 해당하는 민족 운동을 각각 쓰시오.

(2) ㉠, ㉡에 해당하는 민족 운동이 전개된 목적을 비교하여 서술하시오.

6 밑줄 친 '이 인물'을 쓰고, 그 인물이 주도한 민족 운동의 내용을 두 가지 이상 서술하시오.

02 세계 대전과 국제 질서의 변화(2)

7 다음 자료를 보고 물음에 답하시오.

대공황의 배경과 극복 방안
1. 배경: 과잉 생산에 따른 재고 누적
2. 극복 방안
(1) 미국: (㉠) 추진
(2) 영국, 프랑스: 블록 경제 형성

(1) ㉠에 공통으로 들어갈 용어를 쓰시오.

(2) (1)의 내용을 세 가지 이상 서술하시오.

8 다음에서 설명하는 사상을 쓰고, 그 특징을 두 가지 서술하시오.

- 개인을 획일적으로 전체에 예속하려는 사상 또는 체제를 말한다.
- 경제 기반이 약하고 식민지가 없거나 적었던 이탈리아, 독일, 에스파냐, 일본 등에서는 대공황의 위기와 사회적 불안을 틈타 등장하였다.

9 밑줄 친 '이 전쟁'의 명칭을 쓰고, 그 발발 배경을 서술하시오.

제2차 세계 대전에 미국이 연합국 편으로 참전하면서 이 전쟁이 시작되었고, 이로 인해 전 세계로 전선이 확대되면서 제2차 세계 대전이 격화되었다.

03 민주주의의 확산 ~ 인권 회복과 평화 확산을 위한 노력

10 다음 내용을 바탕으로 제1차 세계 대전 이후 유럽에서 나타난 정치적 변화를 서술하시오.

- 혁명으로 독일 제국이 무너진 후 민주적인 바이마르 공화국이 수립되었다.
- 오스트리아·헝가리 제국, 오스만 제국, 러시아에서 전제 군주정이 무너지고 공화정이 수립되었다.
- 패전국의 식민지였다가 민족 자결주의 원칙에 근거하여 독립한 국가들과 혁명 이후 러시아로부터 독립한 국가들은 대부분 공화정을 채택하였다.

11 밑줄 친 부분에 해당하는 내용을 세 가지 이상 서술하시오.

제1차 세계 대전 전후 노동자들의 경제적 역할이 커졌고, 전쟁 중 노동자들이 국가에 적극 협조하면서 노동자들의 사회적 지위가 향상되었다. 이에 각국에서는 노동자의 권리 확대를 위한 다양한 노력이 나타났다.

12 다음을 읽고 물음에 답하시오.

1946년 5월부터 일본 도쿄에서 열린 (㉠)에서는 반인도적인 전쟁 범죄를 저지른 일본의 책임자들이 처벌되었다. 하지만 (㉠)은/는 전범 처리가 제대로 이루어지지 못하였다는 한계가 있었다.

▲ (㉠)의 피고들

(1) ㉠에 공통으로 들어갈 용어를 쓰시오.

(2) 밑줄 친 내용을 뒷받침하는 근거를 두 가지 서술하시오.

01 냉전 체제와 제3 세계의 형성 ~ 세계화와 경제 통합

1 다음을 읽고 물음에 답하시오.

> 오늘날 전 세계의 거의 모든 나라는 ㉠ 두 가지 생활 방식 중 하나를 선택해야 합니다. …… 나는 모든 민족이 자유로운 상황에서 운명을 스스로 결정할 수 있도록 우리가 도와야 한다고 믿습니다. 그래서 무엇보다 ㉡ 재정적인 지원을 염두에 두고 있습니다. - 트루먼 독트린

(1) ㉠의 두 가지 생활 방식을 쓰시오.

(2) ㉡과 같은 정책을 시행하게 된 배경과 그 내용을 서술하시오.

2 교사의 질문에 대한 대표적인 사례를 세 가지 서술하시오.

3 다음 원칙을 발표한 세력을 쓰고, 그 정치적 입장을 서술하시오.

> 1. 기본적인 인권 및 국제 연합의 헌장을 존중한다.
> 2. 모든 국가의 주권과 영토의 보존을 존중한다.
> 3. 모든 인종과 국가 사이의 평등을 인정한다.
> 6. 강대국에 유리한 집단적인 방위를 배제한다.

4 냉전 시대에 양극 체제였던 국제 질서가 다극화 체제로 변화하는 계기가 된 사례를 두 가지 이상 서술하시오.

5 다음 개혁안을 발표한 인물을 쓰고, 이 발표가 동유럽에 끼친 영향을 서술하시오.

> 페레스트로이카 정책은 소련과 같은 사회주의 국가가 새로운 질적 상태로의 전환, 즉 권위주의적이고 관료주의적인 체제에서 인간적이고 민주적인 사회로 평화롭게 이행하는 유일한 길이라고 생각합니다. 나는 개혁의 모든 과정을 민주주의의 원칙에 근거하여 결단력 있게 추진할 것입니다.

6 다음을 읽고 물음에 답하시오.

> (㉠)은/는 "흰 고양이든 검은 고양이든 쥐만 잘 잡으면 된다."라고 말하면서 중국 인민들이 잘 살 수 있게 한다면 자본주의든 공산주의든 가리지 않고 선택하여 개혁을 추진할 수 있다고 주장하였다.

(1) ㉠에 들어갈 인물을 쓰시오.

(2) 밑줄 친 '개혁'의 특징과 그 사례를 서술하시오.

7 다음 발표로 실시된 경제 정책의 특징과 그 정책 사례를 두 가지 이상 서술하시오.

지나친 사회 복지 정책이 성장을 부진하게 만들었습니다. 저비용·고효율을 목표로 경제 정책을 바꾸어야 합니다.

정부의 기능을 축소해야 경제가 발전할 수 있습니다.

02 탈권위주의 운동과 대중문화 발달

8 남아프리카 공화국에서 전개된 밑줄 친 운동의 내용과 그 결과를 서술하시오.

> 두 차례의 세계 대전을 겪은 이후에도 여전히 백인 중심의 사회 질서가 유지되었고, 흑인 차별 정책이 지속되었다. 이러한 상황에서 흑인의 인권을 보장받기 위한 민권 운동이 활발하게 일어났다.

9 다음과 같은 상황에서 전개된 여성 운동의 내용을 두 가지 이상 서술하시오.

> 1960년대 이후 여성들은 사회적·경제적 차별을 없애고 권리를 확보하기 위해 저항을 계속하였다.

10 대중 사회의 형성 배경을 세 가지 이상 서술하시오.

11 ㉠에 공통으로 들어갈 문화를 쓰고, 그 문화가 발달하면서 나타난 예술과 사상의 변화를 두 가지 서술하시오.

> 주제: (㉠)의 등장 배경과 특징
> 1. 등장 배경: 대중 사회의 출현, 대중 매체의 발달
> 2. 특징
> (1) 대중 매체에 의해 대량 생산됨
> (2) 다수의 소비를 전제로 상업화됨

(㉠)은/는 불특정 다수가 쉽게 접할 수 있는 문화예요.

03 현대 세계의 문제 해결을 위한 노력

12 다음 상황을 배경으로 발생한 현대 세계의 문제를 제시된 용어를 포함하여 서술하시오.

> 신자유주의와 세계화가 확대되면서 국가 간 경제 교류가 활발해졌다.

〈제시어〉
• 선진국 • 남북문제 • 개발 도상국

13 다음을 읽고 물음에 답하시오.

> 지속적인 공업화와 경제 개발로 환경 오염이 심각해지고 있다. 화석 연료 사용 등에 따른 (㉠) 배출 증가로 지구 온난화 현상이 지속되고 있다.

(1) ㉠에 들어갈 용어를 쓰시오.

(2) (1)의 배출량 감축을 위한 국제 사회의 기후 변화 협상 내용을 서술하시오.

MEMO

15개정 교육과정

내공의 힘

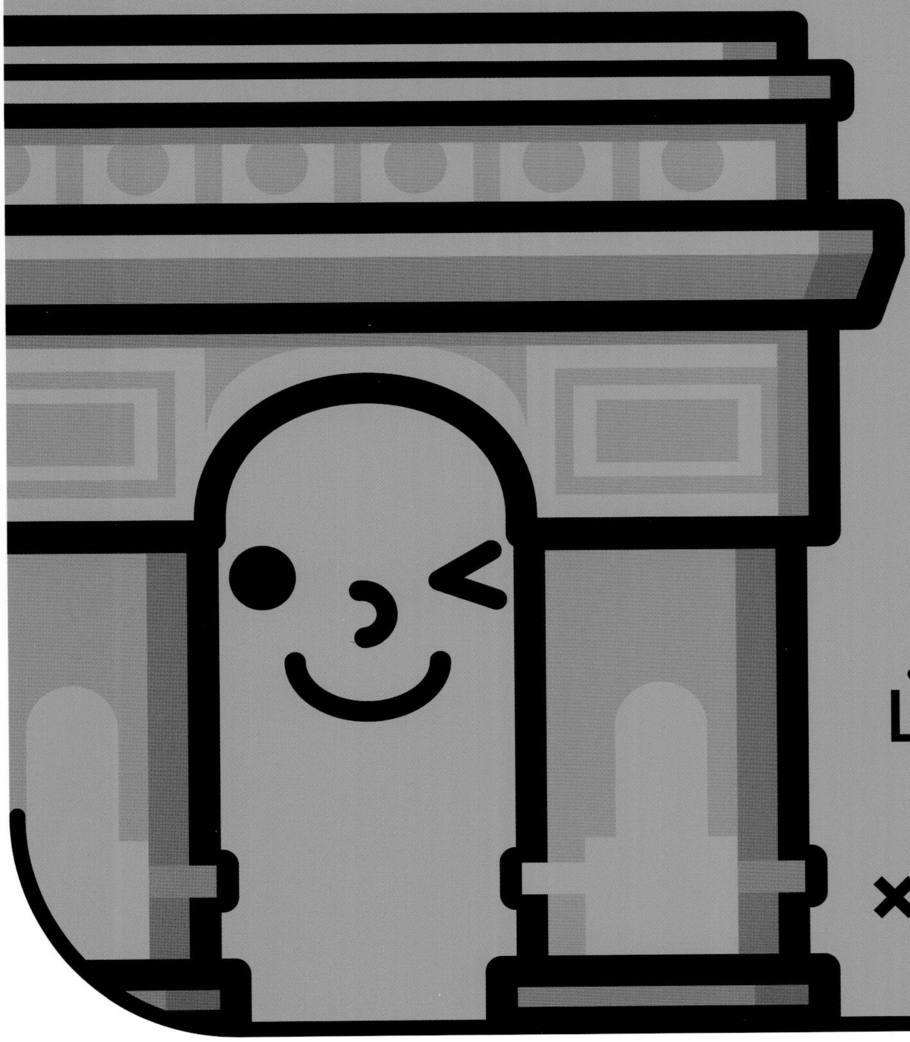

핵심만 빠르게~ 단기간에
내신 공부의 힘을 키운다

정답과 해설

중등 역사 ①·2

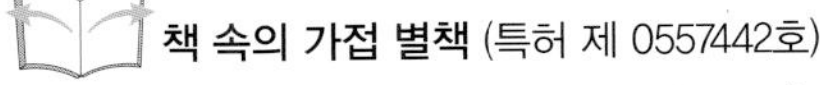
책 속의 가접 별책 (특허 제 0557442호)
'정답과 해설'은 본책에서 쉽게 분리할 수 있도록 제작되었으므로
유통 과정에서 분리될 수 있으나 파본이 아닌 정상제품입니다.

ABOVE IMAGINATION

우리는 남다른 상상과 혁신으로
교육 문화의 새로운 전형을 만들어
모든 이의 행복한 경험과 성장에 기여한다

정답과 해설

Ⅳ 제국주의 침략과 국민 국가 건설 운동

01 유럽과 아메리카의 국민 국가 체제(1)

개념 확인하기 p. 10

1 (1) – ㉡ (2) – ㉠ 2 크롬웰 3 (1) 영국 (2) 조지 워싱턴 (3) 민주 공화국 4 (1) ○ (2) ○ (3) × 5 (1) 국민 공회 (2) 국민 의회 6 (1) ㄱ (2) ㄷ

내공 쌓는 족집게 문제 p. 10~13

1 ④ 2 ② 3 ③ 4 ④ 5 ③ 6 ② 7 ③ 8 ④ 9 ⑤ 10 ⑤ 11 ② 12 ② 13 ③ 14 ⑤ 15 ② 16 ⑤ 17 ④ 18 ① [서술형 문제 19~21] 해설 참조

1 제임스 1세와 찰스 1세의 전제 정치 및 청교도 탄압으로 청교도들이 중심이 된 의회파와 국왕을 지지하는 왕당파 사이에 내전이 일어났고, 크롬웰이 이끈 의회파가 왕당파를 격파하였다.
| 바로 알기 | ①, ②, ③, ⑤는 명예혁명과 관련 있는 설명이다.

2 크롬웰은 왕당파의 거점인 아일랜드를 정복하였다. 또한 의회를 해산하고 국민들에게 엄격한 금욕 생활을 요구하는 등 청교도 윤리를 앞세운 독재 정치를 실시하여 국민의 반발을 샀다.
| 바로 알기 | ② 크롬웰은 황제에 즉위하지 않았으며, 크롬웰 사후 왕정이 부활하여 찰스 2세가 즉위하였다.

3 권리 청원을 승인하였던 찰스 1세가 의회를 해산하고 탄압하자 의회가 찰스 1세의 전제 정치에 저항하면서 의회파와 왕당파 사이에 내전이 발생하였다. 결국 의회파를 이끈 크롬웰이 왕당파 군대를 격파한 후 찰스 1세를 처형하고 공화정을 수립하였다. 크롬웰은 항해법을 제정하여 대외 무역을 확대하였으나, 의회를 해산하고 독재 정치를 실시하여 국민들의 반발을 샀다. 크롬웰 사후 왕정이 부활하면서 즉위한 찰스 2세와 제임스 2세는 다시 전제 정치를 강화하였다.
| 바로 알기 | ③ 권리 장전의 승인은 의회가 찰스 2세와 제임스 2세의 전제 정치에 반발하여 일으킨 명예혁명과 관련이 있다.

4 크롬웰 사후 왕정이 부활하였고, 찰스 2세와 뒤를 이은 제임스 2세는 의회를 무시하고 전제 정치를 폈다. 이에 의회는 제임스 2세를 폐위하고, 제임스 2세의 딸 메리와 그녀의 남편 윌리엄 3세를 공동 왕으로 추대하였다(명예혁명). 명예혁명은 피를 흘리지 않고 정치 형태가 바뀌었기 때문에 붙여진 이름이다.
| 바로 알기 | ㄷ. 명예혁명 당시 승인된 권리 장전은 의회에서 제정한 법이 국왕의 권력보다 앞선다는 것을 강조하였다.

5 제시된 문서는 권리 장전의 일부이다. 메리와 윌리엄 3세가 의회가 제정한 권리 장전을 승인함으로써 영국에서 입헌 군주제의 토대가 마련되었다.

6 앤 여왕 사후 독일의 하노버 공 조지 1세가 즉위하였다. 독일에서 성장한 그는 영국 사정에 어두워 정치에 관여하지 못하였다. 이에 의회의 다수당이 내각을 구성하여 정치를 주도하는 내각 책임제가 실시되었다. 이를 바탕으로 '왕은 군림하나 통치하지 않는다.'라는 영국의 전통이 세워졌다.

7 프랑스와의 7년 전쟁으로 재정이 어려워진 영국 정부는 식민지에 각종 세금을 부과하여 식민지에 대한 통제를 강화하였다. 이에 식민지 주민들이 반발하면서 미국 혁명이 일어났다.

8 제시된 사건은 보스턴 차 사건이다. 보스턴 차 사건을 계기로 미국 혁명이 일어나 식민지가 독립하였다.
| 바로 알기 | ④ 독립 이후 연방제를 주요 내용으로 하는 헌법이 제정되어 민주 공화국인 아메리카 합중국이 수립되었다.

9 제시된 자료는 미국 독립 선언문의 일부 내용이다. 미국 독립 선언문에는 인간의 기본권과 국민 주권, 천부 인권, 저항권 등 근대 민주주의의 기본 원리가 담겨 있다.
| 바로 알기 | ㄱ. 왕권신수설은 왕의 권한은 신이 부여한 절대적인 것이라는 사상으로, 미국 독립 선언문과 관련이 없다. ㄴ. 미국 독립 선언문은 미국 혁명 당시 발표되었다.

10 밑줄 친 '헌법'은 미국 혁명 이후 제정된 헌법이다. 독립을 달성한 북아메리카 13개 주는 연방제를 특징으로 하는 새로운 헌법을 제정하였다. 헌법은 주권이 국민에게 있음을 밝히고, 삼권 분립의 원칙을 규정하였다.

11 19세기 중반 미국은 산업 혁명이 전개되어 경제가 발전하였지만, 남부와 북부의 경제적 차이로 갈등이 나타났다. 미국 남부에서는 노예를 이용하여 목화를 재배하는 대농장 경영이 발달한 반면, 북부에서는 임금 노동에 기초한 공업이 발달하여 산업 구조에 따라 노예제에 대한 입장이 달랐기 때문이다.

12 노예제를 반대하는 북부와 찬성하는 남부가 대립하는 가운데 북부 출신의 (가) 링컨이 대통령에 당선되었다. 이에 (라) 남부의 여러 주가 연방을 탈퇴함으로써 남북 전쟁이 시작되었다. 전쟁 초기에는 남부가 우세하였으나 (나) 링컨이 노예 해방 선언을 한 후 풀려난 노예들이 북부에 가담하였고, 북부가 여론의 지지를 획득하였다. 이에 힘입어 (다) 게티즈버그 전투에서 북부가 승리하였다.

13 (가)는 제1 신분(성직자), (나)는 제2 신분(귀족), (다)는 제3 신분(평민)이다. 제3 신분인 평민들은 무거운 세금을 부담하면서도 정치 참여에는 제한을 받았다.
| 바로 알기 | ① 성직자는 면세의 특권을 누렸다. ② 성직자와 귀족은 삼부회의 신분별 표결을 주장하였다. ④ 주요 관직과 많은 토지를 독점한 신분은 성직자와 귀족이다. ⑤ (가)는 성직자, (나)는 귀족, (다)는 평민이다.

14 프랑스 혁명은 구제도의 모순, 계몽사상과 미국 혁명의 영향 등을 배경으로 일어났다.

15 국민 의회가 결성된 이후 국왕이 국민 의회를 탄압하려 하자, 분노한 파리 시민들이 바스티유 감옥을 습격하였다. 이후 국민 의회는 자유와 평등의 이념을 담은 '인간과 시민의 권리 선언(인권 선언)'을 발표하였다.
| 바로 알기 | ①, ④, ⑤는 인권 선언 발표 이후의 일이다. ③은 국민 의회 결성 이전의 일이다.

16 국민 공회가 구성된 이후 로베스피에르는 대내외적인 위협을 극복하기 위해 공안 위원회를 설치하고 공포 정치를 실시하였다. 하지만 공포 정치가 지속되자 많은 사람들이 불만을 품게 되었다. 결국 온건파가 로베스피에르를 처형함으로써 공포 정치는 중단되고 5명의 총재가 이끄는 총재 정부가 수립되었다.
| 바로 알기 | ①, ②, ③은 국민 공회 구성 이전, ④는 총재 정부 구성 이후의 일이다.

17 밑줄 친 '이 사람'은 나폴레옹이다. 나폴레옹은 쿠데타를 일으켜 통령 정부를 수립하였다. 제1 통령에 취임한 그는 국민 교육 제도 도입 등 내정 개혁을 실시하고, 새로운 시민 사회의 규범을 담은 『나폴레옹 법전』을 편찬하였다. 이와 함께 영국을 중심으로 유럽 국가들의 군사 동맹인 대프랑스 동맹을 격파하였고 1804년 국민 투표로 황제에 즉위하였다.
| 바로 알기 | ④는 크롬웰에 대한 설명이다.

18 제시된 지도는 나폴레옹의 원정로를 나타낸다. 19세기 초 나폴레옹은 결국 몰락하였지만, 그의 정복 전쟁으로 프랑스 혁명의 정신이 유럽에 널리 전파되어 자유주의와 민족주의가 확산되었다.

서술형 문제

19 (1) 권리 청원
(2) **| 예시 답안 |** 찰스 1세는 의회를 무력으로 탄압하였고, 의회도 무력으로 맞서 의회파와 왕당파 사이에 내전이 발생하였다(청교도 혁명). 결국 의회파를 이긴 크롬웰이 왕당파를 격파한 후 찰스 1세를 처형하고 공화정을 수립하였다.

구분	채점 기준
상	의회파와 왕당파 간 내전 발생, 찰스 1세 처형, 공화정 수립 등 청교도 혁명의 결과를 모두 서술한 경우
하	청교도 혁명의 결과를 미흡하게 서술한 경우

20 **| 예시 답안 |** 대농장 경영이 발달한 미국 남부는 면화와 담배를 재배하여 영국에 수출해야 했기에 자유 무역을 주장하였다. 반면 상공업이 발달한 북부는 공장에서 상품을 생산하여 영국과 경쟁해야 했기에 보호 무역을 주장하였다.

구분	채점 기준
상	남부는 자유 무역 주장, 북부는 보호 무역 주장이라고 모두 서술한 경우
하	무역 정책에 대한 남부와 북부의 입장 중 한 가지만 서술한 경우

21 (1) 국민 의회
(2) **| 예시 답안 |** 프랑스 혁명은 국민 주권, 자유와 평등, 재산권 보호 등을 기본 이념으로 하였다.

구분	채점 기준
상	국민 주권, 자유와 평등, 재산권 보호 등 프랑스 혁명의 기본 이념 세 가지를 모두 서술한 경우
중	프랑스 혁명의 기본 이념을 두 가지만 서술한 경우
하	프랑스 혁명의 기본 이념을 한 가지만 서술한 경우

02 유럽과 아메리카의 국민 국가 체제(2)

개념 확인하기 p. 15

1 (1) 프랑스 혁명 (2) 입헌 군주제 **2** ㉠ 인민헌장 ㉡ 차티스트 운동 **3** (1) ㄹ (2) ㄷ (3) ㄴ (4) ㄱ **4** (1) – ㉡ (2) – ㉠ (3) – ㉢ **5** (1) × (2) ○

내공 쌓는 족집게 문제 p. 16~17

1 ⑤ **2** ③ **3** ③ **4** ② **5** ② **6** ⑤ **7** ② **8** ④ **9** ③ **10** 볼리바르 **11** ② **[서술형 문제 12~13]** 해설 참조

1 밑줄 친 '이 회의'는 빈 회의이다. 빈 회의에서 유럽 각국은 유럽의 영토와 정치 체제를 프랑스 혁명 이전으로 되돌려 놓는다는 원칙에 합의하였다.

2 프랑스의 샤를 10세가 전제 정치를 실시하고 자유주의 운동을 탄압하자, 자유주의자들과 파리 시민들은 7월 혁명을 일으켜 루이 필리프를 '시민의 왕'으로 추대하였다. 이후 7월 왕정이 소수의 부유한 시민에게만 선거권을 부여하자 중소 시민층과 노동자들이 선거권 확대를 요구하며 2월 혁명을 일으켰다.
| 바로 알기 | ①, ④는 샤를 10세 즉위 이전의 일, ②, ⑤는 2월 혁명 발발 이후의 일이다.

3 밑줄 친 '혁명'은 2월 혁명이다. 2월 혁명의 영향으로 유럽에서는 자유주의와 민족주의 운동이 더욱 확산되었다. 오스트리아에서 혁명이 일어나 메테르니히가 추방되어 빈 체제가 붕괴되었으며, 독일과 이탈리아에서 통일 국가 수립 운동이 추진되었다.
| 바로 알기 | ③ 2월 혁명의 결과 프랑스에서 공화정이 수립되었다.

4 영국에서 제1차 선거법 개정으로도 선거권을 얻지 못한 노동자들이 인민헌장을 발표하고 선거권을 요구하는 차티스트 운동을 전개하였다.

5 19세기에 영국은 가톨릭교도에 대한 차별을 폐지하여 종교의 자유를 인정하였으며, 공장법을 제정하여 어린이와 부녀자의 노동 시간을 제한하였다. 또한 제1차 선거법 개정 이후 지속적인 선거법 개정을 통해 노동자 계층으로 선거권을 확대하였다. 19세기 후반에는 곡물법과 항해법을 폐지하여 자유주의 경제 체제를 확립하였다.
| 바로 알기 | ② 대륙 봉쇄령은 프랑스의 나폴레옹이 영국을 고립시키기 위해 선포한 것으로, 영국의 자유주의 확산과는 관련이 없다.

6 지도는 1861년 이탈리아 왕국이 수립되고, 이후 베네치아와 교황령이 통합된 시기까지의 이탈리아 영토를 나타낸 것이다.
| 바로 알기 | ⑤는 독일의 통일 과정에서 있었던 일이다.

7 독일 통일은 '(가) 관세 동맹 체결(1834) – (다) 비스마르크의 철혈 정책 실시 – (라) 북독일 연방 수립(1866) – (나) 독일 제국 수립(1871)'의 순서로 전개되었다.

8 제시된 내용은 알렉산드르 2세가 발표한 농노 해방령이다. 크림 전쟁에 패한 후 러시아가 낙후되어 있다고 생각한 알렉산드르 2세는 농노 해방을 비롯하여 지방 의회 구성, 군사 제도 개혁 등 내정 개혁을 실시하였다(1861). 그러나 이러한 개혁은 농민들에게 큰 혜택을 주지 못하였고, 알렉산드르 2세가 일부 급진주의자들에게 암살당하자 러시아에서는 다시 전제 정치가 강화되고 자유주의 운동이 탄압을 받았다.
| 바로 알기 | ④ 알렉산드르 2세의 개혁 정책의 혜택이 농민에게 돌아오지 않자 러시아의 지식인들은 브나로드 운동을 전개하였다.

9 제시된 지도의 (가)는 멕시코, (나)는 아이티, (다)는 브라질, (라)는 볼리비아, (마)는 아르헨티나이다.
| 바로 알기 | ③ 투생 루베르튀르가 독립운동을 주도한 국가는 아이티이다.

10 제시된 내용은 볼리바르에 대한 설명이다. 볼리바르는 군대를 이끌고 에스파냐에 맞서 베네수엘라, 콜롬비아, 볼리비아 등을 해방하여 라틴 아메리카의 '해방자'라는 칭호를 얻었다.

11 라틴 아메리카에서는 19세기 중반까지 많은 국가가 독립을 이루었다. 그러나 라틴 아메리카의 독립을 주도한 크리오요가 부와 권력을 독점하였으며 군부를 중심으로 독재 정권이 등장하기도 하였다. 라틴 아메리카는 독립 이후에도 유럽과 미국에 경제적으로 의존하였다. 이러한 상황에서도 라틴 아메리카에서는 유럽의 영향을 받아 정당 정치가 등장하였다.
| 바로 알기 | ② 독립 이후 라틴 아메리카에서는 농업이 발달한 반면, 공업적 기반은 취약하여 농업과 공업이 균형 있게 발전하지 못하였다.

서술형 문제

12 (1) 7월 혁명
(2) **| 예시 답안 |** 빈 체제에 따라 프랑스에 들어선 부르봉 왕조의 샤를 10세가 전제 정치를 강화하여 의회를 해산하고 자유주의 운동을 탄압하자 시민들이 7월 혁명을 일으켰다.

구분	채점 기준
상	샤를 10세가 의회 해산, 자유주의 운동 탄압 등 전제 정치를 강화하였다고 서술한 경우
하	샤를 10세가 전제 정치를 강화하였다고만 서술한 경우

13 **| 예시 답안 |** 미국 혁명, 프랑스 혁명, 계몽사상의 영향으로 자극을 받은 라틴 아메리카 식민지인들은 나폴레옹 전쟁으로 에스파냐의 간섭이 약해진 틈을 타서 독립운동을 전개하였다.

구분	채점 기준
상	미국 혁명, 프랑스 혁명, 계몽사상에 자극을 받은 것과 나폴레옹 전쟁으로 에스파냐의 식민지에 대한 간섭이 약해졌음을 모두 서술한 경우
하	제시된 배경 중 일부만 서술한 경우

03 유럽의 산업화와 제국주의

개념 확인하기 p. 20

1 (1) × (2) ○ (3) ○ (4) × 2 낭만주의 3 (1) 제국주의 (2) 사회 진화론 4 (1) 필리핀 (2) 파쇼다 사건 (3) 라이베리아 5 (1) ㄱ (2) ㄴ (3) ㄷ

내공 쌓는 족집게 문제 p. 20~23

1 ② 2 ③ 3 ⑤ 4 ⑤ 5 ④ 6 ② 7 ⑤ 8 ① 9 ④ 10 제국주의 11 ④ 12 ① 13 ④ 14 ③ 15 ⑤ 16 ④ 17 ⑤ 18 ④ **[서술형 문제 19~21]** 해설 참조

1 ㉠은 산업 혁명이다. 영국은 명예혁명 이후 정치가 안정되어 경제 발전에 전념할 수 있었다. 또한 석탄과 철 등 지하자원이 풍부하였으며, 인클로저 운동으로 토지를 잃은 농민들이 도시로 이동하면서 노동력이 풍부해졌다.
| 바로 알기 | ㄴ. 남북 전쟁 이후 산업이 발전한 국가는 미국이다. ㄹ. 정부 주도의 산업화 정책이 추진된 국가는 독일, 러시아, 일본 등이다.

2 ㉠은 인클로저 운동이다. 인클로저 운동으로 토지를 잃은 농민들이 도시로 이동하여 공장에 노동력을 제공하였다.
| 바로 알기 | ① 러다이트 운동은 19세기 초반 영국에서 일어난 기계 파괴 운동이다. ② 브나로드 운동은 19세기 후반 러시아에서 일어난 농민 계몽 운동이다. ④ 자유주의 운동은 개인의 자유와 평등을 추구한 운동이다. ⑤ 차티스트 운동은 19세기에 영국에서 일어난 자유주의 운동이다.

3 제임스 와트가 개량한 증기 기관이 방적기와 방직기의 동력으로 이용되면서 면직물 공업은 가내 수공업에서 공장제 기계 공업으로 성장하였다.

4 영국의 스티븐슨이 증기 기관차를 제작한 이후에는 각지에 철도가 건설되었고, 미국의 풀턴은 증기선을 제작하여 운항에 성공하였다. 모스는 전기를 이용하여 신호를 주고받는 유선 전신을, 벨은 전화를 발명하였다.
| 바로 알기 | ⑤ 구텐베르크가 활판 인쇄술을 발명한 것은 15세기의 일이다.

5 제시된 그래프의 (가)는 미국이다. 미국은 남북 전쟁 이후 풍부한 지하자원과 노동력을 바탕으로 산업이 빠르게 발전하였다.
| 바로 알기 | ①은 일본, ②는 프랑스, ③은 영국, ⑤는 독일의 산업 혁명에 대한 설명이다.

6 산업 혁명으로 농업 중심의 사회에서 산업 사회로 전환되었고, 자본가와 노동자라는 새로운 계급이 등장하였으며, 빈부 격차가 심화되었다. 산업화에 따라 도시의 인구가 증가하면서 도시에서는 주택 부족, 환경·위생 문제가 발생하였다.
| 바로 알기 | ② 산업 혁명으로 생산과 소비가 시장에 의해 결정되는 자본주의 체제가 확립되었다.

7 제시된 자료는 사회주의 사상가들의 주장이다. 산업 혁명 이후 사회 문제가 확산되자 마르크스, 오언 등의 사상가들이 자본주의 체제를 비판하면서 사회주의 사상이 등장하였다. 사회주의 사상가들은 사유 재산 제도를 부정하였고, 생산 수단의 공동 분배를 통한 평등 사회 건설을 추구하였다.
| 바로 알기 | ⑤는 자본주의 체제에 대한 설명이다.

8 적자생존에 따른 종의 진화를 주장한 인물은 다윈이다. 그의 주장은 이후 우수한 사회가 열등한 사회를 지배하는 것을 당연한 것으로 받아들이는 사회 진화론에 영향을 주었다.
| 바로 알기 | ② 멘델은 유전 법칙을 발견하였다. ③ 에디슨은 가정용 전구와 축음기 등을 발명하였다. ④ 뢴트겐은 X선을 발견하였다. ⑤ 퀴리 부부는 라듐을 발견하였다.

9 19세기 후반 대표적인 사실주의 화가인 밀레는 「만종」에서 현실을 있는 그대로 묘사하였다.

10 제시된 그림은 제국주의 국가의 자본가가 식민지 원주민의 노동력을 착취하여 상품을 생산하는 모습을 표현한 것으로, 이는 제국주의를 풍자하고 있다.

11 제국주의 국가들은 19세기 후반 자본주의가 발전하였으나 제한된 시장 규모로 불황이 발생하자 자본의 투자처로 식민지를 확보하고자 하였다. 이에 따라 이들은 군사력과 경제력을 앞세워 약소국을 침략하고 식민지로 삼았으며, 식민지에서 원주민의 노동력을 착취하여 상품을 생산하였다.
| 바로 알기 | ④ 제국주의 국가들은 사회 진화론을 내세워 식민 지배를 정당화하였다.

12 제시된 자료에서는 백인이 유색 인종보다 우월하기 때문에 이들을 문명화하는 것이 자신들의 의무라고 주장하며 식민지 침략을 정당화하고 있다.

13 제시된 지도의 (가)는 영국, (나)는 미국, (다)는 네덜란드이다.
| 바로 알기 | ④ 마셜 제도와 캐롤라인 제도를 차지한 국가는 독일이다.

14 리빙스턴, 스탠리 등의 탐험가에 의해 아프리카 내륙 사정이 알려진 후 많은 제국주의 국가들이 아프리카에 진출하였다. 제국주의 열강들은 베를린 회의에서 아프리카 분할 원칙에 합의한 이후 본격적으로 아프리카를 침략하기 시작하였다. 영국이 수에즈 운하를 매입하고 이집트를 보호국으로 삼았으며, 프랑스가 알제리를 거점으로 세력을 확대하여 튀니지를 차지하였다.
| 바로 알기 | ③ 네덜란드는 인도네시아를 지배하면서 자와섬에 차, 사탕수수 등을 재배하는 대농장(플랜테이션)을 경영하였다.

15 제시된 지도의 (가)는 영국, (나)는 프랑스이다. 영국은 이집트의 카이로에서 남아프리카의 케이프타운을 잇는 종단 정책을 펼쳤으며, 프랑스는 북아프리카의 알제리를 거점으로 마다가스카르까지 세력을 진출하는 횡단 정책을 펼쳤다. 두 국가는 수단의 파쇼다에서 충돌하였다.
| 바로 알기 | ① 3B 정책을 추진한 국가는 독일이다. ② 모로코를 둘러싸고 대립한 독일과 국가는 프랑스이다. ③ 콩고를 사유지로 선언한 국가는 벨기에이다. ④ '카이로 – 케이프타운 – 콜카타'를 연결하는 3C 정책을 추진한 국가는 영국이다.

16 제국주의 국가들의 침략으로 라이베리아와 에티오피아를 제외한 아프리카 전역이 열강의 식민지가 되었다.

17 ㉠에 들어갈 인물은 무함마드 아흐마드이다. 무함마드 아흐마드는 자신을 '마흐디(구세주)'라고 주장하면서 수단에서 반영 투쟁을 이끌었다.
| 바로 알기 | ① 카르티니는 인도네시아에서 여성들을 위한 학교를 설립하여 교육을 통한 민족 운동을 주도하였다. ② 호세 리살은 필리핀에서 민족 운동을 주도하였다. ③ 판보이쩌우는 베트남의 민족 운동을 주도하였다. ④ 에티오피아의 메넬리크 2세는 제국주의 열강의 침략에 대비하여 근대적 개혁을 추진하였다.

18 ㉠에 들어갈 국가는 인도네시아이다. 인도네시아에서는 지식인과 이슬람교도 상인들이 이슬람 동맹을 결성하여 외국 자본의 유입과 크리스트교 포교 활동에 저항하는 반외세 운동을 전개하였다.
| 바로 알기 | ①은 필리핀, ③은 베트남, ⑤는 타이의 민족 운동에 대한 설명이다. ②는 멕시코의 독립운동에 대한 설명이다.

서술형 문제

19 (1) 제임스 와트
(2) **| 예시 답안 |** 면직물이 대량 생산되었고, 공장제 기계 공업이 발달하여 생산력이 증가하였다.

구분	채점 기준
상	면직물 대량 생산, 공장제 기계 공업 발달, 생산력 증가 등의 내용을 모두 서술한 경우
중	면직물 대량 생산, 공장제 기계 공업 발달, 생산력 증가 등의 내용 중 두 가지만 서술한 경우
하	면직물 대량 생산, 공장제 기계 공업 발달, 생산력 증가 등의 내용 중 한 가지만 서술한 경우

20 **| 예시 답안 |** 제국주의. 19세기 후반 서양에서 산업 혁명의 확산으로 자본주의가 발전하면서 서양 열강들이 값싼 원료의 공급지, 상품 판매 시장, 자본의 투자처를 필요로 하였고, 이에 식민지를 개척하였다.

구분	채점 기준
상	제국주의를 쓰고, 제국주의의 등장 배경으로 서양 열강들이 값싼 원료의 공급지, 상품 판매 시장, 자본의 투자처를 필요로 함을 모두 서술한 경우
중	제국주의를 쓰고, 제국주의가 등장한 배경을 미흡하게 서술한 경우
하	제국주의만 쓴 경우

21 **| 예시 답안 |** 타이는 라마 5세가 실시한 근대적 개혁과 영국과 프랑스 세력의 완충 지대에 위치하는 지리적 이점을 바탕으로 독립을 유지할 수 있었다.

구분	채점 기준
상	독립 유지의 이유로 라마 5세의 근대적 개혁 실시, 지리적 이점을 모두 서술한 경우
하	독립 유지의 이유로 라마 5세의 근대적 개혁 실시, 지리적 이점 중 한 가지만 서술한 경우

04 서아시아와 인도의 국민 국가 건설 운동

개념 확인하기 p. 26

1 (1) 탄지마트(은혜 개혁) (2) 압둘 하미드 2세 (3) 청년 튀르크당
2 (1) – ㉡ (2) – ㉠ 3 ㄱ, ㄴ 4 이집트 5 (1) × (2) ○
(3) ○ (4) ×

내공 쌓는 족집게 문제 p. 26~29

1 ② 2 ③ 3 ④ 4 ② 5 ④ 6 ③ 7 ⑤ 8 ② 9 ⑤
10 ① 11 ② 12 ③ 13 ⑤ 14 ③ 15 ⑤ 16 ② 17 ④
18 ⑤ [서술형 문제 19~21] 해설 참조

1 (가) 국가는 오스만 제국이다. 오스만 제국은 술탄 중심의 중앙 집권 체제가 흔들리면서 제국 내 여러 민족의 독립 요구를 받았고, 19세기에 들어 영국, 러시아 등 서구 열강의 압박을 받아 쇠퇴하였다.
| 바로 알기 | ㄴ, ㄹ. 카자르 왕조가 이란 지역을 재통일한 것과 무굴 제국의 내부 반란은 오스만 제국의 쇠퇴와 관련이 없다.

2 오스만 제국은 19세기에 '탄지마트(은혜 개혁)'라고 불리는 근대적 개혁을 추진하였다. 이에 따라 민족과 종교에 따른 차별을 폐지하였으며, 의회를 수립하고 근대식 헌법을 제정하였다. 그러나 이러한 개혁은 보수 세력의 반발과 유럽 열강의 간섭으로 큰 성과를 얻지 못하였다.
| 바로 알기 | ③ 이븐 압둘 와하브를 중심으로 전개된 운동은 아랍의 민족 운동인 와하브 운동이다.

3 개혁이 실패하고 러시아와의 전쟁에서도 패하자 술탄 압둘 하미드 2세는 헌법을 폐지하고 의회를 해산한 뒤 전제 정치를 강화하였다. 이에 반발한 젊은 장교와 관료, 지식인들은 청년 튀르크당을 결성하였다.
| 바로 알기 | ①, ②, ③, ⑤는 청년 튀르크당이 결성된 이후의 사실이다.

4 밑줄 친 '이 운동'은 와하브 운동이다. 이븐 압둘 와하브가 전개한 와하브 운동은 아랍 민족주의와 결합하여 오스만 제국의 지배에 저항하는 운동으로 발전하였고, 아라비아반도에 전파되어 사우디아라비아 왕국이 건설되는 계기가 되었다.
| 바로 알기 | ㄴ. 아라비 파샤를 중심으로 전개된 것은 이집트에서 일어난 아라비 혁명이다. ㄹ은 이란에서 일어난 담배 불매 운동의 배경이다.

5 제시된 대화의 주제는 아랍 문화 부흥 운동의 전개이다. 19세기 초에는 해외 문학 작품을 아랍어로 번역하고 아랍 고전을 연구하는 아랍 문화 부흥 운동이 일어났다. 이 운동은 아랍 민족의 단결을 고취하였고, 독립운동을 자극하였다.

6 (가)에 들어갈 국가는 러시아, (나)에 들어갈 국가는 영국이다. 영국과 러시아는 이란을 3등분하여 남부는 영국이, 북부는 러시아가 차지하였다.

7 ㉠에 들어갈 사건은 이란에서 일어난 담배 불매 운동이다. 알 아프가니를 중심으로 전개된 담배 불매 운동은 왕과 외세에 반대하는 저항 운동으로 발전하였다. 이 사건은 이란에서 성직자의 영향력을 확대하였고, 이란의 민족의식을 고취하였다.
| 바로 알기 | ⑤는 이집트에서 일어난 무함마드 알리의 근대화 운동과 관련된 내용이다.

8 담배 불매 운동이 전개된 이후인 1906년에는 카자르 왕조의 전제 정치에 반대하는 입헌 혁명이 일어나 의회가 구성되고 입헌 군주제 헌법이 제정되었다. 그러나 입헌 혁명은 보수 세력의 반발과 영국과 러시아의 무력간섭으로 좌절되었고, 이란 영토의 상당 부분이 영국과 러시아에 의해 분할 점령되었다.
| 바로 알기 | ①은 18세기 중엽 아라비아반도를 중심으로 일어난 와하브 운동의 내용이다. ③은 인도, ④는 이집트에서 일어난 일이다. ⑤는 담배 독점 판매권을 회수하기 이전에 일어난 일이다.

9 나폴레옹의 침략 이후 근대화의 필요성을 깨닫게 된 이집트에서는 무함마드 알리의 근대화 운동이 추진되었고, 19세기 중엽에는 영국과 프랑스의 자금을 빌려 지중해와 홍해를 잇는 수에즈 운하가 건설되었다. 이후 아라비 파샤를 중심으로 한 군부는 '이집트인을 위한 이집트의 건설'이라는 구호를 내세워 혁명을 일으켰으나 영국군에 진압되었다.
| 바로 알기 | ⑤ 영국 상품 배척, 자치 획득(스와라지), 국산품 애용(스와데시), 국민 교육 실시 등의 4대 강령을 채택한 것은 벵골 분할령에 대한 반발로 일어난 인도의 반영 운동이다.

10 (가) 운하는 이집트의 수에즈 운하이다. 수에즈 운하는 영국과 프랑스의 자금을 빌려 건설되었고, 이 과정에서 재정 상태가 악화된 이집트는 영국과 프랑스의 내정 간섭을 받게 되었다.
| 바로 알기 | ㄷ, ㄹ은 이란에서 일어난 담배 불매 운동에 대한 설명이다.

11 밑줄 친 '이 인물'은 아라비 파샤이다. 아라비 파샤는 '이집트인을 위한 이집트의 건설'이라는 구호를 내세워 혁명을 일으켰으나 영국군에 진압되었다.

12 ㉠에 들어갈 국가는 프랑스, ㉡에 들어갈 사건은 플라시 전투이다. 영국과 프랑스는 인도의 무역 주도권을 두고 플라시 전투를 벌였고, 전투에서 승리한 영국은 벵골 지역의 통치권을 차지하였다.

13 19세기 중엽 영국은 인도인에게 아편과 면화 재배를 강요하였고, 힌두교와 이슬람교 간의 종교적 대립을 부추겼으며, 인도인에게 크리스트교로의 개종을 강요하였다.
| 바로 알기 | ㄱ. 영국과 러시아에 의해 영토가 분할 점령된 국가는 이란이다. ㄴ. 오스만 제국은 무함마드 알리를 이집트의 총독으로 임명하였다.

14 영국의 지배 방식에 대한 인도인의 불만으로 발생한 세포이의 항쟁은 대규모 민족 운동으로 확산하였지만, 내부 분열과 영국군의 반격으로 실패하였다. 세포이의 항쟁을 진압한 영국은 동인도 회사를 해체한 후 인도를 직접 지배하였고, 1877년 영국 국왕이 인도 황제를 겸하는 영국령 인도 제국을 세웠다.
| 바로 알기 | ③ 벵골 분할령에 대한 반발로 발생한 사건은 인도 국민 회의의 주도로 전개된 반영 운동이다.

15 인도에서 민족 운동이 확산되자 영국은 인도인을 회유하기 위해 중상류층 인도인을 중심으로 인도 국민 회의를 결성하였다.

16 영국은 반영 운동이 활발하던 벵골 지역을 힌두교도가 많은 서벵골과 이슬람교도가 많은 동벵골로 나누어 통치하려고 하였다. 이는 종교 갈등을 이용해 민족 운동의 힘을 분산하려는 의도였다.

17 자치 획득(스와라지), 국산품 애용(스와데시), 국민 교육 실시, 영국 상품 배척의 4대 강령을 채택한 단체는 반영 운동을 전개한 인도 국민 회의이다. 인도 국민 회의는 초기에 영국에 협조하면서 인도인의 권익을 확보하려는 타협적인 자세를 보였지만, 벵골 분할령 이후에는 반영 운동을 이끌었다.
| 바로 알기 | ①은 동인도 회사의 고용 용병인 세포이들, ②는 알아프가니 등 개혁 세력과 이슬람 성직자들, ③은 청년 튀르크당, ⑤는 영국에 대한 설명이다.

18 영국이 벵골 분할령을 철회하고 형식적으로 인도의 자치를 인정한 것은 인도 국민 회의가 전개한 반영 운동 이후의 일이다.

서술형 문제

19 (1) ㉠ 담배 불매 운동, ㉡ 입헌 혁명
(2) **| 예시 답안 |** 카자르 왕조의 전제 정치에 반대하는 입헌 혁명이 일어나 의회가 구성되고 입헌 군주제 헌법이 제정되었다.

구분	채점 기준
상	의회 구성, 입헌 군주제 헌법 제정을 모두 서술한 경우
하	의회 구성, 입헌 군주제 헌법 제정 중 한 가지만 서술한 경우

20 **| 예시 답안 |** 산업 혁명이 진행되면서 영국의 공장에서 값싼 면직물이 대량 생산되었다. 그 결과 인도의 면직물에 대한 수요가 줄어 인도 면직업이 몰락하였다.

구분	채점 기준
상	산업 혁명으로 인한 영국산 면직물의 대량 생산, 인도 면직물 산업의 몰락을 모두 서술한 경우
하	산업 혁명으로 인한 영국산 면직물의 대량 생산, 인도 면직물 산업의 몰락 중 한 가지만 서술한 경우

21 **| 예시 답안 |** 세포이의 항쟁을 진압한 영국은 무굴 황제를 폐위하고, 동인도 회사를 해체한 후 인도를 직접 지배하였다. 이후 영국은 영국 국왕이 인도 황제를 겸하는 영국령 인도 제국을 수립하였다.

구분	채점 기준
상	무굴 황제 폐위, 동인도 회사 해체 후 인도 직접 지배, 영국령 인도 제국 수립을 모두 서술한 경우
중	무굴 황제 폐위, 동인도 회사 해체 후 인도 직접 지배, 영국령 인도 제국 수립 중 두 가지만 서술한 경우
하	무굴 황제 폐위, 동인도 회사 해체 후 인도 직접 지배, 영국령 인도 제국 수립 중 한 가지만 서술한 경우

05 동아시아의 국민 국가 건설 운동

개념 확인하기 p. 32

1 (1) 제1차 아편 전쟁 (2) 애로호 사건 (3) 태평천국 운동
2 (1) ㄴ (2) ㄱ (3) ㄹ (4) ㄷ 3 (1) 러일 전쟁 (2) 시모노세키 조약 (3) 일본 제국 헌법 (4) 메이지 유신 4 (1) × (2) × (3) ○ (4) ○

내공 쌓는 족집게 문제 p. 32~35

1 ④ 2 ① 3 ② 4 ⑤ 5 ④ 6 ① 7 ③ 8 ① 9 ②
10 ⑤ 11 ③ 12 ③ 13 ④ 14 ⑤ 15 ② 16 ⑤ 17 ⑤
18 ① [서술형 문제 19~21] 해설 참조

1 막대한 양의 은을 지급하고 중국의 차와 도자기를 수입하였던 영국은 무역 적자를 줄이기 위해 청에 교역 확대를 요구하였다. 그러나 청이 이를 거절하자, 영국은 인도에서 재배한 아편을 청에 몰래 팔기 시작하였다. 이로 인해 청에서는 많은 양의 은이 영국으로 유출되고 아편 중독자가 늘었다.
| 바로 알기 | ①, ②, ③은 제시된 무역 형태와 관련이 적은 내용이다. ⑤는 제2차 아편 전쟁과 관련된 내용이다.

2 밑줄 친 '이 조약'은 제1차 아편 전쟁의 결과로 체결된 난징 조약이다. 난징 조약은 공행 제도의 폐지, 상하이 등 5개 항구의 개항, 영국에 홍콩 할양, 치외 법권 인정 등 청에 불리한 내용을 담은 불평등 조약이었다.
| 바로 알기 | ㄷ은 제2차 아편 전쟁 이후 체결된 톈진 조약에 포함된 내용이다. ㄹ은 의화단 운동 이후 체결된 신축 조약에 포함된 내용이다.

3 제2차 아편 전쟁에서 패배한 청은 톈진 조약과 베이징 조약을 체결하여 추가로 개항하고, 외국 공사의 베이징 주재와 크리스트교의 포교를 허용하였다.
| 바로 알기 | ② 애로호 사건은 제2차 아편 전쟁이 발생하게 된 배경에 해당한다.

4 (가) 세력은 태평천국 운동 세력으로, 지도는 태평천국 운동의 전개를 보여 준다. 태평천국 운동을 전개한 홍수전은 만주족을 몰아내고 한족 국가를 세우자는 멸만흥한을 주장하였고, 토지 균등 분배, 남녀평등, 악습 폐지 등을 주장하였다.
| 바로 알기 | ①은 양무운동, ②는 의화단 운동, ③, ④는 변법자강 운동에 대한 설명이다.

5 제시된 이홍장의 주장을 바탕으로 전개된 운동은 양무운동이다. 양무운동은 중체서용의 논리를 바탕으로 부국강병 정책을 추진한 운동이었다. 그러나 지방 관료가 제각기 추진하여 일관성이 없었고, 이러한 한계는 청일 전쟁의 패배로 드러났다.
| 바로 알기 | ①은 의화단 운동, ②는 제1차 아편 전쟁, ③은 변법자강 운동 등, ⑤는 태평천국 운동에 대한 설명이다.

6 캉유웨이, 량치차오 등의 개혁적인 지식인들이 일본의 메이지 유신을 모방한 제도 개혁을 주장한 것으로 보아, (가)에 들어갈 주제는 변법자강 운동의 전개임을 알 수 있다.

7 ㉠에 들어갈 단체는 의화단 운동을 전개한 의화단이다. 의화단은 '청을 도와 서양 세력을 멸하자.'라는 부청멸양의 구호를 내걸고 선교사, 교회, 철도 등을 공격하였다. 이후 의화단은 영국, 일본, 러시아를 비롯한 8개국 연합군에게 진압되었다.
| 바로 알기 | ①, ⑤는 태평천국 운동의 주도 세력, ②는 변법자강 운동의 주도 세력, ④는 쑨원에 대한 설명이다.

8 (가)는 신해혁명(1911), (나)는 신해혁명 이후 위안스카이의 황제 체제 부활 시도에 대한 내용이다. (가), (나) 시기 사이에 중국에서는 혁명 세력이 쑨원을 임시 대총통으로 추대하여 중화민국을 수립하였다(1912).
| 바로 알기 | ②, ③, ④, ⑤는 신해혁명이 전개되기 이전에 일어난 일이다.

9 밑줄 친 '나'는 쑨원이다. 쑨원은 도쿄에서 여러 단체를 모아 중국 동맹회를 조직하고, 삼민주의를 내세워 혁명 운동을 주도하였다. 신해혁명 이후 혁명 세력은 쑨원을 임시 대총통으로 추대해 중화민국을 수립하였다.
| 바로 알기 | ① 운요호 사건은 일본이 조선에 개항을 강요한 사건이다. ③은 이홍장, ④는 전봉준, ⑤는 위안스카이에 대한 설명이다.

10 메이지 정부는 신분제 폐지, 징병제 시행, 번 폐지 및 현 설치, 서양식 교육 제도 실시 등을 포함한 대대적인 개혁인 메이지 유신을 추진하였다.
| 바로 알기 | ⑤는 에도 막부에 대한 설명이다.

11 제시된 헌법은 일본 제국 헌법이다. 일본 제국 헌법은 천황에게 정치, 외교, 군사 등 모든 방면에서 절대적인 권한을 부여하였고, 일본의 입헌 군주국 수립의 토대가 되었다.
| 바로 알기 | ㄱ. 신해혁명은 중국에서 일어난 혁명으로 일본 제국 헌법과는 관련이 없다. ㄹ. 자유 민권 운동의 주도 세력은 헌법 제정과 의회 제도의 도입을 주장하였으나 메이지 정부에 의해 탄압받았다. 일본 제국 헌법은 이후 메이지 정부에 의해 제정되었다.

12 ㉠에 들어갈 사건은 청일 전쟁이다. 청일 전쟁에서 승리한 일본은 청으로부터 받은 배상금의 대부분을 군비 확장에 사용하여 제국주의 국가로 성장할 수 있는 발판을 마련하였다.

13 제시된 사건은 일본을 견제하던 러시아가 프랑스, 독일과 함께 일본에 압력을 가해 일본이 랴오둥반도를 청에 반환하게 한 삼국 간섭이다. 삼국 간섭은 청일 전쟁의 배경이 된 동학 농민 운동 이후에 발생하였고, 삼국 간섭 이후 일본은 영국과 동맹을 맺고 러일 전쟁을 일으켰다.

14 러일 전쟁에서 승리한 일본은 러시아와 포츠머스 조약을 맺고, 한반도에 대한 일본의 지배권을 인정받았다.
| 바로 알기 | ①은 일본의 대외 팽창과 관련된 사건이지만 러일 전쟁과는 관련이 없다. ②는 러일 전쟁 이전에 일어난 일이다. ③은 삼국 간섭, ④는 청일 전쟁의 결과이다.

15 난징 조약, 강화도 조약, 미일 수호 통상 조약은 모두 외국인이 현재 거주하는 나라의 법률에 적용받지 않을 권리인 치외 법권을 규정한 불평등 조약이었다.
| 바로 알기 | ① 강화도 조약은 조선과 일본이 체결하였다. ③ 난징 조약은 제1차 아편 전쟁의 결과로 체결되었다. ④ 세 조약은 모두 불평등 조약이었다. ⑤ 난징 조약만이 상대국에 영토를 할양하였다.

16 전봉준은 1894년에 농민들을 모아 지배층의 횡포와 외세에 저항하는 동학 농민 운동을 전개하였지만, 관군과 일본군에게 진압되었다.
| 바로 알기 | ①은 김옥균 등 급진 개화파, ②는 보수적인 유생들, ③은 애국 계몽 운동 세력, ④는 의병 운동 세력에 대한 설명이다.

17 밑줄 친 '이 단체'는 독립 협회이다. 독립 협회는 만민 공동회를 열어 자주 국권 운동을 전개하였고, 입헌제 도입을 위한 의회 개설 운동을 펼쳤다.

18 갑오개혁은 고종이 일본의 감시를 피해 러시아 공사관으로 거처를 옮기면서 중단되었다. 이후 고종은 경운궁으로 환궁하여 대한 제국을 수립하였고 근대적인 개혁을 실시하였다. 그러나 러일 전쟁 이후 일본은 을사늑약을 체결하여 대한 제국의 외교권을 박탈하였다.
| 바로 알기 | ㄷ, ㄹ은 갑오개혁 이전에 발생한 사건이다.

서술형 문제

19 (1) 제1차 아편 전쟁
(2) **| 예시 답안 |** 청은 임칙서를 광저우에 파견하여 아편을 몰수하였다. 그러자 영국은 자국의 상인을 보호한다는 구실로 군함을 보내 전쟁을 일으켰고, 전쟁에서 패한 청은 난징 조약을 체결하였다.

구분	채점 기준
상	임칙서의 광저우 파견 및 아편 몰수, 자국 상인 보호를 구실로 영국이 군함 파견, 청의 패배 등의 내용을 모두 서술한 경우
하	영국이 군함을 파견하여 전쟁을 일으켰다고만 서술한 경우

20 **| 예시 답안 |** (가) 양무운동, (나) 변법자강 운동. 양무운동은 전통적인 체제를 유지하면서 서양의 기술만을 받아들이고자 하였지만, 변법자강 운동은 정치 체제의 근본적인 개혁을 주장하였다.

구분	채점 기준
상	양무운동과 변법자강 운동을 쓰고, 두 운동의 차이점을 서술한 경우
하	양무운동과 변법자강 운동만 쓴 경우

21 **| 예시 답안 |** 일본 정부는 시모노세키 조약으로 받은 배상금을 군사 시설 확충과 산업화에 사용하여 제국주의 국가로 성장할 수 있는 발판을 마련하였다.

구분	채점 기준
상	군사 시설 확충과 산업화에 사용, 제국주의 국가로의 성장 발판 마련 등의 내용을 모두 서술한 경우
하	군사 시설 확충과 산업화에 사용, 제국주의 국가로의 성장 발판 마련 등의 내용 중 한 가지만 서술한 경우

V 세계 대전과 사회 변동

01 세계 대전과 국제 질서의 변화(1)

개념 확인하기 p. 38

1 (1) 3국 협상 (2) 사라예보 사건 2 (1) 무제한 잠수함 작전 (2) 러시아 (3) 총력전 3 (1) – ㉠ (2) – ㉡ 4 ㉠ 레닌 ㉡ 스탈린 5 (1) ○ (2) × (3) × 6 (1) ㄴ (2) ㄷ (3) ㄹ (4) ㄱ

내공 쌓는 족집게 문제 p. 38~41

1 ③ 2 ④ 3 ② 4 ③ 5 ④ 6 ② 7 ⑤ 8 ① 9 ④ 10 ② 11 파리 강화 회의 12 ① 13 ③ 14 ② 15 ⑤ 16 ① 17 ④ 18 ④ [서술형 문제 19~21] 해설 참조

1 19세기 후반 유럽에서 독일, 오스트리아·헝가리 제국, 이탈리아가 맺은 3국 동맹과 영국, 프랑스, 러시아가 맺은 3국 협상이 대립하고, 영국의 3C 정책에 맞서 독일이 3B 정책을 추진하면서 제국주의 국가들의 대립은 더욱 심해졌다. 한편, 발칸반도에서는 여러 민족이 독립하는 과정에서 대립과 충돌이 심해졌고, 러시아, 세르비아 중심의 범슬라브주의와 독일, 오스트리아·헝가리 제국 중심의 범게르만주의가 대립하였다. 이처럼 발칸반도에서 긴장이 고조되는 가운데, 사라예보 사건이 발생한 것을 계기로 제1차 세계 대전이 시작되었다.
| 바로 알기 | ③ 러시아에서는 제1차 세계 대전이 진행 중이었던 1917년에 3월 혁명과 11월 혁명이 일어났다.

2 (가)는 영국, (나)는 독일이다. 제1차 세계 대전에서 영국은 연합국 편으로 참전하였으며, 범게르만주의를 내세운 독일은 동맹국 편으로 참전하였다.
| 바로 알기 | ㄱ. 영국의 해상 봉쇄에 맞서 독일이 무제한 잠수함 작전을 전개하였다. ㄷ. 오스트리아·헝가리 제국이 보스니아 헤르체고비나를 합병하였다.

3 제시된 내용에서 설명하는 사건은 사라예보 사건이다. 3국 동맹과 3국 협상이 대립하는 상황 속에서 사라예보 사건이 발생하였고(1914), 이에 오스트리아·헝가리 제국은 세르비아에 선전 포고를 하였다.

4 제1차 세계 대전 당시 독일은 서부 전선에서 ㉠ 프랑스, 영국 등과 전투를 치렀는데, 독일의 공격에 프랑스, 영국 등이 강력하게 저항하면서 전쟁이 장기화되었다. 동부 전선에서는 독일이 ㉡ 러시아를 공격하여 큰 피해를 입혔으며, 이후 전쟁 중 혁명이 일어난 러시아는 독일과 단독으로 강화를 맺고 전선에서 이탈하였다.

5 제1차 세계 대전 중 독일이 중립국 선박까지 공격하는 무제한 잠수함 작전을 전개한 것을 계기로 미국이 연합국 편으로 참전하였다. 이로 인해 연합국이 전쟁에서 유리한 위치를 차지하게 되자 오스트리아·헝가리 제국, 오스만 제국 등 독일의 동맹국들이 차례로 항복하였다.
| 바로 알기 | ①은 독일의 동맹국들이 항복한 이후에 일어난 일이다. ②, ③, ⑤는 독일이 무제한 잠수함 작전을 펼치기 이전에 일어난 일이다.

6 제시된 지도는 제1차 세계 대전의 전개 모습을 나타낸다. 제1차 세계 대전은 방어용 구덩이를 파고 장기간 대치하는 참호전의 형태로 전개되었으며, 전투기, 탱크, 독가스 등 새로운 무기가 사용되었다는 특징이 있다.
| 바로 알기 | ㄴ. 영국이 3C 정책을 추진한 시기는 제1차 세계 대전 이전이다. ㄹ. 제1차 세계 대전이 진행되던 중에 독일에서 혁명이 일어나 제정이 붕괴되었다.

7 제시된 내용은 피의 일요일 사건에 대한 설명이다. 피의 일요일 사건을 계기로 차르가 개혁을 약속하였으나, 이를 지키지 않고 전제 정치를 강화하여 국민의 불만이 고조되었다.

8 차르의 전제 정치가 강화되고 제1차 세계 대전으로 경제적 어려움과 많은 인명 피해가 발생하는 상황 속에서 러시아 3월 혁명이 전개되었다.
| 바로 알기 | ㄷ은 러시아 혁명이 전개되는 과정에서 일어난 일이다. ㄹ은 러시아 혁명 이후 일어난 일이다.

9 제시된 사건들은 '(라) 노동자와 병사들의 소비에트 결성 – (가) 차르 퇴위 – (다) 볼셰비키의 무장봉기 – (나) 소비에트 정부 수립' 순으로 일어났다.

10 제시된 카드에서 설명하는 인물은 레닌이다. 레닌은 경제난이 심화되자 자본주의 요소를 일부 도입하는 신경제 정책(NEP)을 시행하였으며, 주변의 소비에트를 합병하여 소비에트 사회주의 공화국 연방(소련)을 수립하였다.
| 바로 알기 | ㄴ은 니콜라이 2세, ㄷ은 스탈린의 활동에 해당한다.

11 밑줄 친 '이 회의'는 파리 강화 회의이다. 연합국의 주도로 진행된 파리 강화 회의에서는 민족 자결주의, 비밀 외교 종식 등의 내용을 포함한 14개조 평화 원칙을 기본 원칙으로 삼았다.

12 제시된 자료는 베르사유 조약의 내용이다. 베르사유 조약이 체결되면서 승전국을 중심으로 형성된 새로운 국제 질서인 베르사유 체제가 성립되었다.
| 바로 알기 | ② 파리 강화 회의의 결과 베르사유 조약이 체결되었다. ③, ④, ⑤는 베르사유 조약의 체결 이전에 일어난 사건들이다.

13 국제 평화와 안전 확보를 위해 국제 연맹이 창설된 것, 군비 축소를 논의한 워싱턴 회의가 개최된 것, 국제 분쟁의 해결 수단으로 무력을 사용하지 않기로 합의한 켈로그·브리앙 조약(부전 조약)이 체결된 것은 모두 국제 평화를 위한 노력에 해당한다.

14 ㉠에 들어갈 사건은 5·4 운동이다. 21개조 요구 철회, 산둥반도의 이권 반환 등을 요구하며 전개된 5·4 운동으로 중국의 민족주의가 크게 확대되었다.

15 국민당과 공산당이 군벌과 제국주의를 타도하기 위해 힘을 모았던 제1차 국공 합작은 장제스가 군벌을 제압하고 중국을 통일하는 과정에서 공산당을 탄압 및 배척하면서 결렬되었다. 이후 일본이 중일 전쟁을 일으켜 대륙을 침략하자 국민당과 공산당이 대일 항전을 위해 다시 연합하였다(제2차 국공 합작).
| 바로 알기 | ⑤는 제1차 국공 합작 이전에 있었던 사실이다.

16 ① 간디는 영국이 소금법을 제정한 것에 항의하여 소금 행진을 전개하였다.
| 바로 알기 | ② 술탄 제도를 폐지한 것은 무스타파 케말, ③ 영국의 식민 지배에 무력으로 항쟁한 것은 네루, ⑤ 비폭력·불복종 운동을 전개한 것은 간디의 활동에 해당한다. ④ 제2차 국공 합작은 중국에서 전개된 민족 운동이다.

17 ㉠은 호찌민, ㉡은 수카르노이다. 호찌민은 프랑스에 맞서 민족 운동을 주도하였고, 수카르노는 네덜란드에 맞서 민족 운동을 전개하였다.

18 제1차 세계 대전 이후 오스만 제국에서는 무스타파 케말이 술탄 제도를 폐지하고 튀르키예 공화국을 수립하였으며, 서아시아 각국에서 독립운동이 전개된 결과 이라크가 독립을 이루었다. 이집트에서는 수에즈 운하 관리권과 군대 주둔권을 유지하는 조건으로 영국이 이집트의 독립을 인정하였다. 한편, 중남부 아프리카에서는 아프리카 사람들이 스스로의 힘으로 독립하여 아프리카 대륙을 통일하려고 한 운동인 범아프리카주의가 확산되었다.
| 바로 알기 | ㉣ 제1차 세계 대전 이후 모로코는 에스파냐로부터 자치권을 획득하였다.

서술형 문제

19 **| 예시 답안 |** 제1차 세계 대전은 참전국들이 식민지인들과 여성까지 동원하는 등 국가의 모든 인적 자원과 물적 자원을 총동원하는 총력전의 형태로 전개되었다.

구분	채점 기준
상	제시된 자료와 관련지어 제1차 세계 대전이 총력전의 형태로 전개되었다고 서술한 경우
하	제시된 자료에 대한 언급 없이 제1차 세계 대전이 총력전의 형태로 전개되었다고만 서술한 경우

20 **| 예시 답안 |** 국제 연맹. 국제 연맹은 미국과 소련 등 강대국이 불참하였고, 침략국을 제재할 군사적 수단이 부재하였다는 한계가 있었다.

구분	채점 기준
상	국제 연맹을 쓰고, 국제 연맹이 지녔던 한계 두 가지를 모두 서술한 경우
중	국제 연맹을 쓰고, 국제 연맹이 지녔던 한계를 한 가지만 서술한 경우
하	국제 연맹만 쓴 경우

21 **| 예시 답안 |** 간디는 인도의 식민 지배에 맞서 폭력을 쓰지 않고 영국의 법률이나 명령을 따르지 않는 비폭력·불복종 운동을 전개하였다.

구분	채점 기준
상	간디가 주도한 민족 운동의 내용을 비폭력·불복종 운동의 의미를 포함하여 서술한 경우
하	간디가 비폭력·불복종 운동을 전개하였다고만 서술한 경우

02 세계 대전과 국제 질서의 변화(2)

개념 확인하기 p. 43

1 대공황 2 ㉠ 뉴딜 정책 ㉡ 블록 경제 3 (1) ○ (2) × (3) ○ 4 (1) – ㉡ (2) – ㉠ (3) – ㉢ 5 (1) 폴란드 (2) 일본 (3) 스탈린그라드 전투 6 (1) 노르망디 (2) 대서양 헌장 (3) 독일

내공 쌓는 족집게 문제 p. 44~45

1 ① 2 ④ 3 ④ 4 ③ 5 ⑤ 6 ② 7 ① 8 ③ 9 ② 10 ④ [서술형 문제 11~12] 해설 참조

1 ㉠에 들어갈 용어는 대공황이다. 미국에서 시작된 대공황이 유럽을 비롯한 여러 국가로 확산되면서 세계 경제가 침체되었다.

2 미국은 대공황을 극복하기 위해 뉴딜 정책을 시행하였다. 이에 따라 정부는 테네시강 유역 개발 공사와 같은 대규모 공공사업을 추진하였고, 사회 보장 제도를 실시하여 대중의 구매력 향상을 위해 노력하였다.
| 바로 알기 | ㄱ은 일본, ㄷ은 독일에 대한 설명이다.

3 제시된 지도와 같이 블록을 형성한 국가는 영국과 프랑스이다. 영국과 프랑스는 많은 식민지를 확보하고 있었기 때문에 본국과 식민지 사이에 경제적 유대를 강화함으로써 대공황에 대처하고자 하였다.
| 바로 알기 | ①, ③ 영국과 프랑스는 대공황에 대처하기 위해 본국에서 과잉 생산된 상품을 식민지에 팔고, 수입품에 높은 관세를 물려 수입량을 억제하는 보호 무역 체제를 강화하였다. ②는 미국이 대공황에 대처한 방식에 해당한다. ⑤는 독일, 이탈리아, 일본 등 전체주의 국가들이 대공황에 대처한 방식에 해당한다.

4 대공황 전후 독일, 일본, 이탈리아는 민족이나 국가 전체의 이익을 최우선으로 하는 전체주의를 내세웠으며, 대공황의 위기를 극복하기 위해 군비를 늘리고 대외 팽창에 나섰다.
| 바로 알기 | ㄱ, ㄹ. 대공황 전후 독일, 일본, 이탈리아에서는 경제적 혼란과 사회적 불안을 틈타 전체주의 세력이 권력을 장악하였고, 이 세력들은 국가와 민족의 번영을 앞세워 시민의 자유를 제한하였다.

5 이탈리아에서는 ㉠ 무솔리니의 파시스트당이 집권하였으며, 독일에서는 ㉡ 히틀러의 나치당이 집권하였다. ㉢ 일본에서는 군부가 군국주의를 주도하였으며, ㉣ 에스파냐에서는 군부 세력이 공화국을 무너뜨리고 파시즘 정권을 세웠다.

6 ② 히틀러 집권 이후 국제 연맹에서 탈퇴하고 재무장을 선언한 독일은 오스트리아를 병합하였다.
| 바로 알기 | ① 일본이 만주 사변을 일으켰다. ③ 이탈리아가 에티오피아를 침략하였다. ④ 독일이 체코슬로바키아를 점령하였다. ⑤ 독일이 제2차 세계 대전 중 프랑스 파리를 점령하였다.

7 밑줄 친 '이 조약'은 독소 불가침 조약이다. 독소 불가침 조약을 비밀리에 체결하여 동부 전선을 안정시킨 독일은 폴란드를 침공하였다.

| 바로 알기 | ②, ③, ④, ⑤는 독소 불가침 조약이 체결되기 이전에 일어난 일들이다.

8 ③ 제2차 세계 대전 중 미국의 경제 봉쇄에 대항하여 일본이 하와이의 진주만 미군 기지를 기습 공격한 것을 계기로 미국이 제2차 세계 대전에 참전하였다.
| 바로 알기 | ①, ② 이탈리아 항복과 미드웨이 해전 전개는 (나) 시기에 일어난 사건이다. ④ 무솔리니의 로마 진군은 제2차 세계 대전 이전에 일어난 사건이다. ⑤ 샌프란시스코 강화 회의 개최는 독일 항복 이후에 일어난 사건이다.

9 제시된 지도와 같이 전개된 전쟁은 제2차 세계 대전이다. ①, ③, ④, ⑤ 독소 불가침 조약 파기, 독일에 대한 영국과 프랑스의 선전 포고, 노르망디 상륙 작전, 일본에 대한 미국의 경제 봉쇄는 모두 제2차 세계 대전 중에 일어난 사건이다.
| 바로 알기 | ② 파리 강화 회의는 제1차 세계 대전의 전후 처리를 위해 개최되었다.

10 미국과 영국은 제2차 세계 대전 중에 대서양 헌장을 발표하여 전후 평화 수립 원칙을 정하고, 국제 연합(UN)의 창설을 결정하였다. 또한 전후 처리 결과 일본이 미군정의 관리를 받게 되었으며, 독일의 뉘른베르크와 일본의 도쿄에서 전쟁 범죄자를 처벌하기 위한 국제 군사 재판이 개최되었다.
| 바로 알기 | ㄹ은 제1차 세계 대전의 결과에 해당한다.

서술형 문제

11 | 예시 답안 | 대공황. 대공황을 극복하기 위해 미국은 정부가 생산 활동에 적극적으로 참여하는 뉴딜 정책을 추진하였고, 영국과 프랑스는 본국과 식민지를 하나로 묶는 블록 경제를 형성하여 보호 무역 체제를 강화하였다.

구분	채점 기준
상	대공황을 쓰고, 대공황을 극복하기 위해 미국, 영국과 프랑스가 추진한 정책을 모두 서술한 경우
중	대공황을 쓰고, 대공황을 극복하기 위해 미국, 영국과 프랑스가 추진한 정책 중 한 가지만 서술한 경우
하	대공황만 쓴 경우

12 | 예시 답안 | 미국이 제2차 세계 대전에 연합국 편으로 참전하면서 태평양 전쟁이 발발하였다.

구분	채점 기준
상	미국의 제2차 세계 대전 참전, 태평양 전쟁 발발을 모두 포함하여 서술한 경우
하	미국의 제2차 세계 대전 참전, 태평양 전쟁 발발 중 한 가지만 포함하여 서술한 경우

03 민주주의의 확산 ~ 인권 회복과 평화 확산을 위한 노력

개념 확인하기 p. 47

1 (1) × (2) ○ 2 (1) ㄱ (2) ㄴ (3) ㄷ 3 (1) 미국 (2) 확대 (3) 국제 노동 기구 (4) 프랑스 4 (1) – ㉡ (2) – ㉠ 5 일본군 '위안부' 6 (1) 731 부대 (2) 국제 연합(UN) (3) 뉘른베르크 재판

내공 쌓는 족집게 문제 p. 48~49

1 ② 2 ① 3 보통 선거 4 ⑤ 5 ④ 6 ③ 7 ③ 8 ④ 9 ② 10 ④ 11 ② [서술형 문제 12~13] 해설 참조

1 제시된 지도는 제1차 세계 대전 이후 유럽의 정세를 나타낸다. 이 시기 유럽에서는 오스트리아·헝가리 제국이 베르사유 조약으로 해체되어 많은 민주 공화국이 탄생하였고, 아나톨리아반도의 오스만 제국에서는 튀르키예 공화국이 수립되었다. 또한 패전국의 식민지였던 폴란드, 체코슬로바키아 등이 민족 자결주의 원칙에 따라 독립하였고, 신생 독립국 대부분은 민주주의 헌법을 채택하였다.
| 바로 알기 | ② 제1차 세계 대전 이후 유럽 대부분 국가들이 왕정을 폐지하고, 헌법과 의회를 갖춘 공화정을 채택하였다.

2 제시된 자료는 바이마르 헌법의 내용이다. 남녀 20세 이상 보통 선거를 통해 구성된 제헌 의회에서 제정한 바이마르 헌법은 여성의 참정권을 보장한 민주적인 헌법이었다.
| 바로 알기 | ㄷ. 바이마르 헌법은 히틀러가 집권하기 이전인 1919년에 제정되었다. ㄹ. 제159조의 내용을 통해 바이마르 헌법이 노동자의 권리를 보장하였음을 알 수 있다.

3 밑줄 친 '이것'은 보통 선거이다. 제1차 세계 대전 이후 재산에 따른 선거권의 제한을 없애고, 남녀가 평등하게 투표하는 보통 선거가 확대되었다.

4 미국은 제1차 세계 대전 중 ㉠ 군수 물자 판매를 통해 경제적으로 번영하였으며 많은 인구, 풍부한 자원, 높은 소득 수준 등을 바탕으로 1920년대에 ㉡ 자본주의를 본격적으로 발전시켰다. 유럽은 전후 각종 평화 조약, 배상금 삭감 등으로 정치가 안정되자, ㉢ 대량 생산 방식을 받아들여 경제를 발전시켰다. 한편, 대공황과 제2차 세계 대전을 겪으면서 경제 운영에 대한 ㉣ 정부의 역할이 중시되는 경향이 나타났다.
| 바로 알기 | ⑤ 제2차 세계 대전 이후 자본주의가 고도로 성장하였다.

5 19세기부터 여성 참정권 운동이 지속적으로 전개되고, 제1차 세계 대전 과정에서 여성의 사회 참여 확대로 여성의 사회적·경제적 역할이 커진 결과 여성의 참정권이 확대되었다.
| 바로 알기 | ①, ②, ③은 제시된 내용과 관련이 적다. ⑤ 여성의 참정권이 확대되면서 성별에 따른 선거권 제한이 점차 철폐되었다.

6 미국에서 노동자의 단결권과 단체 교섭권을 인정한 와그너법을 제정한 것과 국제적으로 노동 조건을 개선하여 사회 정의를 확립하기 위해 국제 노동 기구(ILO)를 설립한 것은 노동자의 권리 확대를 위한 노력에 해당한다.
| 바로 알기 | 1모둠, 4모둠. 각국은 노동자의 권리 확대를 위해 노동조합의 결성에 대한 권리를 보장하였고, 노인 연금, 국민 건강 보험 등의 사회 보장 정책을 시행하였다.

7 ㉠에 공통으로 들어갈 용어는 인민 전선이다. 전체주의 정권에 맞서 민주주의를 지키기 위해 프랑스에서는 인민 전선이 수립되었고, 에스파냐에서는 인민 전선 정부가 수립되었다.

8 제시된 글을 통해 제2차 세계 대전 중에 독일의 나치당이 약 600만 명의 유대인을 계획적으로 학살한 사건인 홀로코스트를 일으켰음을 알 수 있다.
| 바로 알기 | ①, ②는 제2차 세계 대전 이전에 있었던 사실이다. ③, ⑤는 제2차 세계 대전 중에 있었던 사실이지만, 제시된 글과 관련이 적다.

9 제시된 대화는 중일 전쟁 시기 일본군이 중화민국의 수도인 난징을 점령한 후 약 6주 동안 수십만 명에 이르는 민간인을 학살하고, 도시를 파괴한 사건인 난징 대학살을 주제로 삼고 있다.

10 세계 대전 과정에서 일본은 만주에 설치한 731 부대에서 조선인과 중국인 등을 대상으로 각종 비인간적이고 반인륜적인 실험을 자행하였으며, 한국, 중국 등의 점령지에서 여성들을 일본군 '위안부'로 강제 동원하여 인권을 유린하였다.
| 바로 알기 | ㄱ은 독일, ㄷ은 미국과 관련한 내용이다.

11 제2차 세계 대전 이후 국제 연합(UN)이 창설된 것, 독일과 일본에서 국제 군사 재판이 열린 것, 핵무기 반대 운동이 전개된 것은 국제 평화를 유지하기 위한 노력에 해당한다.

서술형 문제

12 **| 예시 답안 |** 여성 참정권 운동이 지속적으로 전개된 것, 제1차 세계 대전 과정에서 여성의 사회 참여가 확대되면서 여성의 사회적·경제적 역할이 커진 것, 민주적 제도가 확산된 것 등을 배경으로 여성의 참정권이 확대되었다.

구분	채점 기준
상	여성의 참정권이 확대된 배경을 세 가지 이상 서술한 경우
중	여성의 참정권이 확대된 배경을 두 가지만 서술한 경우
하	여성의 참정권이 확대된 배경을 한 가지만 서술한 경우

13 **| 예시 답안 |** 제2차 세계 대전. 제2차 세계 대전에서는 대량 살상 무기 사용, 무차별 공습, 추축국의 의도적인 대량 학살 등으로 인해 엄청난 사상자가 발생하였다.

구분	채점 기준
상	제2차 세계 대전을 쓰고, 제2차 세계 대전에서 엄청난 사상자가 발생한 원인을 두 가지 이상 서술한 경우
중	제2차 세계 대전을 쓰고, 제2차 세계 대전에서 엄청난 사상자가 발생한 원인을 한 가지만 서술한 경우
하	제2차 세계 대전만 쓴 경우

Ⅵ 현대 세계의 전개와 과제

01 냉전 체제와 제3 세계의 형성 ~ 세계화와 경제 통합

개념 확인하기 p. 52

1 (1) × (2) ○ (3) × (4) ○ 2 (1) ㄷ (2) ㄴ (3) ㄱ
3 (1) 고르바초프 (2) 문화 대혁명 (3) 제3 세계 (4) 닉슨 독트린 (5) 덩샤오핑 4 ㄱ, ㄹ

내공 쌓는 족집게 문제 p. 52~55

1 ④ 2 ② 3 ③ 4 ① 5 ③ 6 ② 7 ② 8 ⑤ 9 ③
10 ③ 11 ⑤ 12 ④ 13 ⑤ 14 ④ 15 ③ 16 ④ 17 ①
18 ④ [서술형 문제 19~21] 해설 참조

1 제시된 선언은 트루먼 독트린이다. 동유럽 여러 나라가 소련의 영향을 받아 공산화되자, 미국 대통령 트루먼은 공산주의 세력의 확대를 막겠다고 선언하였다.
| 바로 알기 | ①, ②, ③, ⑤는 트루먼 독트린이 발표된 이후의 사실이다.

2 ㉠에 들어갈 기구는 동유럽 공산주의 국가들의 상호 경제 지원을 위한 코메콘(COMECON), ㉡에 들어갈 기구는 자본주의 진영의 집단 방어 체제인 북대서양 조약 기구(NATO)이다.

3 (가)에 들어갈 내용으로 가장 적절한 것은 쿠바 핵미사일 위기이다. 냉전은 아시아 지역에서 군사적 충돌로 이어졌고, 소련이 쿠바에 핵미사일을 배치하려고 하자 미국이 반발하면서 세계는 핵전쟁 직전의 상황까지 치닫기도 하였다.

4 밑줄 친 '이 국가'는 베트남이다. 베트남은 독립 이후 공산 정권이 들어선 북베트남과 친미 정권이 들어선 남베트남으로 나뉘어 대립하다가 베트남 전쟁이 일어났다. 이 전쟁에서 북베트남이 승리하여 베트남은 통일되었다.
| 바로 알기 | ②는 인도, ③은 이집트, ④는 팔레스타인 지역에 건국된 이스라엘, ⑤는 소련과 관련된 내용이다.

5 제2차 세계 대전 이후 서아시아의 여러 나라가 독립을 이루었다. 팔레스타인 지역에서는 유대인이 영국, 미국 등의 지원을 받아 이스라엘을 건국하였다. 이 조치에 반발하여 팔레스타인인과 주변 아랍 국가들이 이스라엘과 네 차례 전쟁을 벌였으나 모두 패하였다.

6 영국의 지배에서 독립한 인도는 종교 갈등이 지속되어 힌두교 국가인 인도와 이슬람교 국가인 파키스탄으로 분리되었다. 아프리카에서는 1960년에 17개국이 독립하였다. 그러나 서구 열강이 부족들의 기존 영역을 무시한 채 국경선을 임의로 그어 지배하였기 때문에 독립 과정에서 영토 분쟁이 자주 일어났다.
| 바로 알기 | ②는 인도네시아와 관련된 내용이다. 인도네시아는 일본의 항복 후 공화국 수립을 선언하였다가 이를 부정한 네덜란드와 전쟁을 벌여 승리함으로써 독립을 이루었다.

7 제시된 원칙은 '평화 10원칙'으로, 이를 채택한 세력은 제3 세계이다. 제2차 세계 대전 이후 독립을 이룬 아시아와 아프리카의 신생국들은 자본주의 진영과 공산주의 진영 어디에도 가입하지 않겠다는 비동맹 중립 노선을 내세웠다. 이들이 1955년 개최된 아시아·아프리카 회의(반둥 회의)에서 평화 10원칙에 합의하면서 제3 세계의 형성이 공식화되었고, 제3 세계는 국제적으로 영향력을 강화하면서 냉전 체제의 변화에 영향을 주었다.
| 바로 알기 | ② 몰타 회담은 1989년에 소련의 고르바초프와 미국의 부시 대통령이 만나 냉전이 끝났음을 공식 선언한 회담이다.

8 1960년대 이후 냉전 체제에 변화 조짐이 나타났다. 사회주의 진영에서는 동유럽 국가들이 자유화 운동을 전개하였고, 자본주의 진영에서는 프랑스가 북대서양 조약 기구(NATO)를 탈퇴하였다.
| 바로 알기 | ㄱ, ㄴ은 미국과 소련의 냉전 체제가 확산된 사건이다.

9 제시된 선언은 닉슨 독트린이다. 미국의 닉슨 대통령은 아시아에서 일어나는 전쟁에 미국은 참여하지 않겠다고 선언하였다. 이후 미국은 베트남 전쟁에서 철수하였고, 중국과 미국 간의 수교가 체결되었으며, 동독과 서독이 국제 연합에 동시 가입하였다. 또한 폴란드에서 바웬사가 자유 노조 운동을 전개하였다.
| 바로 알기 | ③은 제2차 세계 대전이 전 세계로 확대되게 된 배경에 해당한다.

10 제시된 주장을 한 인물은 소련의 고르바초프이다. 1985년 공산당 서기장에 당선된 고르바초프는 개혁(페레스트로이카)과 개방(글라스노스트) 정책을 추진하여 시장 경제 제도를 받아들이고 민주화를 추진하였다.
| 바로 알기 | ①은 제3 세계 국가들, ②는 레닌, ④는 제2차 세계 대전 당시의 소련, ⑤는 옐친에 대한 설명이다.

11 소련이 동유럽 국가들에 대한 불간섭을 선언하자, 동유럽 국가들에서 민주화 운동이 일어나 사회주의 정권이 붕괴되었다.

12 ㉠에 들어갈 사건은 문화 대혁명이다. 마오쩌둥은 사회주의 사상으로 무장한 홍위병을 앞세워 문화 대혁명을 추진하였고, 이로 인해 중국의 전통문화가 파괴되고 많은 예술인과 지식인이 억압을 받았다.
| 바로 알기 | ㄱ. 문화 대혁명은 대약진 운동이 실패한 후 일어났다. ㄷ은 제1차 세계 대전 당시에 있었던 5·4 운동에 대한 설명이다.

13 밑줄 친 '이 인물'은 중국의 덩샤오핑이다. 덩샤오핑은 시장 경제 제도를 도입하는 개혁을 추진하였다. 이에 따라 기업가와 농민의 이윤을 보장하고, 상하이 등의 도시를 경제특구로 지정하여 외국인의 투자를 허용하였다.
| 바로 알기 | ①은 쑨원, ②는 소련의 고르바초프, ③은 마오쩌둥, ④는 저우언라이에 대한 설명이다.

14 덩샤오핑의 시장 경제 원리 도입 이후인 1989년 중국에서는 백만여 명의 군중이 톈안먼 광장에서 민주화를 요구하며 시위를 벌였지만, 중국 정부가 이를 무력 진압하였다. 이후 중국은 영국으로부터 홍콩을, 포르투갈로부터 마카오를 반환받았다.

15 ㉠에 들어갈 회의는 브레턴우즈 회의이다. 제2차 세계 대전 연합국의 대표들은 브레턴우즈 회의를 열어 미국의 달러를 국제 주거래 화폐로 정하고, 국제 통화 기금(IMF)과 세계은행을 설립하여 국제 무역을 지원하기로 합의하였다.

16 밑줄 친 '경제 정책'은 신자유주의이다. 신자유주의 정책을 채택한 나라는 무역의 자유화, 시장 개방, 세금 감면, 국영 기업의 민영화, 기업 활동에 대한 규제 완화 등을 추진하였다.
| 바로 알기 | ④ 신자유주의는 지나친 사회 복지 정책이 성장을 부진하게 하였다면서 복지 예산 삭감을 강조한 경제 정책이다.

17 세계화의 진행으로 다국적 기업이 성장하여 국제적인 규모로 생산과 판매 활동을 펼치고 있고, 이주민의 증가로 문화의 이동이 활발해졌다.
| 바로 알기 | ㄷ, ㄹ. 세계화의 진행으로 노동자의 국제 이주가 증가하였고, 국가 간 경제 의존도도 증가하였다.

18 (가)에 들어갈 지역 협력체는 유럽 연합(EU)이다. 유럽 국가들을 중심으로 결성된 유럽 연합은 유럽 석탄·철강 공동체(ECSC)를 시작으로 유럽 경제 공동체(EEC), 유럽 공동체(EC)를 거쳐 1993년 출범하였고, 유로화를 공동 화폐로 사용하고 있다.
| 바로 알기 | ④ 유럽 연합은 유럽의 정치, 경제 협력 등 각종 사안을 함께 논의한다.

서술형 문제

19 (1) 마셜 계획
(2) **| 예시 답안 |** 트루먼 대통령은 서유럽의 경제를 재건하기 위해 막대한 자금을 투입하는 마셜 계획을 추진하였다. 이에 맞서 소련은 동유럽 공산주의 국가들의 상호 경제 지원을 위한 코메콘(경제 상호 원조 회의)을 결성하였다.

구분	채점 기준
상	마셜 계획의 내용과 소련의 경제적 대응을 모두 서술한 경우
하	마셜 계획의 내용과 소련의 경제적 대응 중 한 가지만 서술한 경우

20 (1) ㉠ 고르바초프, ㉡ 덩샤오핑
(2) **| 예시 답안 |** 고르바초프와 덩샤오핑은 공통적으로 시장 경제 원리를 도입하여 개혁·개방 정책을 추진하였다. 그러나 덩샤오핑과 달리 고르바초프는 정치 민주화 추진, 공산당 권력 축소 등을 함께 추진하였다.

구분	채점 기준
상	고르바초프와 덩샤오핑이 실시한 개혁·개방 정책의 공통점과 차이점을 모두 서술한 경우
하	고르바초프와 덩샤오핑이 실시한 개혁·개방 정책의 공통점과 차이점 중 한 가지만 서술한 경우

21 **| 예시 답안 |** 톈안먼 사건, 1989년 백만여 명의 군중이 톈안먼 광장에서 민주화를 요구하며 시위를 벌였다. 그러나 중국 정부가 이를 무력 진압하여 수천 명의 인명 피해가 발생하였다.

구분	채점 기준
상	톈안먼 시위를 쓰고, 그 전개 과정을 서술한 경우
하	톈안먼 시위만 쓴 경우

02 탈권위주의 운동과 대중문화 발달

개념 확인하기 p. 57

1 (1) 저항 (2) 민권법 2 (1) – ㉡ (2) – ㉠ 3 (1) ○ (2) ○ (3) × (4) × 4 ㉠ 대중 사회 ㉡ 대중 매체 5 (1) 대중문화 (2) 청년 문화 6 ㄱ, ㄴ

내공 쌓는 족집게 문제 p. 58~59

1 ③ 2 ④ 3 ⑤ 4 ② 5 ③ 6 ④ 7 ③ 8 ② 9 ⑤ 10 ① [서술형 문제 11~12] 해설 참조

1 탈권위주의 운동은 오랜 시간 계속되어 오던 관습이나 기존의 정치 체제로부터 벗어나고자 하는 움직임으로, 대중 교육이 확산되어 시민 의식이 성장한 것 등을 배경으로 등장하였다. 탈권위주의 운동은 인종 차별에 대한 저항 운동, 반전·반핵 시위를 통해 세계 각지로 확산되었으며, 가부장적 가족 질서와 여성 차별 등 사회의 다양한 문제를 비판하였다.
| 바로 알기 | ③ 기성세대의 권위주의적 질서에 저항하였던 탈권위주의 운동은 1960년대 전후 젊은 학생들을 중심으로 전개되었다.

2 ㉠은 마틴 루서 킹이다. 미국에서 흑인 민권 운동을 주도하였던 마틴 루서 킹은 워싱턴 행진을 이끌었으며, 그 결과 1964년에 민권법이 통과되어 흑인과 백인의 법적 차별이 철폐되었다.
| 바로 알기 | ㄱ은 마오쩌둥, ㄷ은 옐친에 대한 설명이다.

3 남아프리카 공화국에서는 넬슨 만델라 등이 인종 분리 정책인 아파르트헤이트에 맞서 흑인 민권 운동을 주도하였다.

4 제시된 내용들은 독재 정권에 대항하여 세계 각지에서 전개된 민주화 운동의 사례에 해당한다.
| 바로 알기 | ① 소련의 해체는 1980년대 중반 이후 진행되었다. ③ 레이거노믹스는 1970년대 석유 파동에 따른 경제 위기를 계기로 미국에서 등장하였다. ④, ⑤ 국제 연합(UN)의 창설과 브레턴우즈 회의의 개최는 4·19 혁명 이전에 일어난 일이다.

5 밑줄 친 '이 사건'은 68 운동(68 혁명)이다. 1968년 프랑스에서 대학생들과 노동자들을 중심으로 일어난 68 운동은 유럽의 다른 국가들과 미국, 일본 등으로 확산되었다.
| 바로 알기 | ㄱ. 68 운동은 대학 개혁과 민주화를 주장하며 전개되었다. ㄹ. 드골이 영국에서 망명 정부를 세운 것은 68 운동이 전개되기 이전인 제2차 세계 대전 중에 일어난 일이다.

6 1960년대 이후 전개된 여성 운동은 남성 중심의 사회 질서와 성차별에 반대하였다. 이에 따라 출산·육아를 위한 휴직을 보장할 것을 요구하였으며, 신체에 대한 자기 결정권을 주장하였다. 또한 동일 노동·동일 임금 등의 개혁 법안을 발의하여 여성이 스스로의 권리를 보호할 장치를 만들었다. 이러한 노력의 결과 미국에서 여성의 평등권을 명시한 헌법 개정이 이루어지는 등 여성의 권리와 이익이 점차 신장되었다.
| 바로 알기 | ④ 영국에서는 제2차 세계 대전 이전인 1928년에 여성의 참정권이 전면적으로 인정되었다.

7 밑줄 친 '이 사회'는 대중 사회이다. 대중 사회는 제2차 세계 대전 이후 산업화와 도시화가 가속화되고, 세계 각국의 경제가 성장한 것 등을 배경으로 형성되었다.
| 바로 알기 | ㄱ, ㄹ. 대중 사회는 임금이 향상되어 대중의 구매력이 높아진 것과 보통 선거의 확산 및 민주주의의 발전으로 대중의 정치적 영향력이 커진 것을 배경으로 형성되었다.

8 ㉡ 대중문화는 많은 사람에게 소비되기 위해 대량 생산되는 상업화된 문화이므로, 생산 과정에서 대중의 취향과 정서를 반영한다.
| 바로 알기 | ㉠ 대중문화는 특정 계층이 아닌 대다수 사람이 쉽게 접할 수 있는 문화이다. ㉢ 대중문화는 대중 매체에 의해 대량으로 생산된다. ㉣ 대중문화는 1920년대 라디오가 보급되면서 전파되기 시작하였으며, 이후 영화와 텔레비전의 등장으로 빠르게 확산되었다. ㉤ 20세기 후반부터 실시간 쌍방향 소통이 가능해지면서 대중이 문화의 생산자로 적극 참여하게 되어 대중문화가 더욱 발전하였다.

9 히피 문화, 청바지, 장발이 유행한 것과 반전, 평화, 자유를 노래한 우드스톡 페스티벌이 개최된 것은 1960년대 탈권위주의 운동의 흐름 속에서 형성된 청년 문화의 사례에 해당한다.
| 바로 알기 | ①, ②, ③은 제시된 사례들과 관련이 적다. ④ 제시된 사례들에는 기성세대의 문화를 부정하는 청년들이 공유하였던 가치관과 문화가 반영되어 있다.

10 앤디 워홀은 「마릴린 먼로」와 같은 작품을 통해 문화가 고유성을 잃고 획일화되는 현상을 비판하였다.
| 바로 알기 | ②, ④ 개성과 자율성, 다양성을 중시하는 포스트모더니즘 경향이 나타난 것과 인간의 자유를 추구하는 철학이 발달한 것은 제시된 자료와 관련이 적다. ③, ⑤ 전통문화와 정신적 가치가 급속히 파괴되는 것과 문화 생산자에 의해 정보가 조작되는 것은 대중문화의 발달에 따른 문제점에 해당하지만, 제시된 자료와 관련이 적다.

서술형 문제

11 (1) 탈권위주의 운동
(2) **| 예시 답안 |** 탈권위주의 운동은 대중 교육 확산에 따른 시민 의식의 성장, 냉전 체제로 이념 대립 심화, 산업화로 물질 만능주의의 확산, 자본주의 체제에 대한 반감 등을 배경으로 등장하였다.

구분	채점 기준
상	탈권위주의 운동의 등장 배경을 세 가지 이상 서술한 경우
중	탈권위주의 운동의 등장 배경을 두 가지만 서술한 경우
하	탈권위주의 운동의 등장 배경을 한 가지만 서술한 경우

12 **| 예시 답안 |** 대중문화가 발달하면서 문화가 고유성을 잃고 획일화되기도 하였으며, 지나치게 흥미를 추구하는 경향도 나타났다. 또한 문화 생산자의 의도에 따라 정보가 조작되기도 하였으며, 전통문화와 정신적 가치가 급속히 파괴되기도 하였다.

구분	채점 기준
상	대중문화 발달에 따른 문제점을 두 가지 이상 서술한 경우
하	대중문화 발달에 따른 문제점을 한 가지만 서술한 경우

03 현대 세계의 문제 해결을 위한 노력

개념 확인하기 p. 61

1 (1) 르완다 (2) 카슈미르 지역 (3) 인종 차별 2 남북문제
3 ㄴ, ㄷ 4 (1) 평화 유지군 (2) 교토 의정서 (3) 핵 확산 금지
(4) 비정부 기구 5 (1) ○ (2) ×

내공 쌓는 족집게 문제 p. 61~62

1 ④ 2 난민 3 ④ 4 ① 5 ① 6 ⑤ 7 ②
[서술형 문제 8~9] 해설 참조

1 냉전 해체 이후에도 세계 곳곳에서 분쟁, 테러가 지속되고 있으며, 오늘날 많은 지역에서 종교나 민족 갈등도 일어나고 있다. 이스라엘과 팔레스타인 간에 팔레스타인 분쟁이 벌어지고 있으며, 아프리카의 르완다, 콩고, 수단 등에서 발생한 내전으로 수많은 주민이 희생되었다.
| 바로 알기 | ㄱ, ㄷ은 냉전 체제에서 자본주의 진영과 공산주의 진영의 대립으로 일어난 사건이다.

2 최근 세계 여러 지역에서 종교, 인종, 부족 간의 갈등과 분쟁이 계속되면서 수많은 난민이 생겨나고 있다. 난민들이 주변 국가로 피난하면서 사상자가 생기고, 난민을 수용한 국가에서 민족 간 갈등이 발생하기도 한다.

3 제시된 지도를 통해 선진국이 몰려 있는 북반구와 개발 도상국이 많이 있는 남반구의 1인당 국내 총생산이 차이 나는 것을 볼 수 있다. 신자유주의와 세계화가 확대되면서 국가 간 경제 교류가 활발해졌다. 그러자 높은 기술과 자본을 가진 선진국에 세계의 부가 집중되어 선진국과 개발 도상국 사이에 경제적 차이가 생겨났다.

4 ㉠에 들어갈 환경 문제는 사막화이다. 아랄해는 농지 개간과 댐 건설 등의 영향을 받아 하천의 수량이 감소하여 점점 사막으로 변하고 있다.
| 바로 알기 | ② 지구 온난화는 석탄, 석유와 같은 화석 연료 사용 등에 따른 온실가스 배출 증가로 발생한다. ③, ④ 적도 주변의 열대 우림이 농경지나 목장으로 바뀌면서 이산화 탄소 배출량이 늘고 많은 생물의 종이 사라지고 있다. ⑤ 산업화 과정에서 발생하는 화학 물질의 사용으로 대기권 상층에서 유해 광선을 막아 주는 오존층이 파괴되고 있다.

5 대표적 국제기구인 국제 연합(UN)은 국제 연합 난민 기구(UNHCR), 국제 연합 평화 유지군(PKF) 등 여러 전문 기구와 산하 단체들을 통해 세계 각지의 분쟁, 빈곤, 질병, 환경, 인권과 관련된 문제들을 해결하기 위해 노력하고 있다.
| 바로 알기 | ②, ⑤는 개방 도상국에 기술 및 자금을 지원하여 개발 도상국의 경제 성장을 돕고 있다. ③은 전염병을 비롯한 각종 질병을 퇴치하기 위한 연구 활동과 세계 각지의 긴급 구호 활동을 전개하는 단체이다. ④는 지구상의 다양한 생태계와 생물종을 지키기 위한 활동을 전개하는 단체이다.

6 국제 사회는 대량 살상 무기 문제를 해결하기 위해 핵 확산 금지 조약(NPT) 등을 체결하여 대량 살상 무기를 축소하고 폐기하기 위한 노력을 하고 있다.

7 제시된 사진은 지구 온난화로 지구의 기온이 높아지면서 빙하가 녹아 살 곳이 사라지고 있는 북극곰의 모습을 나타낸 것이다. 환경 문제를 해결하기 위해 국제 사회는 환경과 개발에 관한 공동 선언(리우 선언)을 발표하고 교토 의정서, 파리 기후 협정 등 온실가스 배출량을 줄이기 위한 국제 협약을 체결하였다. 또한 화석 연료를 대체할 신·재생 에너지 개발 사업을 추진하고 있으며, 그린피스, 지구의 벗 등 비정부 기구(NGO)도 환경 문제 해결을 위해 노력하고 있다.
| 바로 알기 | ② 지역별 경제 공동체는 지역끼리 협력을 강화하여 지역 공동의 이익을 추구하기 위해 결성되었다.

서술형 문제

8 **| 예시 답안 |** 대량 살상 무기를 사용하고 보유하는 국가가 늘어나는 등 분쟁이 계속되고 핵전쟁의 위기가 감돌자 세계 곳곳에서 전쟁과 대량 살상 무기 개발에 반대하는 반전 평화 운동이 전개되었다.

구분	채점 기준
상	대량 살상 무기 사용에 따른 분쟁 지속과 핵전쟁 발발 위기로 반전 평화 운동이 전개되고 있음을 서술한 경우
하	대량 살상 무기의 위협을 언급하지 않고 반전 평화 운동이 전개되고 있다고만 서술한 경우

9 **| 예시 답안 |** 세계 각지의 질병, 환경 등의 문제를 해결하기 위해 민간인들이 힘을 합쳐 조직한 비정부 기구(NGO)이다.

구분	채점 기준
상	세계 각지의 질병, 환경 등의 문제를 해결하기 위해 민간인들이 힘을 합쳐 조직한 비정부 기구(NGO)라고 서술한 경우
하	비정부 기구(NGO)만 쓴 경우

대단원별 핵심 문제

Ⅳ. 제국주의 침략과 국민 국가 건설 운동(1회) p. 64 ~ 68

1 ③	2 ②	3 ④	4 ④	5 ③	6 ⑤	7 ②	8 ⑤	9 ③
10 ③	11 ④	12 ④	13 ③	14 ②	15 ②	16 ③	17 ⑤	
18 ④	19 ⑤	20 ③	21 ②	22 ①	23 ③	24 ③	25 ④	
26 ④	27 ②	28 ⑤	29 ④	30 ⑤				

1 찰스 1세의 전제 정치 실시와 청교도 탄압이 원인이 되어 청교도 혁명이 발생하였다.

2 제시된 법은 크롬웰이 제정한 항해법이다. 청교도 혁명 당시 의회파를 이끌어 승리한 크롬웰은 공화정 수립 이후 의회를 해산하고 독재 정치를 실시하였다.

3 의회가 요구한 권리 장전을 메리와 윌리엄 3세가 승인하면서 영국에서는 의회를 중심으로 한 입헌 군주제의 토대가 마련되었다.

4 ① 식민지인은 영국과 파리 조약을 맺어 13개 식민지의 독립을 인정받았다. ② 독립 전쟁이 시작되자 북아메리카 13개 식민지 대표들이 독립 선언문을 발표하였다. ③ 영국이 인지세를 비롯한 각종 세금을 부과하자 식민지인들은 이에 저항하면서 보스턴 항구에 정박해 있던 영국 상선을 습격하였다(보스턴 차 사건). ⑤ 미국에서 '(다) 보스턴 차 사건 발발 – (나) 독립 선언문 발표 – (가) 파리 조약 체결 – (라) 아메리카 합중국 수립' 순으로 일어났다.
| 바로 알기 | ④ 미국은 세계 최초의 민주 공화국을 수립하였다. 공화정은 아메리카 합중국(미국) 수립 이전에 영국 등에서 수립되었다.

5 독립 이후 노예제 확대에 반대한 링컨이 대통령으로 당선되자, 노예제 유지를 바라는 남부가 연방에서 탈퇴하여 남북 전쟁이 일어났다. 남북 전쟁 중 링컨 대통령은 노예 해방을 선언하였다.
| 바로 알기 | ①은 비스마르크, ②는 알렉산드르 2세, ④는 카보우르, ⑤는 가리발디의 활동이다.

6 제시된 선언은 인간과 시민의 권리 선언(인권 선언)이다. 인권 선언에는 자유와 평등, 재산권 보호, 국민 주권 등 프랑스 혁명의 기본 이념이 담겨 있다.
| 바로 알기 | ① 인권 선언은 계몽사상의 영향을 받았다. ② 미국 혁명의 전개 과정에서 발표된 것은 미국 독립 선언문이다. ③ 인권 선언은 국민 의회가 발표하였다. ④ 국왕이 국민 의회를 탄압하려 하자 분노한 파리 시민들이 바스티유 감옥을 습격하였다.

7 밑줄 친 '프랑스 황제'는 나폴레옹이다. 총재 정부 시기에 나폴레옹이 쿠데타를 일으켜 총재 정부를 무너뜨리고 제1 통령으로 취임하였다. 이후 국립 은행 설립 등 개혁을 실시하였으며, 새로운 시민 사회의 규범을 담은 『나폴레옹 법전』을 편찬하였다. 내정 개혁으로 국민의 지지를 얻은 나폴레옹은 1804년 국민 투표를 통해 황제에 즉위하였다.
| 바로 알기 | ② 국민 공회가 수립되면서 처형된 인물은 루이 16세이다.

8 빈 회의에서 각국은 유럽의 영토와 정치 체제를 프랑스 혁명 이전으로 되돌려 놓는다는 원칙에 합의하였다.
| 바로 알기 | ①은 영국이 식민지에 각종 세금을 부과하자 이에 반대하며 내건 미국 식민지인들의 주장이다. ②는 영국의 제1차 선거법 개정 내용이다. ③은 미국의 남북 전쟁 당시 북부 및 링컨 대통령의 입장이다. ④는 영국 의회의 요구로 승인된 권리 장전의 내용이다.

9 책의 왼쪽은 빈 회의(1814~1815) 개최에 대한 내용이며, 오른쪽은 2월 혁명(1848) 이후 빈 체제 붕괴에 대한 내용이다. 빈 회의 개최 이후 부활한 왕조의 샤를 10세가 전제 정치를 펼치자 파리 시민들이 루이 필리프를 새로운 왕으로 추대하였다. 하지만 7월 혁명 이후에도 소수 부유한 시민의 이익만이 대변되자 파리의 노동자들이 선거권 확대를 요구하며 2월 혁명을 일으켰다.
| 바로 알기 | ①, ④는 1861년, ②는 1789년, ⑤는 1871년의 일이다.

10 제시된 자료는 영국의 차티스트 운동 당시 발표된 인민헌장이다. 영국에서는 1832년 제1차 선거법 개정으로도 선거권을 얻지 못한 노동자들이 인민헌장을 발표하고 선거권 확대를 요구하는 차티스트 운동을 전개하였다.

11 ㉠은 독일, ㉡은 이탈리아에 해당한다. 이탈리아와 독일은 모두 민족주의의 영향을 받아 통일 운동을 전개하였으며, 오스트리아와의 전쟁에서 승리를 거둔 이후 통일을 완성하였다.
| 바로 알기 | ④ 이탈리아 통일 운동은 사르데냐 왕국을 중심으로 전개되었다. 프로이센을 중심으로 통일 운동이 전개된 국가는 독일이다.

12 (가)는 프랑스로부터 독립하여 라틴 아메리카 최초의 독립국을 세운 아이티, (나)는 아메리카 대륙에 대한 유럽의 간섭을 배제한다는 먼로주의를 발표한 미국에 해당한다.

13 영국은 모직물 공업의 발달로 자본이 축적되었고, 명예혁명 이후 정치가 안정되어 경제 발전에 전념할 수 있었다. 또한 석탄과 철 등 지하자원이 풍부하였고, 인클로저 운동으로 농민들이 도시로 이동하면서 노동력을 제공하였다. 이를 바탕으로 18세기 후반 영국에서 가장 먼저 산업 혁명이 일어났다.
| 바로 알기 | ③ 영국은 민간 주도로 산업 혁명을 시작하였다. 정부가 적극적으로 산업화를 주도한 국가로는 독일, 일본 등이 있다.

14 제시된 자료는 산업 혁명으로 발생한 도시 문제와 노동 문제를 보여 주고 있다. 산업 혁명 이후 농촌 인구가 도시로 모이면서 도시화가 가속화되었고, 자본가가 노동자를 고용하여 상품을 생산하는 자본주의 체제가 확립되었다. 이에 저임금과 장시간 노동 등의 노동 문제가 대두되었고, 기계 파괴 운동이 일어났다.
| 바로 알기 | ② 산업 혁명으로 사람들의 생활이 풍요로워졌지만, 산업 혁명의 혜택이 모든 사람에게 고르게 돌아가지 않아 빈부의 격차가 커졌다.

15 제시된 자료에서 세실 로즈는 국내의 경제적 어려움을 해결하기 위해 새로운 영토(식민지)를 개척해야 한다고 주장하고 있다. 이처럼 제국주의 국가들은 식민지를 개척하여 원료 공급지를 확보하고 상품 판매 시장을 확대하고자 하였다.
| 바로 알기 | ㄴ, ㄹ. 제국주의 열강이 식민지를 개척하려 한 목적으로 볼 수 없다.

16 미국은 하와이를 통합한 뒤 에스파냐와의 전쟁에서 승리하여 괌, 필리핀을 차지하였다. 독일은 태평양의 마셜 제도, 캐롤라인 제도 등을 차지하였다.
| 바로 알기 | ㉠ 인도네시아 대부분은 네덜란드가 차지하였다. ㉣ 19세기 후반부터 영국 여왕이 파견한 총독이 인도를 직접 통치하였다.

17 지도의 (가) 지역은 파쇼다이다. 영국과 프랑스가 각각 종단 정책과 횡단 정책을 전개하면서 파쇼다에서 충돌하였다.
| 바로 알기 | ①은 모로코 사건에 대한 설명이다. ② 베를린 회의는 1884년 벨기에의 콩고 사유지 선언을 계기로 개최되었다. ④ 영국이 이집트의 수에즈 운하를 매입하면서 인도로 가는 최단 항로를 확보하였다.

18 에티오피아의 메넬리크 2세는 서양 무기를 들여와 군대를 개혁하는 등 근대적 개혁을 추진하였다. 그 결과 에티오피아는 이탈리아의 침략을 막아 내고 독립을 유지할 수 있었다.
| 바로 알기 | ①은 베트남, ③은 인도네시아, ⑤는 수단의 민족 운동에 대한 설명이다. ② 브나로드 운동은 러시아 지식인들의 주도로 전개된 농민 계몽 운동이다.

19 제시된 헌법은 탄지마트의 결실로 제정된 오스만 제국의 헌법이다. 오스만 제국의 위기를 극복하고자 실시된 탄지마트는 민족과 종교에 따른 차별을 폐지하는 등의 개혁을 실시하였다. 그러나 보수 세력의 반발과 유럽 열강의 간섭으로 큰 성과를 얻지 못하였다.
| 바로 알기 | ⑤ 술탄 압둘 하미드 2세의 전제 정치가 발단이 되어 발생한 사건은 청년 튀르크당 혁명이다.

20 ㉠에 들어갈 운동은 와하브 운동이다. 이슬람교의 경전인 『쿠란』의 가르침대로 생활하고 이슬람교 본래의 순수성을 되찾자는 와하브 운동은 아랍 민족주의와 결합하여 오스만 제국의 지배에 저항하는 운동으로 발전하였다.
| 바로 알기 | ①은 라틴 아메리카의 독립운동과 관련된 내용이다. ② 세포이의 항쟁은 인도에서 발생하였다. ④는 오스만 제국의 탄지마트 등과 관련된 내용이다. ⑤ 빈 체제는 유럽에서 보수적 질서를 지키기 위해 성립되었다.

21 지도는 영국과 러시아의 이란 침략을 보여 준다. 이란의 국왕이 근대화 자금을 마련하기 위해 영국 상인에게 담배 독점 판매권을 주자, 알 아프가니를 비롯한 이슬람 지도자들을 중심으로 담배 불매 운동이 일어났다.
| 바로 알기 | ①은 인도, ③은 오스만 제국, ④는 이집트에서 있었던 일이다. ⑤ 플라시 전투는 인도 벵골 지역의 통치권을 두고 영국과 프랑스가 대립한 전투이다.

22 오스만 제국은 무함마드 알리를 이집트의 총독으로 임명하였다. 이후 이집트는 영국과 프랑스의 자금을 빌려 철도와 전신 시설을 마련하고 지중해와 홍해를 잇는 수에즈 운하를 건설하였다. 그러나 이 과정에서 많은 빚을 지게 된 이집트가 영국과 프랑스의 내정 간섭을 받자, 아라비 파샤를 중심으로 한 민족 운동이 일어났다.
| 바로 알기 | ②는 무함마드 알리가 이집트 총독에 임명되기 이전의 일이다. ③은 아라비 파샤의 민족 운동 이후의 일이다. ④는 인도, ⑤는 이란에서 있었던 일이다.

23 제시된 사건은 인도에서 일어난 세포이의 항쟁이다. 영국군의 지배 방식에 대한 인도인의 불만은 세포이의 항쟁으로 터져 나왔다. 이 항쟁은 대규모 민족 운동으로 발전하였지만, 내부 분열과 영국군의 반격 때문에 실패하였다. 세포이의 항쟁을 진압한 영국은 무굴 황제를 폐위하고, 동인도 회사를 해체하여 인도를 직접 지배하였으며, 1877년에는 영국 국왕이 인도 황제를 겸하는 영국령 인도 제국을 세웠다.
| 바로 알기 | ③은 벵골 분할령 발표 이후 인도 국민 회의의 주도로 전개된 반영 운동에 대한 설명이다.

24 밑줄 친 '이 단체'는 인도 국민 회의이다. 인도 국민 회의는 초기에 영국의 인도 지배를 인정하면서 인도인의 권익을 확보하려는 타협적인 자세를 보였다. 그러나 벵골 분할령 발표 이후에는 반영 운동에 앞장섰다.
| 바로 알기 | ㄱ. 세포이의 항쟁은 인도 국민 회의가 성립되기 이전에 일어났다. ㄹ은 오스만 제국의 청년 튀르크당과 관련된 설명이다.

25 제시된 법령은 벵골 분할령이다. 영국은 반영 운동이 활발하던 벵골 지역을 종교에 따라 동서로 나누는 벵골 분할령을 발표하였다. 그러자 영국에 협조적이던 인도 국민 회의는 영국 상품 배척, 자치 획득(스와라지), 국산품 애용(스와데시), 국민 교육 실시를 주장하며 반영 운동에 앞장섰다.

26 제시된 조약은 제1차 아편 전쟁의 결과로 체결된 난징 조약이다. 영국이 인도에서 재배한 아편을 청에 몰래 팔기 시작하자 청에서는 아편 중독자가 늘었다. 청은 아편 문제를 해결하기 위해 임칙서를 광저우에 파견하여 아편을 몰수하였다. 그러자 영국은 자국 상인을 보호한다는 구실로 제1차 아편 전쟁을 일으켰다.
| 바로 알기 | ①, ②, ③, ⑤는 난징 조약 체결 이후의 일이다.

27 제시된 주장은 중국의 태평천국 운동 세력이 내세운 것이다. 크리스트교의 영향을 받은 홍수전은 만주족을 몰아내고 한족의 국가를 세우자고 주장하며 태평천국 운동을 일으켰다.
| 바로 알기 | ①, ⑤는 양무운동, ③은 변법자강 운동과 관련된 설명이다. ④는 조선의 강화도 조약과 관련된 설명이다.

28 금릉 기기국과 관련된 중국의 근대화 운동은 양무운동이다. 양무운동은 중국의 전통과 가치를 근본으로 하고 서양의 기술을 받아들인다는 중체서용의 논리를 바탕으로 부국강병 정책을 추진한 운동이다.
| 바로 알기 | ①은 신해혁명, ②는 변법자강 운동, ③은 제1차 아편 전쟁, ④는 태평천국 운동과 관련된 내용이다.

29 (가)는 양무운동, (나)는 의화단 운동이다. 양무운동과 의화단 운동 사이에 중국에서는 일본의 메이지 유신을 모방하여 제도 개혁을 추진한 변법자강 운동이 일어났다.

30 고종은 환궁 이후 대한 제국을 수립하고 근대적 개혁을 실시하였다. 그러나 러일 전쟁 이후 일본이 을사늑약을 통해 대한 제국의 외교권을 박탈하였고 이후 대한 제국을 강제로 병합하였다.

Ⅳ. 제국주의 침략과 국민 국가 건설 운동(2회) p. 69~73

1 ⑤ 2 ③ 3 ① 4 ① 5 ③ 6 ⑤ 7 ③ 8 ② 9 ①
10 ② 11 ③ 12 ③ 13 ④ 14 ⑤ 15 ⑤ 16 ① 17 ③
18 ④ 19 ① 20 ⑤ 21 ④ 22 ⑤ 23 ① 24 ⑤ 25 ②
26 ⑤ 27 ① 28 ③ 29 ② 30 ④

1 영국 혁명은 '(라) 찰스 1세의 권리 청원 승인 – (나) 의회파와 왕당파 간 내전 발생 – (가) 크롬웰 사후 왕정 부활 – (다) 메리와 윌리엄 3세가 공동 왕으로 추대' 순으로 전개되었다.

2 밑줄 친 '혁명'은 미국 혁명에 해당한다. 미국 혁명은 영국의 지배에서 벗어나고자 한 독립 혁명이자 자유와 평등의 이념을 실현한 시민 혁명으로, 프랑스 혁명과 라틴 아메리카의 독립 혁명에 영향을 주었다.
| 바로 알기 | ③은 영국의 자유주의 운동과 관련이 있는 내용이다.

3 독립 이후 미국은 연방제, 삼권 분립 등을 규정한 헌법을 제정하였다. 이후 미국은 서부 개척과 영토 매입으로 대서양과 태평양 연안까지 영토를 확대하였고, 산업도 발전하였다. 그러나 이 과정에서 경제 구조의 차이로 인해 노예제 유지를 주장하는 남부와 노예제 폐지를 주장하는 북부가 대립하였다. 이후 노예제 확대에 반대한 링컨이 대통령으로 당선되자 남부의 여러 주가 연방을 탈퇴하면서 남북 전쟁이 발발하였다.
| 바로 알기 | ①은 남북 전쟁이 일어난 이후의 일이다.

4 프랑스 혁명은 계몽사상과 미국 혁명의 영향을 받은 시민들이 구제도를 무너뜨리고자 일으킨 혁명이었다.
| 바로 알기 | ②, ④는 영국 혁명, ③은 미국 혁명, ⑤는 프랑스 7월 혁명의 배경이다.

5 ㉠에 들어갈 프랑스 혁명 정부는 국민 공회이다. 국민 공회는 보통 선거제에 기초한 헌법을 제정하였다.
| 바로 알기 | ①, ②, ⑤는 국민 의회, ④는 입법 의회의 활동에 대한 설명이다.

6 2월 혁명의 영향으로 오스트리아에서 혁명이 일어나 메테르니히가 추방되어 빈 체제가 무너졌으며, 독일과 이탈리아에서는 통일 국가 수립 운동이 추진되었다.
| 바로 알기 | ㉠ 2월 혁명 이후 프랑스에서는 공화정이 수립되었다. ㉡ 2월 혁명 이후 유럽에서는 자유주의와 민족주의 운동이 더욱 확산되었다.

7 유럽 대륙과 달리 영국에서는 개인의 자유와 권리 확대, 선거권 확대, 자유주의 경제 체제 확립 등을 통해 점진적으로 자유주의가 발전하였다.
| 바로 알기 | ③은 프랑스의 자유주의 운동에 대한 설명이다.

8 제시된 정책을 추진한 인물은 독일의 비스마르크이다. 독일은 1834년 관세 동맹을 통해 프로이센을 중심으로 경제적 통일을 이룩하였다.
| 바로 알기 | ①, ③, ④, ⑤는 이탈리아의 통일과 관련이 있다.

9 크림 전쟁에서 패한 후 러시아가 낙후되어 있다고 생각한 알렉산드르 2세는 농노 해방을 비롯하여 지방 의회 구성, 군사 제도 개혁 등 내정 개혁을 실시하였다.
| 바로 알기 | ㄷ. 브나로드 운동은 러시아의 지식인들이 주도한 농민 계몽 운동이다. ㄹ. 시베리아 횡단 철도는 알렉산드르 2세 사후에 건설되었다.

10 에스파냐와 포르투갈의 식민 지배를 받았던 라틴 아메리카에서 프랑스 혁명의 이념이 전파되고, 나폴레옹 전쟁으로 에스파냐의 간섭이 약해진 틈을 타서 잇달아 독립을 선포하였다. 영국은 새로운 상품 시장을 확보하기 위해 라틴 아메리카 지역의 독립을 지원하였고, 미국도 아메리카에 대한 유럽의 간섭을 배제한다는 먼로 선언을 발표하였다. 이러한 상황에 힘입어 라틴 아메리카 지역의 독립운동은 가속화되었다.
| 바로 알기 | ② 영국의 중상주의 정책 강화는 미국 혁명이 일어나게 된 배경으로, 라틴 아메리카 독립운동의 배경으로 볼 수 없다.

11 영국에서 시작된 산업 혁명이 전 세계로 확산되면서 여러 국가가 산업화를 이루었다. 미국은 남북 전쟁 이후 산업화가 빠르게 전개되었으며, 독일은 정부가 중화학 공업을 중심으로 산업화를 추진하였다.
| 바로 알기 | 프랑스는 석탄이 생산되는 북동부 지역부터 산업화가 이루어졌으며, 섬유 공업을 중심으로 산업 혁명이 추진되었다.

12 ㉠은 산업 혁명이다. 산업 혁명으로 공장제 기계 공업이 발달하여 제품의 대량 생산이 가능해졌으며, 자본가와 노동자가 등장한 것과 함께 자본주의 체제가 확립되었다. 한편 노동자들은 낮은 임금과 장시간 노동에 시달렸고, 빈부 격차가 심화되었다. 산업 혁명이 전개되면서 도시의 인구가 증가하여 도시에서는 주택 부족, 환경·위생 문제가 발생하였다.
| 바로 알기 | ③ 산업 혁명의 결과 사회 구조가 농업 중심 사회에서 도시 중심의 산업 사회로 변화하였다.

13 밑줄 친 '이 사상'은 사회주의이다. 대표적인 사회주의 사상가인 마르크스는 사유 재산 제도를 부정하고, 평등 사회의 건설을 주장하였다.
| 바로 알기 | ① 공리주의는 벤담이 제시한 사상으로, 다수의 이익을 위해서는 각 개인의 일부를 희생할 수 있다는 주장이다. ② 민족주의는 민족을 중심으로 통일 국가를 이루어야 한다는 사상이다. ③ 사실주의는 현실을 있는 그대로 묘사하는 예술 경향이다. ⑤ 자유주의는 개인의 존엄성과 표현의 자유를 중시하는 사상이다.

14 19세기는 '과학의 세기'라고 불릴 정도로 과학과 기술이 크게 발달하였다. 퀴리 부부는 라듐을 발견하였고, 다윈은 진화론을 체계화하여 적자생존에 따른 종의 진화를 주장하였다. 새로운 학문과 사상도 발전하여 콩트는 실증주의를 제시하여 사회학을 개척하였다. 또한 19세기 초반 유럽에서는 개인의 감정을 중시하는 낭만주의가 유행하였다.
| 바로 알기 | ⑤ 계몽사상은 18세기에 유럽에서 등장하였다.

15 제시된 그림은 인종주의 풍자화이다. 제국주의 국가의 백인들은 아시아나 아프리카의 민족이 미개하여 식민지로 삼아 문명화하는 것이 자신들의 의무이며, 식민지인에게 베푸는 은혜라고 주장하면서 식민지 침략을 정당화하였다.

16 제시된 자료의 '베트남의 지배권 확보', '모로코를 둘러싸고 독일과 대립'을 통해 발표 주제가 프랑스에 대한 것임을 알 수 있다. 프랑스는 아프리카를 동서로 연결하는 횡단 정책을 추진하였고, 모로코의 지배권을 두고 독일과 대립하였다.
| 바로 알기 | ②는 독일, ③은 미국, ④는 네덜란드, ⑤는 영국에 대한 발표 주제이다.

17 제시된 대화의 주제가 된 국가는 영국이다. 영국은 종단 정책과 3C 정책을 추진하여 케이프타운, 카이로, 콜카타를 연결하려 하였다. 프랑스는 아프리카 횡단 정책을 추진하였는데, 이 과정에서 영국과 프랑스가 파쇼다에서 충돌하였다.

18 제시된 글에서 설명하는 국가는 인도네시아이다. 네덜란드의 지배를 받던 인도네시아에서는 지식인들과 이슬람교도 상인들이 외국 자본과 크리스트교에 반대하는 운동을 벌였다.
| 바로 알기 | ①은 필리핀, ②는 베트남, ③은 에티오피아, ⑤는 수단의 민족 운동에 대한 설명이다.

19 밑줄 친 '이 단체'는 청년 튀르크당이다. 청년 튀르크당은 무력 혁명으로 정권을 잡은 뒤 헌법을 부활시켰다. 이어 산업을 육성하고 조세를 덜어 주는 등의 개혁을 추진하는 한편, 외세 배척 운동을 벌였다.

20 (가) 운동은 와하브 운동이다. 와하브 운동은 이슬람교의 경전인 『쿠란』의 가르침대로 생활하고 이슬람교 본래의 순수성을 되찾자는 운동으로, 아랍 민족주의와 결합하여 오스만 제국의 지배에 저항하는 운동으로 발전하였다.
| 바로 알기 | ㄱ은 아랍 문화 부흥 운동, ㄴ은 청년 튀르크당 혁명에 대한 설명이다.

21 ㉠에 들어갈 민족 운동은 이란의 담배 불매 운동이다. 담배 불매 운동은 왕과 외세에 반대하는 저항 운동으로 발전하였고, 이란의 민족의식을 고취하였으며, 이란에서 성직자의 영향력을 확대한 사건이었다. 또한 담배 불매 운동은 이후 이란의 입헌 혁명의 중요한 계기가 되었다.
| 바로 알기 | ④는 와하브 운동과 관련된 설명이다.

22 수에즈 운하를 건설한 국가는 이집트이다. 오스만 제국으로부터 이집트의 총독으로 임명된 무함마드 알리는 이집트의 근대화를 추진하였고, 이후 오스만 제국으로부터 자치권을 인정받았다. 그러나 수에즈 운하를 건설하는 과정에서 영국과 프랑스에 많은 빚을 지게 된 이집트는 영국과 프랑스의 내정 간섭을 받게 되었고, 이에 아라비 파샤를 중심으로 한 민족 운동이 일어났다.
| 바로 알기 | ⑤는 오스만 제국에서 있었던 일이다. 탄지마트의 성과가 미흡하자 미드하트 파샤를 비롯한 혁신적인 관료들은 서양식 의회를 개설하고 근대적인 헌법을 제정하였다.

23 인도에서 일어난 세포이의 항쟁을 진압한 영국은 무굴 황제를 폐위하고, 영국 국왕이 인도 황제를 겸하는 영국령 인도 제국을 세웠다.
| 바로 알기 | ㄷ은 세포이의 항쟁 이전, ㄹ은 인도 국민 회의가 주도한 반영 운동 이후의 일이다.

24 영국은 반영 운동이 활발하던 벵골 지역을 힌두교도가 많은 서벵골과 이슬람교도가 많은 동벵골로 나누어 통치하는 벵골 분할령을 발표하였다. 이는 종교 갈등을 이용해 민족 운동의 힘을 분산하기 위함이었다.

25 제시된 사건은 제2차 아편 전쟁의 원인이 된 애로호 사건이다. 제1차 아편 전쟁 이후 청 관리가 광저우에 정박해 있던 애로호에 올라 밀수 혐의로 선원을 체포하던 중 영국 국기를 강제로 내린 애로호 사건이 일어났다. 이로 인해 제2차 아편 전쟁이 일어났고, 전쟁에서 패한 청은 영국과 톈진 조약 및 베이징 조약을 추가로 체결하였다.

26 제시된 인물은 태평천국 운동을 일으킨 홍수전이다. 홍수전을 비롯한 태평천국 운동 세력은 토지 균등 분배, 남녀평등, 악습 폐지 등을 주장하여 농민들의 지지를 얻었고, 세력을 확대하여 난징을 점령하였다.
| 바로 알기 | ①, ④는 양무운동을 주도한 이홍장과 증국번, ③은 쑨원과 관련된 설명이다. ② 영국이 아편 전쟁을 일으켰다.

27 밑줄 친 '이 정부'는 메이지 정부이다. 메이지 정부는 대대적인 개혁인 메이지 유신을 추진하여 신분제를 폐지하고 토지와 조세 제도를 개혁하였다. 또한 번을 없애고 현을 설치하여 중앙 집권 체제를 확립하였다.
| 바로 알기 | ㄷ, ㄹ은 에도 막부에 대한 설명이다.

28 메이지 정부 수립 이후 일본에서는 헌법 제정과 의회 개설을 요구하는 자유 민권 운동이 일어났다. 그러나 메이지 정부는 자유 민권 운동을 제압한 후 일본 제국 헌법을 제정하였다.
| 바로 알기 | ①, ④는 일본 제국 헌법 제정 이후의 일이다. ②, ⑤는 메이지 정부 수립 이전의 일이다.

29 ㉠에 들어갈 전쟁은 청일 전쟁이다. 조선에 대한 지배권을 두고 대립하던 청과 일본은 조선에서 동학 농민 운동이 일어나자 이를 진압한다는 구실로 조선에 군대를 파견하였다. 조선 정부가 두 나라 군대의 철수를 요구하였으나, 일본은 이를 거부하고 청군을 기습 공격하여 청일 전쟁이 일어났다.
| 바로 알기 | ①, ⑤는 러일 전쟁, ④는 제1차 아편 전쟁에 대한 설명이다. ③은 청일 전쟁과 관련이 없는 내용이다.

30 조선에서는 급진 개화파의 주도로 신분제와 과거제 폐지 등의 내용을 담은 갑오개혁이 추진되었으며, 전봉준이 농민들을 모아 지배층의 횡포와 외세에 저항하는 동학 농민 운동을 일으켰다. 또한 독립 협회가 만민 공동회를 개최하고, 자주 국권 운동을 전개하였다.
| 바로 알기 | ④ 위정척사 운동은 조선 정부의 개화 정책에 반대하는 보수적인 유생들이 성리학적 전통 질서를 지키고 외세를 물리치자고 주장한 운동이다.

V. 세계 대전과 사회 변동(1회) p. 74~77

1 ④ 2 ② 3 ③ 4 ④ 5 ③ 6 ① 7 ④ 8 ⑤ 9 ②
10 ③ 11 ① 12 ② 13 ③ 14 ② 15 ⑤ 16 ③ 17 ⑤
18 ② 19 ④ 20 ① 21 ⑤ 22 ② 23 ③ 24 ⑤

1 19세기 후반 이후 유럽에서는 독일, 오스트리아·헝가리 제국, 이탈리아가 맺은 3국 동맹과 영국, 프랑스, 러시아가 맺은 3국 협상 간의 갈등이 심화되었다. 한편, 발칸반도에서는 러시아, 세르비아 중심의 범슬라브주의와 독일, 오스트리아·헝가리 제국 중심의 범게르만주의가 대립하면서 긴장이 고조되었다. 이러한 상황 속에서 사라예보 사건이 발생하면서 제1차 세계 대전이 시작되었다.
| 바로 알기 | ㄱ, ㄷ은 제1차 세계 대전 이후에 일어난 일이다.

2 1914년 보스니아의 사라예보를 방문한 오스트리아·헝가리 제국의 황태자 부부가 세르비아 청년에게 암살되는 사라예보 사건이 발생하였다. 이를 계기로 오스트리아·헝가리 제국이 세르비아에 선전 포고를 하면서 제1차 세계 대전이 시작되었다.
| 바로 알기 | ① 사라예보 사건을 계기로 제1차 세계 대전이 발발하였다. ③ 제2차 세계 대전 중에 연합군이 전개한 노르망디 상륙 작전이 성공하면서 프랑스가 해방되었다. ④ 독일의 무제한 잠수함 작전을 계기로 미국이 제1차 세계 대전에 참전하였다. ⑤ 사라예보 사건은 무제한 잠수함 작전이 전개되기 이전에 일어난 일이다.

3 제시된 내용에서 설명하는 국가는 이탈리아이다. 이탈리아는 독일, 오스트리아·헝가리 제국과 3국 동맹을 맺었으며, 제1차 세계 대전이 계속되는 가운데 3국 동맹을 떠나 연합국 편에 가담하였다.

4 ①은 참호전, ②는 총력전, ③은 신무기 등장, ⑤는 독일의 무제한 잠수함 작전과 관련된 내용으로, 모두 제1차 세계 대전 당시의 모습을 보여 준다.
| 바로 알기 | ④ 일본 히로시마에 원자 폭탄이 투하된 것은 제2차 세계 대전 과정에서 일어난 일이다.

5 제시된 내용은 11월 혁명에 대한 설명이다. 볼셰비키가 주도한 러시아 11월 혁명의 결과로 임시 정부가 타도되고 소비에트 정부가 수립되었다.
| 바로 알기 | ①, ②, ④, ⑤는 러시아 11월 혁명 이전에 일어난 일이다.

6 제시된 자료는 러시아 혁명의 결과 각국에 공산당이 조직되고 노동 운동이 전개되었음을 보여 준다. 이를 통해 러시아 혁명을 계기로 사회주의가 확산되었음을 알 수 있다.
| 바로 알기 | ② 빈 체제의 성립, ④ 산업 혁명, ⑤ 알렉산드르 2세의 개혁은 러시아 혁명 이전에 일어난 일로, 제시된 자료를 활용한 탐구 활동과 관련이 적다. ③ 포츠담 회담은 제2차 세계 대전 중에 일어난 일로, 제시된 자료를 활용한 탐구 활동과 관련이 적다.

7 밑줄 친 '이 인물'은 스탈린이다. 스탈린은 경제 개발 5개년 계획을 추진하여 성과를 거두었지만, 이 과정에서 반대파를 탄압하고 숙청하는 등 공산당 독재 체제를 강화하였다.
| 바로 알기 | ①은 루스벨트, ②는 윌슨, ⑤는 레닌에 대한 설명이다. ③ 러시아 3월 혁명은 스탈린이 집권하기 이전에 일어난 사건이다.

8 제1차 세계 대전 이후 개최된 ㉠ 파리 강화 회의의 결과로 ㉡ 베르사유 조약이 체결되면서 승전국을 중심으로 형성된 새로운 국제 질서인 베르사유 체제가 성립하였다.

9 제시된 선언이 발표된 민족 운동은 5·4 운동이다. 제1차 세계 대전 중 일본이 중국 정부에 21개조 요구를 강요하여 산둥반도에서 독일이 가지고 있던 이권을 차지하였고, 파리 강화 회의에서 이러한 21개조 요구 철폐 주장이 거부된 것을 배경으로 5·4 운동이 전개되었다.
| 바로 알기 | ①, ③, ④, ⑤는 중국에서 5·4 운동이 전개된 이후에 일어난 사건들이다.

10 ③ 쑨원의 뒤를 이어 국민당을 이끈 장제스는 군벌을 무너뜨리고 중국을 통일하였다.
| 바로 알기 | ① 인도네시아 국민당을 결성하여 네덜란드에 맞서 독립운동을 주도한 인물은 수카르노이다. ② 비폭력·불복종 운동으로 영국의 식민 지배에 저항한 인물은 간디이다. ④ 인도의 완전한 독립을 주장하며 영국의 식민 지배에 무력으로 저항한 인물은 네루이다. ⑤ 베트남 공산당을 조직하여 프랑스에 대항한 인물은 호찌민이다.

11 튀르키예 공화국의 초대 대통령에 선출된 무스타파 케말은 정치와 종교의 분리, 여성 참정권 부여, 문자 개혁 등을 시행하여 튀르키예의 근대화를 위해 노력하였다.
| 바로 알기 | ②, ③ 무스타파 케말이 독립 전쟁을 일으킨 것과 술탄 제도를 폐지한 것은 무스타파 케말이 튀르키예 공화국의 대통령에 선출되기 이전에 일어난 일이다. ④ 신문화 운동은 중국에서 전개된 민족 운동이다. ⑤ 와프드당 중심의 반영 운동은 이집트에서 전개된 민족 운동이다.

12 제시된 글은 대공황이 발생한 상황을 나타낸다. 대공황에 대응하기 위해 영국은 본국과 식민지를 하나로 묶는 블록 경제를 형성하였고, 미국은 정부가 생산 활동에 적극 개입하는 뉴딜 정책을 추진하였다.
| 바로 알기 | ㄴ. 많은 식민지를 확보하고 있었던 영국, 프랑스 등 일부 국가들은 보호 무역 체제를 강화하여 자국의 산업을 보호하는 방식으로 대공황에 대처하였다. ㄹ. 군비 증강 및 대외 팽창을 추진한 것은 전체주의 세력이 집권하였던 이탈리아, 독일, 일본 등이 대공황에 대처한 방식이다.

13 ㉠에 들어갈 용어는 전체주의이다. 전체주의는 개인을 획일적으로 전체에 예속하려는 체제로, 이탈리아의 파시즘, 독일의 나치즘, 일본의 군국주의가 대표적이다.

14 독일에서는 대공황을 계기로 히틀러가 이끄는 나치당이 국민의 지지를 받아 일당 독재를 수립하였다(1933). 이후 독일과 이탈리아, 일본은 공산주의를 막기 위해 코민테른과 소련에 대항하고자 방공 협정을 체결하였다(1937).
| 바로 알기 | ㄴ은 독소 불가침 조약이 체결된 이후에 있었던 사실이다. ㄹ은 대공황이 발생하기 이전에 있었던 사실이다.

15 미국이 일본의 동남아시아 침략 행위를 비판하며 일본에 철강과 석유의 수출을 금지하는 경제 봉쇄로 맞서자, 일본이 하와이 진주만의 미군 기지를 기습 공격하여 태평양 전쟁을 일으켰다.

| 바로 알기 | ①, ②, ③, ④는 일본이 하와이 진주만 미군 기지를 기습 공격한 이후에 일어난 일들이다.

16 미국이 ㉠ 미드웨이 해전에서 일본에 승리하고, 소련이 ㉡ 스탈린그라드 전투에서 독일에 승리하면서 미국, 영국, 소련 중심의 연합국이 제2차 세계 대전에서 승기를 잡았다.

17 미국과 영국은 대서양 헌장을 발표하여 전후 평화 수립의 원칙을 정하고, 국제 평화를 위해 국제 연합(UN)을 창설하기로 결정하였다.
| 바로 알기 | ㄱ은 샌프란시스코 강화 회의, ㄴ은 카이로 회담에서 결정된 내용이다.

18 제국주의 국가의 대립을 배경으로 일어났던 제1차 세계 대전은 영국, 프랑스 등 연합국과 독일 중심의 동맹국이 대결하는 구도로 전개되었다. 미국은 독일의 무제한 잠수함 작전으로 자국민이 사망한 것을 계기로 제1차 세계 대전에 참전하였으며, 이후 독일 공화국 정부가 연합국과 휴전 조약을 체결하면서 연합국의 승리로 전쟁이 종결되었다. 한편, 전체주의 국가의 출현을 배경으로 일어났던 제2차 세계 대전은 영국, 소련, 미국 등 연합국과 독일, 이탈리아, 일본 등 추축국이 대결하는 구도로 전개되었다. 미국은 일본이 하와이 진주만 미군 기지를 기습 공격한 것을 계기로 제2차 세계 대전에 참전하였으며, 이후 일본이 무조건 항복을 선언하면서 연합국의 승리로 전쟁이 종결되었다.
| 바로 알기 | ② 제1차 세계 대전은 사라예보 사건을 계기로 발발하였고, 제2차 세계 대전은 독일의 폴란드 침공을 계기로 발발하였다.

19 ④ 제1차 세계 대전 이후 오스만 제국은 시리아, 이라크, 팔레스타인 등으로 분리되었으며, 아나톨리아반도의 오스만 제국에서는 제정이 무너지고 튀르키예 공화국이 세워졌다.
| 바로 알기 | ㉠은 공화정, ㉡은 독일, ㉢은 베르사유 조약, ㉣은 민족 자결주의에 해당한다.

20 제시된 상황들은 제1차 세계 대전 전후 독일, 미국, 영국에서 여성의 참정권이 인정되었음을 나타낸다. 이처럼 여성의 참정권이 확대되면서 재산이나 성별에 관계없이 일정 연령 이상의 모든 국민에게 선거권을 부여하는 보통 선거가 정착되어 갔음을 알 수 있다.
| 바로 알기 | ②, ⑤ 제1차 세계 대전 과정에서 여성의 사회 참여가 늘어나면서 여성의 사회적·경제적 역할이 확대된 것을 계기로 여성의 참정권이 확대되었다. ③, ④는 제시된 상황과 관련이 적은 내용이다.

21 제시된 내용에서 설명하는 조직은 국제 노동 기구(ILO)이다. 국제 노동 기구(ILO)는 베르사유 조약을 바탕으로 설립된 국제 연맹의 하위 기구로, 노동자들의 권리를 확보하는 데 중요한 역할을 담당하였다.

22 홀로코스트는 제2차 세계 대전 중 독일의 나치당이 약 600만 명의 유대인을 계획적으로 학살한 사건이고, 난징 대학살은 중일 전쟁 시기 중화민국의 난징을 점령한 일본군이 약 6주 동안 수십만 명의 민간인을 학살한 사건이다.
| 바로 알기 | ㄴ. 국제 연합(UN)이 창설된 것은 홀로코스트가 발생한 이후에 있었던 사실이다. ㄷ. 만주국이 수립된 것은 난징 대학살이 발생하기 이전에 있었던 사실이다.

23 독일에서 개최된 뉘른베르크 재판에서는 독일의 주요 전쟁 범죄자를 재판하였고, 그 결과 나치스 전범 12명이 사형을 당하는 등 처벌을 받았다.
| 바로 알기 | ① 연합국의 독일 드레스덴 폭격, ② 제정 의회의 바이마르 헌법 제정, ④ 전쟁을 국가 분쟁의 해결 수단으로 사용하지 말 것에 합의한 켈로그·브리앙 조약(부전 조약)의 체결은 제2차 세계 대전이 끝나기 전에 있었던 일이다. ⑤ 일본에서 개최된 극동 국제 군사 재판에서는 일본의 주요 전쟁 범죄자를 재판하여 처벌하였다.

24 제시된 대화의 주제가 되는 국제기구는 국제 연합(UN)이다. 국제 연합은 제2차 세계 대전 이후 영토 불확대, 민족 자결 등을 규정한 대서양 헌장의 정신에 따라 창설된 국제기구로 국제 평화와 안전 유지, 국제 협력을 목표로 하였다. 국제 연합은 미국, 소련 등의 강대국이 대부분 참여하였으며, 국제 연합군이나 평화 유지군을 두어 국제 분쟁을 해결하기 위해 군사력을 동원할 수 있었다.
| 바로 알기 | ⑤는 국제 연맹에 대한 설명이다.

V. 세계 대전과 사회 변동(2회)
p. 78~81

1 ⑤ 2 ② 3 ① 4 ② 5 ④ 6 ⑤ 7 ③ 8 ① 9 ④
10 ① 11 ② 12 ③ 13 ③ 14 ② 15 ⑤ 16 ④ 17 ③
18 ② 19 ④ 20 ⑤ 21 ⑤ 22 ④ 23 ① 24 ③

1 19세기 후반 이후 3국 동맹과 3국 협상이 대립하고, 발칸반도에서 범슬라브주의와 범게르만주의가 대립하는 상황 속에서 제1차 세계 대전이 시작되었다.
| 바로 알기 | ①, ②, ④는 제시된 내용과 관련이 적다. ③ 빈 체제의 성립은 제1차 세계 대전 이전에 있었던 일이다.

2 제시된 사건들은 '(가) 사라예보 사건 발생 – (다) 독일의 러시아 격파 – (라) 러시아의 전선 이탈 – (나) 독일 동맹국들의 항복 – (마) 독일의 항복' 순으로 일어났다.

3 제시된 글을 통해 제1차 세계 대전이 참호전 양상으로 장기화되었음을 알 수 있다.
| 바로 알기 | ②, ④, ⑤는 제1차 세계 대전에서 나타난 특징에 해당하지만, 제시된 글과 관련이 적다. ③은 제시된 글을 통해서는 알 수 없는 내용이다.

4 러시아에서 차르 니콜라이 2세가 약속하였던 개혁이 별다른 성과 없이 중단되자, 1917년 3월 노동자와 병사 대표들이 소비에트를 결성하여 전제 군주제를 무너뜨리고 임시 정부를 수립하였다(3월 혁명).
| 바로 알기 | ①은 차르 니콜라이 2세가 개혁을 중단하기 이전에 있었던 사실이다. ③, ④, ⑤는 러시아에서 전제 군주제가 붕괴된 이후에 있었던 사실이다.

5 러시아에서 일어난 3월 혁명의 주도 세력은 전쟁 중지, 전제 정치 타도, 식량 배급 등을 요구하였다. 한편, 3월 혁명을 계기로 수립된 임시 정부가 개혁을 미루고 전쟁을 지속한 것을 배경으로 11월 혁명이 일어났다.
| 바로 알기 | ㄱ. 러시아에서는 3월 혁명을 계기로 임시 정부가 수립되었다. ㄷ. 러시아에서는 11월 혁명 이전에 전개된 3월 혁명의 결과로 차르가 퇴위하여 전제 군주제가 붕괴되었다.

6 러시아 혁명 이후 경제난이 지속되자 레닌은 공산주의 경제 정책을 일시적으로 포기하고 개인 소유 등을 부분적으로 인정하는 등 자본주의 요소를 일부 도입하는 신경제 정책(NEP)을 시행하였다.
| 바로 알기 | ①, ④ 지주의 토지를 몰수한 것과 주요 산업 시설을 국유화한 것은 레닌이 추진한 사회주의 개혁에 해당하지만, 제시된 내용과 관련이 적다. ②, ③ 농업의 집단화를 추진한 것과 정권에 대한 비판을 금지한 것은 스탈린이 추진한 정책과 관련이 깊으며, 제시된 내용과는 관련이 적다.

7 ㉠에 들어갈 조약은 베르사유 조약이다. 베르사유 조약은 독일의 영토 축소, 군비 제한, 식민지 상실 등을 명시하였으며, 전쟁의 모든 책임이 독일에 있음을 분명히 하는 등 독일에 대한 보복적 성격이 강하였다.
| 바로 알기 | ㄱ. 베르사유 조약은 파리 강화 회의의 결과로 체결되었다. ㄹ은 켈로그·브리앙 조약(부전 조약)에 대한 설명이다.

8 밑줄 친 '이 기구'는 국제 연맹이다. 국제 연맹은 미국, 소련 등의 강대국이 불참하였기 때문에 국제 사회에서 큰 영향력을 발휘하지는 못하였다.
| 바로 알기 | ② 국제 노동 기구(ILO)가 국제 연맹의 산하 기구로 설립되었다. ③ 국제 연맹은 침략국을 제재할 수 있는 군사적 수단을 보유하지 못하였다는 한계를 지녔다. ④는 코민테른, ⑤는 국제 연합(UN)에 대한 설명이다.

9 파리 강화 회의에서 산둥반도의 이권이 일본에 넘어가자 중국에서 베이징 대학생들의 주도로 21개조 요구 철회, 산둥반도의 이권 반환 등을 요구하는 대규모 반일 시위가 일어났다(5·4 운동). 이후 쑨원은 국민당을 만든 뒤 공산당과 손을 잡고 군벌과 제국주의 세력을 타도하려 하였다(제1차 국공 합작).
| 바로 알기 | ④ 제1차 국공 합작은 장제스가 중국을 통일하는 과정에서 공산당을 배척한 것을 계기로 결렬되었다. 이후 일본이 중일 전쟁을 일으켜 대륙 침략을 본격화하자 대일 항전을 위해 제2차 국공 합작이 이루어졌다.

10 ㉠에 공통으로 들어갈 인물은 간디이다. 간디는 영국의 식민 지배에 맞서 폭력을 쓰지 않고 영국의 법률이나 명령을 따르지 않는 비폭력·불복종 운동을 제안하였다. 또한 국산품 애용, 납세 거부 등을 호소하며 비폭력적인 방법으로 반영 운동을 전개하였다.

11 ② 미국의 지배를 받던 필리핀에서 독립운동이 전개되자, 미국이 장래에 필리핀의 독립을 약속하였다.
| 바로 알기 | ㉠은 한국, ㉢은 타이, ㉣은 무스타파 케말, ㉤은 와프드당이다.

12 제1차 세계 대전 이후 세계 경제를 주도하였던 미국에서 기업의 생산이 급격히 늘어나는 것에 비해 소비가 늘어나지 않자 재고가 누적되었다. 이러한 상황 속에서 1929년 뉴욕 증권 거래소 주가가 갑자기 큰 폭으로 떨어지면서 미국에서 대공황이 일어났다.
| 바로 알기 | ① 전체주의 세력은 대공황 전후 경제적 기반이 약하고 식민지가 없거나 적었던 이탈리아, 독일, 일본 등에서 집권하였다. ②, ⑤ 미국에서는 대공황을 극복하는 과정에서 루스벨트 대통령이 자유방임의 경제 원칙을 수정한 뉴딜 정책을 추진하였고, 그에 따라 테네시강 유역 개발 공사와 같은 대규모 공공사업이 전개되었다. ④ 많은 식민지를 확보하고 있었던 영국과 프랑스 등은 대공황의 위기를 극복하고자 수입품에 높은 관세를 물려 자국의 산업을 보호하였다.

13 미국에서 뉴딜 정책을 추진한 것과 영국, 프랑스 등에서 블록 경제를 형성하고 보호 무역 체제를 강화한 것은 모두 대공황의 위기를 극복하기 위한 노력에 해당한다.

14 제시된 자료들과 관련 깊은 사상은 전체주의이다. 전체주의는 민족이나 국가 전체의 이익을 강조하는 대신 개인의 희생을 강요하였으며, 국가와 민족의 번영을 앞세워 시민들의 자유를 제한하였다.
| 바로 알기 | ㄴ. 전체주의는 대공황 전후 경제적 혼란과 사회적 불안을 틈타 등장하였다. ㄷ. 전체주의는 강력한 독재 체제를 구축할 것을 강조하였다.

15 밑줄 친 '이 조직'은 나치당이다. 나치당은 게르만 우월주의를 앞세워 독일 민족의 우수성을 강조하고 유대인을 탄압 및 박해하는 인종주의 정책을 폈다.
| 바로 알기 | ①은 레닌이 이끄는 볼셰비키, ②는 무솔리니가 이끄는 파시스트당, ③은 인민 전선 등, ④는 코민테른 등의 활동이다.

16 ㉠에 공통으로 들어갈 사건은 제2차 세계 대전이다. 제2차 대전 당시 독일은 영국에 무차별 공습을 강행하였으나, 영국의 처칠 정부가 끈질기게 저항하면서 전쟁이 장기화되었다. 이후 미드웨이 해전에서 미군이 일본군을 물리쳤고, 이듬해 연합군이 아프리카에서 독일군을 몰아냈다. 한편, 제2차 세계 대전 중 독일의 나치당은 폴란드의 아우슈비츠 수용소 등에 유대인을 가두고 강제로 고된 노동을 시키는 등의 인권 유린 행위를 자행하였다.
| 바로 알기 | ④ 독일이 무제한 잠수함 작전을 전개한 것은 제1차 세계 대전 중에 일어난 일이다.

17 미국의 참전으로 태평양 전쟁이 시작되었고, 이후 연합군이 노르망디 상륙 작전에 성공하여 프랑스를 해방시켰다. 마지막까지 완강하게 저항하던 일본은 미국이 원자 폭탄을 투하하고 소련이 만주로 진격해 오자 무조건 항복을 선언하였다.
| 바로 알기 | ①, ④, ⑤는 태평양 전쟁이 시작되기 이전에 일어난 일이다. ②는 일본이 무조건 항복을 선언한 이후에 일어난 일이다.

18 제시된 내용은 소련에 대한 설명이다. 소련은 1943년에 스탈린그라드 전투에서 독일에 승리하였고, 1945년에 만주로 진격하였다. 이후 제2차 세계 대전의 전후 처리 결과에 따라 소련은 미국, 영국, 프랑스와 함께 독일을 분할 점령하였다.

19 제1차 세계 대전 이후 유럽 대부분의 국가들은 왕정을 폐지하고 헌법과 의회를 갖춘 공화정을 채택하였다. 독일에서는 남녀 20세 이상 보통 선거를 통해 구성된 제헌 의회가 바이마르 헌법을 제정하였으며, 오스트리아·헝가리 제국은 베르사유 조약으로 해체된 후 왕정이 붕괴되고 많은 민주 공화국이 탄생하였다. 한편, 제1차 세계 대전이 끝난 후 식민 지배를 받던 국가들의 독립 요구가 강하게 나타났고, 그 결과 패전국의 식민지였던 폴란드, 체코슬로바키아 등이 민족 자결주의 원칙에 따라 독립하였다.
| 바로 알기 | ④는 제1차 세계 대전 이후 미국에 대한 설명이다.

20 19세기부터 여성 참정권 운동이 꾸준히 전개되고, 제1차 세계 대전 중 여성이 군수품 제작 등을 통해 전쟁에 참여하면서 여성의 사회 참여가 확대되었다. 이를 바탕으로 여성의 참정권 요구가 거세졌고, 그 결과 여성 참정권이 확대되었다.

21 제시된 활동들은 전체주의 정권의 등장으로 시민의 자유가 제한되고 일당 독재가 강화되자, 각지에서 민주주의를 수호하기 위한 목적으로 전개된 저항 운동에 해당한다.

22 미국이 일본에 떨어뜨린 원자 폭탄에 많은 사람이 목숨을 잃은 것, 연합국이 독일 드레스덴을 폭격하는 과정에서 많은 민간인이 사망한 것, 독일의 나치당이 일으킨 홀로코스트로 약 600만 명의 유대인이 학살된 것은 제2차 세계 대전 과정에서 일어난 대량 학살의 사례에 해당한다.
| 바로 알기 | ㄹ. 러일 전쟁으로 생활이 어려워진 러시아 노동자들이 개혁을 요구하며 전개한 평화 시위를 정부가 무력으로 진압하여 많은 사상자가 발생하였던 피의 일요일 사건이 일어난 시기는 제1차 세계 대전 이전이다.

23 나치 독일이 유대인과 사회적 약자 등을 제거한 것, 독일과 일본이 생체 실험을 자행한 것, 일본이 점령 지역의 주민들을 강제로 동원한 것은 모두 제2차 세계 대전 중에 일어난 인권 침해 사례에 해당한다.
| 바로 알기 | ②, ⑤는 제시된 사례들만으로는 추론하기 어려운 내용이다. ③, ④는 제2차 세계 대전 중에 있었던 사실이지만, 제시된 사례와 관련이 적다.

24 ① 대서양 헌장의 정신을 바탕으로 창설된 국제 연합(UN)은 국제 연합군, 평화 유지군을 두어 국제 분쟁의 해결을 위한 군사적 제재 수단을 지녔다는 점에서 국제 연맹과 차이가 있다. ② 일본의 주요 전쟁 범죄자를 재판한 극동 국제 군사 재판은 전쟁의 핵심 책임자인 일본 천황이 제외된 채 재판이 진행되었고, 731 부대의 범죄 행위가 덮였다는 한계가 있었다. ④ 큰 피해와 상처를 남긴 전쟁을 잊지 않고 경각심을 갖도록 하기 위해 곳곳에 전쟁의 기록이 담긴 박물관이 세워졌다. ⑤ 각국은 로카르노 조약으로 국경선을 합의하였다.
| 바로 알기 | ③ 카이로 회담, 얄타 회담, 포츠담 회담에서는 제2차 세계 대전의 전후 처리 문제를 논의하였다.

Ⅵ. 현대 세계의 전개와 과제(1회) p. 82~85

1 ① 2 ⑤ 3 ④ 4 ④ 5 ⑤ 6 ③ 7 ② 8 ① 9 ②
10 ④ 11 ② 12 ② 13 ④ 14 ⑤ 15 ② 16 ① 17 ⑤
18 ③ 19 ① 20 ② 21 ③ 22 ① 23 ⑤ 24 ⑤

1 ㉠에 들어갈 용어는 냉전이다. 제2차 세계 대전 이후 미국과 소련은 서로 영향력을 확대하며 대립하였다. 냉전 당시 자본주의 진영은 미국을 중심으로 하는 집단 방어 체제인 북대서양 조약 기구(NATO) 등을 결성하였고, 공산주의 진영에서는 소련을 중심으로 한 코민포름(공산당 정보국) 등을 조직하였다. 이후 냉전은 소련의 베를린 봉쇄와 쿠바 핵미사일 기지 건설 등으로 인해 심화되었다.
| 바로 알기 | ①은 제2차 세계 대전이 일어나기 전의 일이다. 일본은 만주 사변(1931)을 일으켜 이듬해 만주국을 세웠다.

2 (가) 계획은 마셜 계획이다. 미국 대통령 트루먼은 공산주의의 확산을 막기 위해 유럽 국가들을 지원하기로 선언하고, 서유럽 경제를 재건하기 위해 막대한 자금을 투입하는 마셜 계획을 추진하였다.
| 바로 알기 | ①, ④는 신자유주의 정책에 대한 설명이다. ②, ③은 냉전의 완화와 관련된 내용으로 마셜 계획과는 관련이 없다.

3 소련을 중심으로 한 공산주의 진영은 미국이 자본주의 진영의 집단 방어 체제인 북대서양 조약 기구(NATO)를 결성하자 이에 맞서 바르샤바 조약 기구(WTO)를 결성하였다.
| 바로 알기 | ①, ②는 고르바초프가 공산당 서기장에 당선된 이후 소련이 해체되는 과정에서 발생한 일이다. ③은 1960년대 이후 냉전이 완화되던 시기의 일이다. ⑤는 닉슨 독트린에 대한 설명이다.

4 ㉠에 해당하는 국가는 베트남, ㉡에 해당하는 국가는 한국이다. 베트남은 제네바 협정을 체결하여 프랑스로부터 독립하였지만, 곧 남북이 대립하여 베트남 전쟁이 일어났다. 한국에서는 북한이 남한을 침입하여 6·25 전쟁이 일어났다.

5 제시된 인물은 이집트의 나세르이다. 나세르는 중동 전쟁에서 패배한 왕정을 몰아내고 공화정을 세웠으며, 영국과 프랑스가 차지하고 있던 수에즈 운하의 국유화를 선언하고 운하 운영권을 되찾았다. 또한 제1차 비동맹 회의에 참석하여 제3 세계 국가들 간 상호 협력을 다짐하였다.
| 바로 알기 | ㄱ은 미국 대통령 트루먼, ㄴ은 소련의 고르바초프에 대한 설명이다.

6 아프리카에서는 리비아의 독립(1951)을 시작으로 많은 나라가 독립을 이루었다. 1960년에는 아프리카의 17개국이 독립하여 '아프리카의 해'라고 불렸다.

7 밑줄 친 '회의'는 아시아·아프리카 회의(반둥 회의)이다. 아시아와 아프리카 29개국 대표들은 아시아·아프리카 회의에 참석하여 '평화 10원칙'을 발표하였고, 이로써 제3 세계의 형성이 공식화되었다.
| 바로 알기 | ①, ④, ⑤는 아시아·아프리카 회의가 열리기 이전의 사실이다. ③은 아시아·아프리카 회의와 관련이 없는 내용이다.

8 제시된 선언은 닉슨 독트린이다. 미국의 닉슨 대통령은 아시아에서 일어나는 전쟁에 미국은 참여하지 않겠다는 닉슨 독트린을 발표하였다. 이러한 선언은 냉전 체제를 완화하는 계기가 되었다.

9 1970년대 이후 경기 침체에 빠져 있던 소련에서 고르바초프가 공산당 서기장에 당선되었다. 고르바초프는 개혁(페레스트로이카)과 개방(글라스노스트) 정책을 추진하여 시장 경제 제도를 받아들이고 민주화를 추진하였다. 그는 공산당의 권력을 축소하고 언론 통제를 완화하였으며, 동유럽 국가들에 간섭하지 않겠다고 선언하였다.
| 바로 알기 | ② 인도의 네루와 중국의 저우언라이가 만나 '평화 5원칙'에 합의하였다.

10 ㉠에 들어갈 인물은 마오쩌둥이다. 1950년대 말 마오쩌둥은 인민공사 설립을 통해 농촌의 집단화를 꾀하는 대약진 운동을 전개하였다. 그러나 무리한 계획과 자연재해 등으로 성과를 거두지 못하였다. 이로 인해 정치적 입지가 약화된 마오쩌둥은 문화 대혁명을 일으켜 권력을 강화하였고, 문화 대혁명으로 인해 중국의 전통문화가 파괴되고 많은 예술인과 지식인이 억압을 받았다.
| 바로 알기 | ①은 쑨원, ②는 신해혁명 당시의 혁명 세력, ③은 덩샤오핑과 소련의 고르바초프 등, ⑤는 장제스에 대한 설명이다.

11 덩샤오핑은 시장 경제 제도를 도입하는 개혁을 추진하였다. 이에 따라 기업가와 농민의 이윤을 보장하고, 경제특구를 설치하여 외국인의 투자를 허용하는 등 중국 경제가 빠르게 성장하였다.
| 바로 알기 | ㄴ은 마오쩌둥, ㄹ은 소련의 고르바초프에 대한 설명이다.

12 제시된 정책은 신자유주의 정책이다. 1970년대 두 차례의 석유 파동을 겪으면서 세계 경제는 불황기에 접어들었다. 그러자 정부의 경제 개입을 줄이고 무역의 자유화와 시장 개방을 추구하는 신자유주의가 등장하였다.
| 바로 알기 | ①, ④, ⑤는 신자유주의의 등장 배경과 관련이 없다. ③은 뉴딜 정책의 등장 배경에 해당한다.

13 신자유주의와 세계화가 확대되면서 국가 간 무역 경쟁이 치열해졌다. 이 과정에서 지역끼리 협력을 강화하여 지역 공동의 이익을 추구하기 시작하였고, 지역 내 경제 공동체가 형성되었다. 대표적으로 유럽 연합(EU), 북미 자유 무역 협정(NAFTA), 동남아시아 국가 연합(ASEAN), 아시아·태평양 경제 협력체(APEC) 등이 있다.

14 ㉠에 들어갈 용어는 탈권위주의 운동이다. 탈권위주의 운동은 산업화로 물질 만능주의가 널리 확산된 것 등을 배경으로 등장하였으며, 민권 운동, 학생 운동, 여성 운동 등의 형태로 전개되었다.
| 바로 알기 | ㄱ. 탈권위주의 운동은 20세기 후반 냉전 체제로 이념 대립이 깊어진 것을 배경으로 등장하였다. ㄴ. 탈권위주의 운동은 젊은 학생들이 중심이 되어 기성세대가 만든 권위주의적 질서와 체제에 저항하는 운동이었다.

15 제시된 퀴즈의 정답은 넬슨 만델라이다. 넬슨 만델라는 1950년대부터 남아프리카 공화국에서 백인 정권이 펼친 인종 분리 정책인 아파르트헤이트 정책에 맞서 흑인 민권 운동을 주도하였다.

16 학생 운동은 베이비붐 세대의 등장과 대학 교육이 권위적이고 일방적으로 기성세대의 가치관을 강요한 것을 배경으로 등장하였다. 1960년대 이후 학생들은 기성세대에 저항하고 자유로운 공동체를 꿈꾸며 학생 운동에 앞장섰는데, 1964년부터 미국과 독일의 대학생들이 대학 내 정치 발언의 자유를 요구하는 운동을 벌인 것을 학생 운동의 사례로 들 수 있다. 이러한 학생 운동은 표현의 자유를 비롯하여 평화, 인종 차별과 여성 차별 철폐 등을 적극적으로 주장하였으며, 이후 민권 운동, 여성 운동, 환경 운동 등 다양한 사회 운동이 성장하는 밑거름이 되었다.
| 바로 알기 | ① 학생 운동은 전쟁에 반대하고 국가 권력에 저항하는 운동으로 이어졌다.

17 제시된 자료는 여성이 주체적으로 행동할 것을 강조하고 있다. 이처럼 미국의 여성 운동가였던 베티 프리단은 여성이 사회 활동을 통해 질적인 양성평등을 이루어야 한다고 주장하였다.
| 바로 알기 | ①은 학생 운동, ②는 민주화 운동, ③은 흑인 민권 운동과 관련 깊은 내용으로, 제시된 자료와 관련이 적다. ④ 제시된 자료는 여성이 남성 중심의 사회 질서에서 벗어나 현실적인 변화를 추구할 것을 강조하고 있다.

18 제시된 내용은 대중 사회가 형성된 배경에 해당한다. 제2차 세계 대전 이후 대중의 구매력이 높아지고, 대중의 정치적 영향력이 향상된 것 등을 배경으로 불특정 다수의 사회적 영향력이 커진 대중 사회가 형성되었다.

19 신문, 라디오, 텔레비전, 인터넷 등과 같은 대중 매체가 발달하고, 대중이 사회의 주체가 되어 영향력을 행사하는 대중 사회가 출현하면서 다수의 취향과 정서를 반영하는 대중문화가 형성되었다.
| 바로 알기 | ㄷ은 탈권위주의 운동의 영향을 받아 대중문화가 기존의 사회 질서에 저항하는 성격을 띠게 되면서 나타난 경향에 해당한다. ㄹ은 대중문화가 발달하고 권위주의를 비판하는 사회 운동이 일어나면서 나타난 예술과 사상의 변화에 해당한다.

20 대중문화는 영화와 텔레비전의 등장 이후 빠르게 확산되었으며, 20세기 후반부터 실시간 쌍방향 소통이 가능해져 대중이 문화의 생산자로 적극 참여하게 되면서 더욱 발달하였다. 한편, 대중문화가 발달하면서 문화 생산자의 의도에 따라 정보가 조작되는 등 여러 가지 문제점이 발생하였다.
| 바로 알기 | ㉢ 1960년대에 젊은 세대가 새롭게 소비의 주체로 성장하면서 대중문화는 기존의 사회 질서에 저항하는 성격을 띠게 되었다.

21 제시된 사진에 나타난 현대 세계의 문제는 난민 문제이다. 오늘날 인종, 종교, 부족의 차이 등으로 지역 간 분쟁이 일어나면서 난민이 증가하고 있다.

22 ㉠에 들어갈 문제는 남북문제이다. 신자유주의와 세계화가 확대되면서 국가 간 빈부 격차가 심화되었고, 아프리카와 아시아의 개발 도상국에서는 내전과 장기 독재 등 사회 혼란이 지속되면서 경제 성장이 지체되었다. 이로 인해 선진국이 몰려 있는 북반구와 개발 도상국이 몰려 있는 남반구 간의 경제적 격차가 더욱 커졌다.

23 환경 문제는 어느 한 국가의 노력만으로는 해결하기 어렵기 때문에 국제 사회는 환경 문제 해결을 위해 교토 의정서, 파리 기후 협정 등 다양한 국제 협약을 체결하였다.

24 현대 세계의 문제들은 한 국가나 개인이 해결하기 어렵고, 세계가 함께 고민하고 협력해야 해결이 가능하다. 우리는 난민들에게 관심을 기울이고 열린 마음을 가져야 한다. 또한 기아와 빈곤에 시달리는 여러 지역을 돕는 기부에 동참하거나 국제적인 자원 봉사 활동에 참여하고, 사회적 소수자에게 편견을 갖지 않는 태도를 길러야 한다.
| 바로 알기 | ⑤ 전 지구적인 환경 문제 해결을 위해 우리는 에너지 절약, 재활용품 분리수거 등 자신이 할 수 있는 작은 것부터 실천해야 한다.

Ⅵ. 현대 세계의 전개와 과제(2회) p. 86 ~ 89

1 ④ 2 ① 3 ③ 4 ② 5 ② 6 ⑤ 7 ④ 8 ③ 9 ②
10 ④ 11 ④ 12 ② 13 ⑤ 14 ② 15 ① 16 ④ 17 ⑤
18 ③ 19 ② 20 ① 21 ④ 22 ⑤ 23 ④ 24 ③

1 밑줄 친 '나'는 미국 대통령인 트루먼이다. 소련의 영향으로 동유럽의 여러 나라가 공산화되자 트루먼은 공산주의 세력의 확대를 막겠다는 트루먼 독트린을 선언하고, 마셜 계획을 추진하여 서유럽에 경제적 지원을 하였다.
| 바로 알기 | ①은 소련을 중심으로 한 공산주의 진영, ②는 루스벨트 대통령, ③은 소련의 고르바초프와 미국의 부시 대통령, ⑤는 닉슨 대통령에 대한 설명이다.

2 (가)에 들어갈 내용으로 가장 적절한 것은 베를린 장벽의 설치이다. 소련은 독일의 서방 지역 점령지와 베를린 사이의 교통로를 봉쇄하였다. 이로 인해 자본주의와 공산주의 진영이 대립하다가 독일이 동독과 서독으로 분단되었고, 베를린 장벽이 설치되었다.
| 바로 알기 | ②, ④, ⑤는 1960년대 이후 미국과 소련 중심의 냉전 체제가 완화·해체되어 가는 시기에 발생한 일로, 독일의 분단 과정과는 관련이 없다. ③은 중국에서 발생한 일이다.

3 오랫동안 독립운동을 벌인 인도는 1947년 마침내 영국의 지배에서 벗어났다. 그러나 종교 갈등이 지속되어 힌두교 국가인 인도와 이슬람교 국가인 파키스탄으로 분리되었다. 이후 동파키스탄은 방글라데시로 독립하였고, 불교도가 많은 스리랑카도 독립하였다.

4 제2차 세계 대전 이후 팔레스타인 지역에서 유대인이 영국, 미국 등의 지원을 받아 이스라엘을 건국하였다. 이 조치에 반발하여 팔레스타인인과 주변 아랍 국가들이 이스라엘과 중동 전쟁을 벌였다.

5 ㉠에 들어갈 세력은 제3 세계이다. 제2차 세계 대전 이후 독립을 이룬 아시아와 아프리카의 신생국들은 자본주의 진영과 공산주의 진영 어디에도 가입하지 않겠다는 비동맹 중립 노선을 추구하며 미국과 소련의 냉전 질서에 반대하였다. 이 국가들을 가리켜 제3 세계라고 한다.

6 제시된 자료는 미국과 소련 중심의 냉전 체제가 다극화 체제로 변화하는 계기가 된 사례이다. 제3 세계의 등장, 소련과 중국의 갈등, 프랑스의 북대서양 조약 기구(NATO) 탈퇴 등으로 냉전 체제에 변화의 조짐이 나타났다.

7 밑줄 친 '이 인물'은 소련의 고르바초프이다. 개혁(페레스트로이카)·개방(글라스노스트) 정책을 추진한 고르바초프는 미국의 부시 대통령과 몰타 회담을 열어 냉전이 끝났음을 공식적으로 선언하였다.
| 바로 알기 | ①은 폴란드의 바웬사, ②는 영국의 대처와 미국의 레이건, ③은 소련의 옐친, ⑤는 중국의 마오쩌둥에 대한 설명이다.

8 1985년 소련의 공산당 서기장으로 당선된 고르바초프는 개혁·개방 정책을 추진하여 시장 경제 제도를 받아들이고 민주화를 추진하였으며, 동유럽 국가들에 대한 불간섭을 선언하였다. 이로 인해 폴란드와 루마니아 등 동유럽 국가들에서 민주화 운동이 전개되었다.

9 대약진 운동의 실패로 정치적 입지가 약화된 마오쩌둥은 1960년대 후반 홍위병을 앞세워 문화 대혁명을 추진하여 권력을 강화하였다. 이로 인해 중국의 전통문화가 파괴되고 많은 예술인과 지식인이 억압을 받았다.
| 바로 알기 | ㄴ. 중국은 1997년에 영국으로부터 홍콩을 반환받았고, 1999년에 포르투갈로부터 마카오를 반환받았다. ㄹ은 톈안먼 사건과 관련된 내용이다.

10 제시된 사건은 1989년 중국에서 일어난 톈안먼 사건이다. 톈안먼 사건은 중국에서 일어난 민주화 시위로, 덩샤오핑 집권과 영국의 홍콩 반환 시기 사이에 일어났다.

11 제2차 세계 대전 중에 연합국 대표들은 브레턴우즈 회의를 열어 미국의 달러를 주거래 화폐로 정하였다. 그리고 국제 통화 기금(IMF)과 세계은행을 설립하여 국제 무역을 지원하기로 합의하였다.

12 밑줄 친 '이 기구'는 세계 무역 기구(WTO)이다. 세계 무역 기구는 무역과 투자의 자유화를 추구하며 결성되었고, 세계 무역 기구(WTO) 설립 이후 특정 국가 간에 관세를 없애는 자유 무역 협정(FTA)의 체결이 늘어났다.

13 제시된 인물은 영국의 총리인 대처로, 신자유주의 경제 정책을 추진하였다. 대처는 지나친 사회 복지 정책이 성장을 부진하게 하였다면서 국영 기업의 민영화, 금융 규제 완화, 복지 비용 삭감과 세금 감면 등을 시행하였다.
| 바로 알기 | ⑤ 신자유주의 경제 정책은 정부의 경제 개입을 줄이고 무역의 자유화와 시장 개방을 추구한다.

14 밑줄 친 내용은 탈권위주의 운동에 대한 설명이다. ①, ④, ⑤는 민주화 운동, ③은 여성 운동과 관련한 사례로, 모두 기성세대가 만든 권위주의적 질서와 체제에 저항하는 탈권위주의 운동의 사례에 해당한다.
| 바로 알기 | ② 남아프리카 공화국의 백인 정권이 펼친 인종 분리주의 정책인 아파르트헤이트가 시행된 것은 탈권위주의 운동의 사례로 볼 수 없다.

15 마틴 루서 킹이 흑인의 인권 보장을 위한 민권 운동을 전개한 결과 미국에서는 1964년에 민권법이 통과하여 흑인과 백인의 법적 차별이 철폐되었으며, 1965년에 투표권법이 발효되어 흑인의 투표권이 보장되었다.
| 바로 알기 | ㄷ. 제2차 세계 대전 직후 서유럽의 경제 재건을 목적으로 마셜 계획이 추진된 것은 마틴 루서 킹이 주도한 민권 운동과 관련이 없다. ㄹ. 미국에서는 학교, 열차, 공공시설 등에서 흑백 분리 정책이 시행되는 등 흑인 차별 정책이 지속된 것을 배경으로 흑인 민권 운동이 전개되었다.

16 제시된 내용에서 설명하는 사건은 68 운동(68 혁명)이다. 1968년 프랑스에서 '금지하는 모든 것을 금지하라.', '모든 권위에 도전하라.' 등의 구호를 내세우며 전개된 68 운동은 프랑스를

넘어 세계 각지의 체제 저항 운동으로 이어져 많은 사회 변화를 이끌어 내었다.

| 바로 알기 | ① 차티스트 운동은 19세기 영국에서 전개되었다. ② 5·4 운동은 1919년에 중국에서 전개된 민족 운동이다. ③, ⑤ 넬슨 만델라가 남아프리카 공화국에서 흑인 민권 운동을 주도한 것과 베티 프리단이 미국에서 여성 운동을 주도한 것은 탈권위주의 운동의 사례이지만, 68 운동과는 관련이 적다.

17 두 차례의 세계 대전을 거치는 과정에서 고등 교육 이수, 취업 기회 확대, 참정권 획득을 통해 여성의 지위가 향상되었다. 그럼에도 여성에 대한 사회적·문화적 차별이 계속되자, 1960년대 이후 남성 중심의 사회 질서와 성차별에 반대하는 여성 운동이 일어났다. 이 시기의 여성 운동은 교육·취업의 기회균등을 요구하였고, 직장 내 급여나 승진 등에서 겪는 성차별에 저항하였다. 그 결과 1970년대 영국에서 차별 금지법이 통과되고, 미국에서 여성의 평등권을 명시한 헌법 개정이 이루어지는 등 여성의 권리와 이익이 점차 신장되었다.

| 바로 알기 | ⓜ 미국에서 노동자의 단결권과 단체 교섭권을 인정한 와그너법이 제정된 것은 대공황 시기에 있었던 사실이다.

18 대중은 신문, 라디오, 텔레비전, 인터넷과 같은 대중 매체를 통해 정보를 얻고 여론을 형성하는 데 참여하였다. 한편, 대중 매체가 발달하면서 대중 매체에 의해 대량 생산되어 다수의 개인이 소비하는 형태의 문화인 대중문화가 확산되었다.

| 바로 알기 | ㄱ. 도시화가 확산되고 대중 사회가 성장하면서 인간의 사회적 연대감이 약해져 극단적 개인주의가 나타나기도 하였다. ㄹ. 대중 매체의 발달로 사람들 간에 정보 교류가 늘어난 것을 바탕으로 정치·경제·사회·문화 등 모든 면에서 대중의 영향력이 증대되었다.

19 1960년대에 형성된 탈권위주의적인 청년 문화의 사례로는 청바지와 로큰롤 등이 유행한 것, 자유로운 감성과 즐거움을 추구하는 히피 문화가 확산된 것, 우드스톡 페스티벌이 개최된 것 등을 들 수 있다.

| 바로 알기 | ② 1960년대 청년들은 넥타이와 정장으로 대표되는 기성세대의 옷차림을 거부하였다.

20 냉전 체제는 20세기 말 해체되었지만, 여전히 많은 국가에서 종교나 민족 간 갈등이 계속되고 있다. 이스라엘과 팔레스타인이 갈등을 일으키고 있으며, 아프리카의 르완다·콩고·수단 등에서 발생한 내전으로 수많은 주민이 희생되었고, 9·11 테러와 이라크 전쟁 등도 일어났다.

| 바로 알기 | ① 북반구의 선진 공업국과 남반구의 개발 도상국 사이의 경제적 차이로 발생하는 문제를 남북문제라고 한다. 남북문제는 빈곤 문제에 해당한다.

21 ㉠에 들어갈 내용은 카슈미르이다. 인도가 분리 독립할 때 이슬람교도가 대부분이었던 카슈미르 지방이 인도에 강제 편입되면서 인도와 파키스탄이 전쟁을 치렀다. 전쟁의 결과 카슈미르 지방은 인도령과 파키스탄령으로 분할되었으나 국경선이 명확하지 않아 분쟁이 계속되고 있다.

22 수집 자료의 왼쪽 사진은 중앙아시아의 아랄해가 점점 사막으로 변화하는 모습으로, 사막화의 피해를 나타낸 것이다. 오른쪽 사진은 지구 온난화로 지구의 기온이 높아지면서 빙하가 녹아 살 곳이 사라지고 있는 북극곰의 모습을 나타낸 것이다. 사막화, 지구 온난화 등은 현대 세계가 당면한 환경 문제들에 해당한다.

23 제시된 내용에서 설명하는 단체는 분쟁 지역의 평화와 질서를 유지하기 위해 활동하는 국제 연합 평화 유지군(PKF)이다.

| 바로 알기 | ① 지구의 벗은 생태계 파괴를 막기 위해 다양한 활동을 펼치고 있는 비정부 기구(NGO)이다. ② 국경 없는 의사회는 인종, 종교, 계급, 성별을 막론하고 도움이 필요한 모든 사람에게 의료 서비스를 제공하고 있는 비정부 기구(NGO)이다. ③ 국제 부흥 개발 은행은 개발 도상국에 기술 및 자금 등을 지원하여 경제 성장을 돕는 국제기구이다. ⑤ 국제 연합 아동 기금은 전 세계 어린이들의 생명과 건강을 위해 활동하는 국제기구이다.

24 제시된 단체들은 민간인들이 힘을 합쳐 조직한 대표적인 비정부 기구(NGO)이다. 비정부 기구는 세계 각국의 환경, 질병, 인권 등의 문제를 해결하기 위한 다양한 활동을 펼치고 있다.

대단원별 서술형 문제

Ⅳ 제국주의 침략과 국민 국가 건설 운동 p. 90~91

1 **| 예시 답안 |** (가) 청교도 혁명, (나) 명예혁명. 청교도 혁명과 명예혁명은 국왕들의 전제 정치 강화에 대한 의회의 반발로 일어났다.

구분	채점 기준
상	(가) 청교도 혁명과 (나) 명예혁명을 쓰고, 두 혁명의 공통적인 발생 원인을 서술한 경우
중	(가), (나) 혁명의 공통적인 발생 원인만 서술한 경우
하	(가), (나) 혁명의 명칭만 쓴 경우

2 **| 예시 답안 |** 미국 혁명. 미국 혁명은 영국의 지배에서 벗어난 독립 혁명이자 민주주의 이념을 실현한 시민 혁명으로, 프랑스 혁명과 라틴 아메리카의 독립운동에 영향을 주었다.

구분	채점 기준
상	미국 혁명을 쓰고, 미국 혁명의 의의(독립 혁명이자 시민 혁명임)와 영향(프랑스 혁명과 라틴 아메리카의 독립운동에 영향을 줌)을 모두 서술한 경우
중	미국 혁명을 쓰고, 미국 혁명의 의의와 영향 중 한 가지만 서술한 경우
하	미국 혁명만 쓴 경우

3 **| 예시 답안 |** 나폴레옹 전쟁으로 프랑스 혁명의 정신이 유럽에 널리 전파되어 자유주의와 민족주의가 확산되었다.

구분	채점 기준
상	프랑스 혁명의 정신이 전파되어 유럽에 자유주의와 민족주의가 확산되었음을 서술한 경우
하	프랑스 혁명의 정신이 전파되었다고만 서술한 경우

4 (1) (가) 7월 혁명, (나) 2월 혁명

(2) **| 예시 답안 |** 7월 혁명의 결과로 입헌 군주제가 수립되었고, 2월 혁명의 결과로 공화정이 수립되었다.

구분	채점 기준
상	7월 혁명과 2월 혁명의 결과 수립된 정치 체제를 모두 서술한 경우
하	7월 혁명 또는 2월 혁명의 결과 수립된 정치 체제 중 한 가지만 서술한 경우

5 **| 예시 답안 |** 라틴 아메리카의 독립을 주도한 크리오요가 부와 권력을 독점하였으며, 군부를 중심으로 독재 정권이 등장하기도 하였다. 또한 농업과 공업이 균형 있게 발전하지 못하였으며, 경제적으로도 유럽과 미국에 크게 의존하였다.

구분	채점 기준
상	독립 이후 라틴 아메리카의 어려움을 세 가지 모두 서술한 경우
중	독립 이후 라틴 아메리카의 어려움을 두 가지만 서술한 경우
하	독립 이후 라틴 아메리카의 어려움을 한 가지만 서술한 경우

6 **| 예시 답안 |** 교통과 통신의 발달로 시장이 확대되고 교역량이 증가하여 산업은 더욱 발달하였다.

구분	채점 기준
상	시장의 확대, 교역량 증가, 산업 발달 등 산업 혁명 시기에 교통과 통신의 발달이 끼친 영향을 세 가지 모두 서술한 경우
중	산업 혁명 시기에 교통과 통신의 발달이 끼친 영향을 두 가지만 서술한 경우
하	산업 혁명 시기에 교통과 통신의 발달이 끼친 영향을 한 가지만 서술한 경우

7 **| 예시 답안 |** 제국주의 국가들은 강대국이 약소국을 지배하는 것이 당연하다는 사회 진화론을 내세워 제국주의를 정당화하였다.

구분	채점 기준
상	강대국이 약소국을 지배하는 것이 당연하다는 사회 진화론을 내세웠다고 서술한 경우
하	사회 진화론을 내세웠다고만 서술한 경우

8 (1) 탄지마트

(2) **| 예시 답안 |** 오스만 제국에서는 탄지마트에 따라 민족과 종교에 따른 차별을 폐지하고, 세금 제도와 교육 제도를 서구식으로 바꾸었으며, 서양식 군대를 양성하였다.

구분	채점 기준
상	탄지마트에 따른 오스만 제국의 개혁 내용을 세 가지 모두 서술한 경우
중	탄지마트에 따른 오스만 제국의 개혁 내용을 두 가지만 서술한 경우
하	탄지마트에 따른 오스만 제국의 개혁 내용을 한 가지만 서술한 경우

9 **| 예시 답안 |** 수에즈 운하. 이집트는 영국과 프랑스의 자금을 빌려 지중해와 홍해를 잇는 수에즈 운하를 건설하였다. 그러나 이 과정에서 많은 빚을 지게 된 이집트는 영국과 프랑스의 내정 간섭을 받게 되었다.

구분	채점 기준
상	수에즈 운하를 쓰고, 수에즈 운하의 건설이 이집트에 미친 경제적·정치적 영향을 그 배경과 관련지어 서술한 경우
중	수에즈 운하를 쓰고, 수에즈 운하의 건설이 이집트에 미친 경제적·정치적 영향을 그 배경과 관련없이 서술한 경우
하	수에즈 운하만 쓴 경우

10 (1) 벵골 분할령

(2) **| 예시 답안 |** 영국은 벵골 분할령을 발표하여 반영 운동이 활발하던 벵골 지역을 힌두교도가 많은 서벵골과 이슬람교도가 많은 동벵골로 나누어 통치하고자 하였다. 이러한 정책을 시행한 이유는 종교 갈등을 이용해 민족 운동의 힘을 분산하기 위해서였다.

구분	채점 기준
상	벵골 분할령의 내용과 그 시행 이유를 모두 서술한 경우
하	벵골 분할령의 내용과 그 시행 이유 중 한 가지만 서술한 경우

11 **| 예시 답안 |** 18세기 중반 청은 광저우의 공행을 통해서만 서양과 무역하였고, 이에 영국은 청과의 무역 적자를 줄이기 위해 청에 교역 확대를 요구하였다. 그러나 청이 이를 거절하자 영국은 인도에서 재배한 아편을 청에 몰래 팔기 시작하였고, 이로 인해 삼각 무역 형태가 나타났다.

구분	채점 기준
상	무역 적자를 줄이기 위한 영국의 교역 확대 요구, 청의 거절, 영국의 아편 밀수출 등의 배경을 모두 서술한 경우
하	영국이 청에 아편을 밀수출하였다고만 서술한 경우

12 **| 예시 답안 |** 메이지 정부는 자유 민권 운동을 탄압하는 한편, 일본 제국 헌법을 제정하고 의회를 개설하였다. 그러나 메이지 정부의 조치는 천황에게 절대적인 권한을 부여하고, 의회의 권한과 국민의 기본권을 제한하였다는 한계가 있었다.

구분	채점 기준
상	자유 민권 운동 탄압, 일본 제국 헌법 제정, 의회 개설 등 메이지 정부의 조치를 쓰고, 그 한계까지 모두 서술한 경우
하	메이지 정부의 조치와 그 한계 중 한 가지만 서술한 경우

V 세계 대전과 사회 변동 p. 92~93

1 (1) 사라예보 사건

(2) **| 예시 답안 |** 제1차 세계 대전. 제1차 세계 대전은 3국 동맹과 3국 협상이 대립하는 등 제국주의 국가들의 대립이 심해지고, 범슬라브주의와 범게르만주의의 대립 등으로 발칸반도에서 긴장이 고조된 것을 배경으로 일어났다.

구분	채점 기준
상	제1차 세계 대전을 쓰고, 그 배경을 두 가지 모두 서술한 경우
중	제1차 세계 대전을 쓰고, 그 배경을 한 가지만 서술한 경우
하	제1차 세계 대전만 쓴 경우

2 **| 예시 답안 |** 제1차 세계 대전은 국가의 모든 인적 자원과 물적 자원을 총동원하는 총력전 양상을 띠었으며, 참호를 파고 장기간 대치하는 참호전의 형태로 전개되었다. 또한 전투기, 탱크, 기관총 등의 신무기가 사용되면서 막대한 인명 피해와 재산 피해가 발생하였다.

구분	채점 기준
상	제1차 세계 대전의 특징을 총력전, 참호전, 신무기 사용을 모두 언급하여 서술한 경우
중	제1차 세계 대전의 특징을 총력전, 참호전, 신무기 사용 중 두 가지만 언급하여 서술한 경우
하	제1차 세계 대전의 특징을 총력전, 참호전, 신무기 사용 중 한 가지만 언급하여 서술한 경우

3 **| 예시 답안 |** 3월 혁명. 러시아 3월 혁명이 일어난 결과로 차르가 퇴위하면서 전제 군주제가 붕괴되었으며, 임시 정부가 수립되었다.

구분	채점 기준
상	3월 혁명을 쓰고, 그 결과를 차르 퇴위(전제 군주제 붕괴), 임시 정부 수립을 모두 언급하여 서술한 경우
중	3월 혁명을 쓰고, 그 결과를 차르 퇴위(전제 군주제 붕괴), 임시 정부 수립 중 한 가지만 언급하여 서술한 경우
하	3월 혁명만 쓴 경우

4 **| 예시 답안 |** 베르사유 조약. 베르사유 조약은 독일의 영토 축소, 군비 제한, 식민지 상실, 막대한 배상금 지불을 규정하는 등 독일에 대한 보복적 성격이 강하였다.

구분	채점 기준
상	베르사유 조약을 쓰고, 그 특징을 밑줄 친 내용과 관련지어 서술한 경우
하	베르사유 조약만 쓴 경우

5 (1) ㉠ 제1차 국공 합작, ㉡ 제2차 국공 합작

(2) **| 예시 답안 |** 제1차 국공 합작은 군벌과 제국주의 타도를 목적으로 전개되었고, 제2차 국공 합작은 대일 항전을 목적으로 전개되었다.

구분	채점 기준
상	제1차 국공 합작이 전개된 목적과 제2차 국공 합작이 전개된 목적을 비교하여 서술한 경우
하	제1차 국공 합작이 전개된 목적과 제2차 국공 합작이 전개된 목적 중 한 가지만 서술한 경우

6 **| 예시 답안 |** 무스타파 케말. 무스타파 케말은 술탄 제도를 폐지하고 튀르키예 공화국을 수립하였다. 또한 정치와 종교의 분리, 여성 참정권 부여, 문자 개혁 등을 시행하여 튀르키예의 근대화를 추진하였다.

구분	채점 기준
상	무스타파 케말을 쓰고, 그가 주도한 민족 운동의 내용을 두 가지 이상 서술한 경우
중	무스타파 케말을 쓰고, 그가 주도한 민족 운동의 내용을 한 가지만 서술한 경우
하	무스타파 케말만 쓴 경우

7 (1) 뉴딜 정책

(2) **| 예시 답안 |** 미국에서 뉴딜 정책이 추진됨에 따라 정부가 농업과 산업 분야의 생산량을 조절하였고, 대규모 공공사업을 추진하여 실업자를 구제하였다. 또한 노동자의 권리를 보장하고 사회 보장 제도를 실시하여 대중의 구매력을 향상하고자 노력하였다.

구분	채점 기준
상	뉴딜 정책의 내용을 세 가지 이상 서술한 경우
중	뉴딜 정책의 내용을 두 가지만 서술한 경우
하	뉴딜 정책의 내용을 한 가지만 서술한 경우

8 **| 예시 답안 |** 전체주의. 전체주의는 민족이나 국가 전체의 이익을 최우선으로 내세우며 개인의 희생을 강요하였고, 강력한 독재 체제를 구축하고자 하였다.

구분	채점 기준
상	전체주의를 쓰고, 그 특징을 두 가지 모두 서술한 경우
중	전체주의를 쓰고, 그 특징을 한 가지만 서술한 경우
하	전체주의만 쓴 경우

9 **| 예시 답안 |** 태평양 전쟁. 태평양 전쟁은 일본의 동남아시아 침략에 미국이 경제 봉쇄로 맞서자, 일본이 하와이 진주만의 미군 기지를 기습 공격한 것을 배경으로 일어났다.

구분	채점 기준
상	태평양 전쟁을 쓰고, 미국의 경제 봉쇄에 맞서 일본이 진주만 미군 기지를 기습 공격하여 태평양 전쟁이 일어났다고 서술한 경우
중	태평양 전쟁을 쓰고, 미국의 경제 봉쇄에 대한 언급 없이 일본이 진주만 미군 기지를 기습 공격하여 태평양 전쟁이 일어났다고만 서술한 경우
하	태평양 전쟁만 쓴 경우

10 **| 예시 답안 |** 제1차 세계 대전 이후 유럽 대부분 국가들이 왕정을 폐지하고, 헌법과 의회를 갖춘 공화정을 채택하였다.

구분	채점 기준
상	왕정 폐지, 공화정 채택을 모두 언급하여 제1차 세계 대전 이후 유럽에서 나타난 정치적 변화를 서술한 경우
하	왕정 폐지, 공화정 채택 중 한 가지만 언급하여 제1차 세계 대전 이후 유럽에서 나타난 정치적 변화를 서술한 경우

11 **| 예시 답안 |** 각국은 노동자의 권리를 확대하기 위해 다양한 사회 보장 정책을 시행하였으며, 국제 노동 기구(ILO)를 설립하였다. 또한 최저 임금제, 와그너법과 같은 노동 관련 제도와 법을 마련하였으며, 노동조합의 결성과 파업에 관한 권리를 보장하는 등의 노력을 하였다.

구분	채점 기준
상	노동자의 권리 확대를 위한 노력을 세 가지 이상 서술한 경우
중	노동자의 권리 확대를 위한 노력을 두 가지만 서술한 경우
하	노동자의 권리 확대를 위한 노력을 한 가지만 서술한 경우

12 (1) 극동 국제 군사 재판

(2) **| 예시 답안 |** 극동 국제 군사 재판은 일본 천황이 제외된 채 진행되었으며, 재판 과정에서 731 부대의 범죄 행위가 덮였다.

구분	채점 기준
상	극동 국제 군사 재판에서 전범 처리가 미흡하였다는 근거를 두 가지 모두 서술한 경우
하	극동 국제 군사 재판에서 전범 처리가 미흡하였다는 근거를 한 가지만 서술한 경우

VI 현대 세계의 전개와 과제 p. 94~95

1 (1) 자본주의, 공산주의

(2) **| 예시 답안 |** 동유럽의 여러 나라가 소련의 영향을 받아 공산화되자, 미국 대통령 트루먼이 공산주의 세력의 확산을 막겠다고 선언하였다. 이에 서유럽의 경제를 재건하기 위해 막대한 자금을 투입하는 마셜 계획이 추진되었다.

구분	채점 기준
상	마셜 계획이 추진된 배경과 그 내용을 모두 서술한 경우
하	마셜 계획이 추진된 배경과 그 내용 중 한 가지만 서술한 경우

2 **| 예시 답안 |** 냉전은 아시아 지역에서 군사적 충돌로 이어졌다. 한국에서는 북한이 남한을 침입하여 6·25 전쟁이 일어났고, 베트남에서는 남베트남과 북베트남 간에 베트남 전쟁이 발발하였다. 또한 중국에서는 국민당과 공산당 사이에 국공 내전이 발생하였다.

구분	채점 기준
상	아시아에서 일어난 열전의 사례를 세 가지 모두 서술한 경우
중	아시아에서 일어난 열전의 사례를 두 가지만 서술한 경우
하	아시아에서 일어난 열전의 사례를 한 가지만 서술한 경우

3 **| 예시 답안 |** 제3 세계. 제3 세계는 자본주의 진영과 공산주의 진영 어디에도 가입하지 않겠다는 비동맹 중립 노선을 추구하였다.

구분	채점 기준
상	제3 세계를 쓰고, 제3 세계의 정치적 입장을 서술한 경우
하	제3 세계만 쓴 경우

4 **| 예시 답안 |** 사회주의 진영에서는 중국과 소련이 사회주의 노선 문제로 갈등을 겪으면서 소련의 영향력이 약화되었다. 자본주의 진영에서도 프랑스가 북대서양 조약 기구(NATO)를 탈퇴하여 미국의 영향력이 감소하였다. 또한 소련과 미국 진영에 속하지 않은 제3 세계가 성장하면서 점차 영향력을 확대하였다.

구분	채점 기준
상	냉전 시대의 양극 체제가 다극화 체제로 변화하게 된 사례를 두 가지 이상 서술한 경우
하	냉전 시대의 양극 체제가 다극화 체제로 변화하게 된 사례를 한 가지만 서술한 경우

5 **| 예시 답안 |** 고르바초프. 소련의 고르바초프가 정치적 민주화를 추진하며 동유럽에 대한 불간섭을 선언하자, 동유럽 각국에서 민주화 운동이 일어나 사회주의 정권이 붕괴되었다.

구분	채점 기준
상	고르바초프를 쓰고, 고르바초프의 발표가 동유럽에 끼친 영향을 서술한 경우
하	고르바초프만 쓴 경우

6 (1) 덩샤오핑

(2) **| 예시 답안 |** 덩샤오핑은 시장 경제 제도를 도입하는 개혁을 추진하였다. 이에 따라 기업가와 농민의 이윤을 보장하고, 상하이 등에 경제특구를 설치하여 외국인의 투자를 허용하였다.

구분	채점 기준
상	덩샤오핑의 개혁의 특징과 그 사례를 모두 서술한 경우
하	덩샤오핑의 개혁의 특징과 그 사례 중 한 가지만 서술한 경우

7 **| 예시 답안 |** 신자유주의 정책은 정부의 경제 개입을 줄이고 무역의 자유화와 시장 개방을 추구하였다. 이에 신자유주의를 채택한 국가에서는 국영 기업의 민영화, 금융 규제 완화, 복지 비용 삭감과 세금 감면과 같은 정책이 시행되었다.

구분	채점 기준
상	신자유주의의 특징과 두 가지 이상의 정책 사례를 서술한 경우
중	신자유주의의 특징과 한 가지 정책 사례만을 서술한 경우
하	신자유주의의 특징만 서술한 경우

8 **| 예시 답안 |** 남아프리카 공화국에서는 1950년대부터 넬슨 만델라 등이 아파르트헤이트에 저항하는 활동을 전개한 결과 흑인에 대한 인종 차별을 금지하는 법이 제정되었다.

구분	채점 기준
상	남아프리카 공화국에서 전개된 흑인 민권 운동의 내용과 그 결과를 모두 서술한 경우
하	남아프리카 공화국에서 전개된 흑인 민권 운동의 내용과 그 결과 중 한 가지만 서술한 경우

9 **| 예시 답안 |** 1960년대 이후 전개된 여성 운동은 출산·육아를 위한 휴직 보장과 교육·취업의 기회균등을 요구하였고, 직장 내 성차별에 저항하였다. 또한 신체적 자기 결정권을 주장하였으며, 동일 노동·동일 임금 등의 개혁 법안을 발의하였다.

구분	채점 기준
상	1960년대 이후 전개된 여성 운동의 내용을 두 가지 이상 서술한 경우
하	1960년대 이후 전개된 여성 운동의 내용을 한 가지만 서술한 경우

10 **| 예시 답안 |** 제2차 세계 대전 이후 산업화와 도시화가 가속화되었으며, 경제가 성장하고 교육 수준이 향상되었다. 또한 대량 생산 체제가 구축되고 대중의 구매력이 높아졌으며, 보통 선거의 확대와 민주주의의 발전을 통해 대중의 정치적 영향력이 커졌다. 이러한 상황을 배경으로 대중의 영향력이 커진 대중 사회가 형성되었다.

구분	채점 기준
상	대중 사회의 형성 배경을 세 가지 이상 서술한 경우
중	대중 사회의 형성 배경을 두 가지만 서술한 경우
하	대중 사회의 형성 배경을 한 가지만 서술한 경우

11 **| 예시 답안 |** 대중문화. 대중문화가 발달하면서 인간의 자유를 추구하는 철학이 발달하였다. 이와 동시에 개성과 자율성, 다양성을 중시하는 포스트모더니즘 경향이 등장하였다.

구분	채점 기준
상	대중문화를 쓰고, 그 발달 과정에서 나타난 예술과 사상의 변화를 두 가지 모두 서술한 경우
중	대중문화를 쓰고, 그 발달 과정에서 나타난 예술과 사상의 변화를 한 가지만 서술한 경우
하	대중문화만 쓴 경우

12 **| 예시 답안 |** 신자유주의와 세계화의 확대로 국가 간 교역이 활발하게 이루어지면서 높은 기술과 자본을 가진 북반구의 선진국과 그렇지 못한 남반구의 개발 도상국 사이의 경제적 차이로 남북문제가 발생하고 있다.

구분	채점 기준
상	제시어 세 개를 모두 사용하여 신자유주의와 세계화의 확대를 배경으로 발생한 현대 세계의 문제를 서술한 경우
중	제시어 두 개만을 사용하여 신자유주의와 세계화의 확대를 배경으로 발생한 현대 세계의 문제를 서술한 경우
하	제시어 한 개만을 사용하여 신자유주의와 세계화의 확대를 배경으로 발생한 현대 세계의 문제를 서술한 경우

13 (1) 온실가스

(2) **| 예시 답안 |** 국제 사회는 온실가스 배출량 감축을 위해 1997년 교토 의정서를 체결하여 선진국에 온실가스 감축 의무를 부과하였다. 2015년에는 파리 기후 협정을 체결하여 온실가스 감축 의무 대상국을 확대하였다.

구분	채점 기준
상	교토 의정서 체결 내용과 파리 기후 협정 체결 내용을 모두 서술한 경우
하	교토 의정서 체결 내용과 파리 기후 협정 체결 내용 중 한 가지만 서술한 경우

내·공·의·힘·시·리·즈 단기간에 핵심만 빠르게, 내신 만점을 위한 공부법을 제시합니다.

대표전화 1544-0554
주소 서울특별시 구로구 디지털로33길 48 대륭포스트타워 7차 20층